KB242368

범망경 보살계의 흐름

범망경 보살계의 흐름

범망경 주석사에 관한
역사적 고찰

범망경
보살계의
흐름

법장 지음

담앤북스

1. 본문의 표기는 원칙적으로 상용한자로 통일한다.

   예: 暁 → 曉, 蔵 → 藏

2. 연구자의 이름에 대해서는 필자의 판단으로 변경하지 않고, 저서나 논문에 표시된 것을 준수한다.

3. 경전이나 저서의 이름은 『 』로 표기한다. 경전 내 ○○品 등의 세부적인 장은 「 」로 표기한다.

4. 원문을 인용할 경우에 인용 부분에 다소의 수정이 있을 수 있으며, 그러할 경우에는 문장 뒤에 각주를 표기한다.

5. 경전 원문의 번역에 보충설명을 기입한 경우에는 해당 부분을 ( )로 표시한다.

6. 경전 등의 생략기호나 생략명은 아래의 표기를 사용한다. 아래 표기된 것 이외의 것은 처음 사용된 곳에서 명기한다.

   『대정신수대장경大正新脩大藏經』: T

   『대일본속장경大日本續藏經』(新文豊出版公司『卍續藏經』): X

   『한국불교전서韓國佛教全書』: KBZ

7. 6번의 생략기호를 사용할 경우 인용출처의 단일 페이지에 복수의 단락이 있는 경우는 제1단을 a, 제2단을 b, 제3단을 c로 표기한다.

   예: 『대정신수대장경』제40권, 572쪽, 제3단, 1행 → T40.572c01

   『대일본속장경』제38권, 283쪽, 제2단, 11행 → X38.283b11

서론

본론

제1장
지의의 『보살계의소』의 계체론에 대하여

**제4장
태현의 『범망경고적기』에 관한 고찰**

결론

범망경 보살계의 흐름

범망경 보살계의 흐름

【 서론 】

1. 연구의 목적

대승보살계를 대표하는 경전인 『범망경梵網經』의 현존하는 주석서 중에서 가장 오래된 것은 지의(智顗, 538-597)의 『보살계의소菩薩戒義疏』(이하 『의소』)이다. 지의 이후로 법장(法藏, 643-712)의 『범망경보살계본소梵網經菩薩戒本疏』(이하 『본소』)에 의해 『범망경』은 동아시아불교에서 보살계를 대표하는 경전으로 정착하게 된다. 그리고 이후로 신라의 승장(勝莊, 생몰미상), 의적(義寂, 681-?), 태현(太賢, 생몰미상) 등에 의해 주석서들이 저술되고, 특히 태현에 의해 『범망경』은 한층 대승적으로 주석되며 대승보살계에 의한 출가승단의 출현에까지 영향을 미치게 된다.

그런데 이런 『범망경』의 주석사에서 가장 큰 영향을 주었다고 여겨지는 지의의 『의소』와 법장의 『본소』 사이에는 계체론戒體論이나 과문科文 등에 몇 가지 중요한 차이점이 존재한다.

우선 지의는 『의소』의 '삼중현의三重玄義'에서 『범망경』의 계체를 '성무작가색性無作假色'이라는 표현으로 설명한다. 지의의 이 계체론을 둘러싸고 색법계체色法戒體와 심법계체心法戒體 등을 주장하는 다양한 논쟁이 현재까지도 이어지고 있다. 또한 '정해경문正解經文'에서는 『범망경』의 과문을 임의로 3단으로 나누어 주석한다.

반면 법장은 『본소』에서 『범망경』의 계체를 '비색비심非色非心'으로 설명한다. 또한 과문을 종래와는 다른 독자적인 '십문十門'으로 나누어 주석한다. 그 외에도 법장은 범계犯戒의 판단이나 수계자受

戒者의 기근機根에 있어서도 지의와 상당한 차이를 보인다. 이러한 법장의 주석은 후대의 태현 등에게 큰 영향을 주며 『범망경』의 주석사에 중요한 역할을 한다.

본 연구에서는 이러한 지의와 법장 사이에 존재하는 주석의 차이를 신라 원효(元曉, 617-686)를 중심으로 밝히려고 한다. 원효는 신라를 대표하는 승려이며 사상가로서, 일심관一心觀, 화쟁和諍, 회통會通으로 대표되는 인물이다. 주석가로도 수많은 업적이 있는데 그 중 보살계와 『범망경』에 관련된 『보살계본지범요기菩薩戒本持犯要記』(이하 『요기』)와 『범망경보살계본사기梵網經菩薩戒本私記』(이하 『사기』)가 현존한다.

원효가 많은 주석에서 지의의 영향을 받은 것이 여러 선행연구를 통해 밝혀졌는데, 특히 『범망경』의 주석에서는 『의소』의 삼취정계三聚淨戒와 과문을 보다 대승적으로 발전시킨 형태를 보인다. 그리고 원효는 법장과도 깊은 관계가 있어 『본소』의 '일체중생실유불성一切衆生悉有佛性'과 삼취정계에 의한 일체계一切戒의 수계와 범계 판단에서 원효의 영향을 확인할 수 있다.

그러나 종래의 『범망경』 주석에 관한 연구에서는 지의와 법장의 영향관계에 대해 두 사람을 나누어 계통을 논하거나, 원효의 영향에 대한 문제제기 정도에 그치고 있다. 본 연구에서는 원효의 저술에 나타난 지의, 법장과의 관계성에 주목하여 원효를 두 사람 사이에 두고 그 영향관계를 밝히려고 한다. 즉, 지의로부터 원효가 받은 영향과, 원효가 법장에게 미친 영향을 상세히 확인하여, 지의 이후의 『범망경』 주석사에서의 원효의 위치와 역할을 밝힐 것이다. 그리고 그를 통해 『범망경』 주석의 사상적 변천까지도 확인하는 것이 본 연구의 과제이다.

2. 선행연구 조사

『범망경』 주석에 관한 연구들 중에서 중요한 토대를 마련했다고 여겨지는 요시즈 요시히데(吉津宜英)의 연구를 중심으로 선행연구를 살펴보겠다.

요시즈 요시히데는 『화엄일승사상의 연구(華嚴一乘思想の研究)』(1991)에서 법장의 『본소』를 전후로 하는 『범망경』 주석서 11권을 『범망경』 상·하권의 주석, 교판(教判)적 위치, 수계자의 기근, 『화엄경(華嚴經)』과의 관계, 유가계(瑜伽戒)와의 관계로 나누어 분석하여 『범망경』 주석의 계통을 정리하였다. 특히 각 주석서에서의 『화엄경』과 유가계와의 관계를 중심으로 다양한 계통을 정리하였다. 요시즈 요시히데는 법장이 『본소』의 '제7자찬훼타계(第七自讚毁他戒)'의 주석에서 원효의 『요기』를 전면적으로 참조하였다고 하며 원효와 법장의 영향관계를 밝히고 있다. 그리고 법장이 주석에서 삼취정계를 중시하고 정신적인 면을 강조하는 것이 원효와 동일하다고 설명한다.

이러한 요시즈 요시히데의 주장에 대해 최원식은 『신라보살계사상사연구』(1999)에서 법장은 『화엄경』과 『범망경』의 교판에 대한 구별을 명확히 하였으며, 『화엄경』의 우월성을 강조하는 입장이었으나, 원효는 『범망경』을 일승분교一乘分敎로 구분하여 일승만교一乘滿敎인 『화엄경』과 똑같은 일승교一乘敎로 보았다. 또한 두 사람이 유가계를 낮게 평가하는 점이나 범계에 대한 무범無犯의 판단 등에 있어서 같은 경향을 보인다고 설명한다. 그러나 두 사람 간에는 『범망경』의 교판에 근본적인 차이가 있기 때문에 원효가 법장의 주석에 이렇다 할 영향을 미치지 못한 것으로 보아야 할 듯하다고 주장한다.

이처럼 원효를 중심으로 하는 『범망경』 주석의 계통에는 다양한 이견이 논해지고 있다. 특히 위의 연구들과 같이 원효와 법장의 관계에는 『범망경』과 『화엄경』의 관계성이나 『범망경』의 계체론 등의 아직 해결되지 않은 문제들이 남겨져 있다. 또한 지의와 원효의 관계에도 그러한 계체론이나 범계판단 등의 문제가 남겨져 있다.

그리고 원효와 법장의 영향을 받았다고 하는 태현太賢의 『범망경고적기梵網經古迹記』(이하 『고적기』)에 대해 요시즈 요시히데는 태현이 『범망경』 상하권을 주석한 것은 일심관, 화쟁, 회통을 통해 원효와 법장을 융합하기 위해서였으며, 주석에서 『유가사지론瑜伽師地論』(이하 『유가론』)을 자주 인용한 것은 『범망경』 속에 『유가론』을 포함시키기 위한 것이었다고 한다. 한편 채인환蔡印幻은 『신라불교계율사상연구新羅佛敎戒律思想研究』(1977)에서 태현(대현)이 『범망경』 상하권을 주석한 것은 성性·상相의 경론經論을 조화시키기 위해서였으며, 『고적기』는 『유가론』에 입각해 『범망경』을 주석한 것이라고 한다.

이상과 같이 『범망경』 주석서에 관하여 다양한 견해의 선행연구들이 존재한다. 본 연구에서는 이러한 선행연구 중 요시즈 요시히데의 연구에 대한 재고찰의 필요성을 갖고, 그것을 중심으로 지의, 원효, 법장, 태현의 주석서에 나타난 계체론, 과문, 교판에서의 위치, 유가계와의 관계 등을 상세하게 분석하여 『범망경』 주석의 영향관계를 고찰할 것이다. 각 인물과 주석서에 관한 선행연구의 상세한 내용은 각 장에서 다시 다루도록 하겠다.

3. 연구의 방법

이상의 논점을 토대로 지의, 원효, 법장, 태현의 『범망경』 주석서에 나타난 계체론과 보살계관 등을 중심으로 상세히 연구를 진행하겠다. 그리고 각 주석서의 시대적 배경까지 고려하여 네 사람 간의 영향관계를 밝히는 것이 본 연구의 최종적인 목적이다. 구체적으로 처음에는 지의의 『의소』에 나타난 계체론과 삼취정계를 검토하여 원효의 『요기』와 『사기』에 나타난 영향을 확인하겠다. 다음으로 원효의 주석서와 법장의 『본소』를 비교하여 두 명의 상이점과 유사점을 확인하겠다. 마지막으로 태현의 『고적기』를 사상과 과문의 부분에서 검토하여 종래의 원효·법장의 영향과 승장·의적의 영향의 두 계통설을 상세하게 파악하겠다.

본 연구에서 주로 사용할 경전과 주석서를 열거하면 다음과 같다.

『범망경梵網經』(T24, No.1484)

『보살영락본업경菩薩瓔珞本業經』(T24, No.1485)

『유가사지론瑜伽師地論』(T30, No.1579)

지의『보살계의소菩薩戒義疏』(T40, No.1811)

원효『보살계본지범요기菩薩戒本持犯要記』(T45, No.1907)

『범망경보살계본사기梵網經菩薩戒本私記』(X38, No.683)

법장『범망경보살계본소梵網經菩薩戒本疏』(T40, No.1813)

태현『범망경고적기梵網經古迹記』(T40, No.1815)

이 중에서 『보살영락본업경』(이하 『영락경』)은 『범망경』의 주석에 나타난 '심법계체설'과 '일득영불실一得永不失'의 근거로 사용된 경전이다. 특히 원효의 주석에 이르러서는 그 중요성이 한층 높아지며 수계자의 '마음(心)'을 중심으로 주석된다. 한편 『유가사지론瑜伽師地論』은 현장(玄奘, 602-664)에 의해 646-648년 사이에 한역漢譯된 것이기에 시대적으로 원효나 법장 이후의 주석서와 관계가 있다. 지의가 『의소』에 사용한 삼취정계는 『보살지지경菩薩地持經』과 『보살선계경菩薩善戒經』 등의 유가계경전을 근거로 하는 것이다. 즉 『의소』의 삼취정계를 통한 보살계관은 유가계의 유행과 함께 『범망경』 주석에 사용되어 후대의 주석서에 중요한 역할을 하게 된다.

위에 열거한 네 사람의 주석서를 중심으로 연구를 진행하겠으나, 지의의 『의소』와 원효의 『사기』에 대해서는 위찬설僞撰說이 논해지고 있다. 그러나 위찬 문제는 본 연구에서 다루고자 하는 논점과 관계성이 적다고 판단하여 종래의 학설에 따르기로 하고, 여기서는 논점의 규명에 중점을 두고 연구를 진행하겠다. 단, 현재까지 논쟁된 진찬설眞撰說과 위찬설에 대해서는 각 장에서 검토하겠다.

그 외에도 승장의 『범망경술기』와 의적의 『보살계본소』에 대해서도 검토하겠으나, 두 주석서는 태현의 『고적기』와 영향관계가 있는 것이기에 태현과의 관계가 나타난 부분에서 다시금 언급하겠다.

4. 연구의 개요

『범망경』 주석에 나타난 지의, 원효, 법장, 태현 간의 영향관계를 검토하는 본 연구의 전체적인 개요를 소개하면 다음과 같다.

본 연구는 총 4장으로 구성되어 있다. 제1장에서는 지의의 『의소』에 나타난 계체론을 검토하겠다. 종래의 연구에서는 『의소』의 계체론을 '성무작가색'에 의해 색법계체로 파악하거나, 천태학의 원돈사상圓頓思想을 통해 색심불이色心不二로 파악하기도 하는데, 제1장에서는 지의의 불성론인 삼인불성三因佛性설을 토대로 '성무작가색'설을 고찰하겠다. 우선 지의의 다른 저술에 나오는 계체론과의 비교를 통해 『의소』의 계체론과 『범망경』의 위치를 확인하겠다. 또한 지의는 『의소』에서 '권실이교權實二敎'를 사용하여 '무작無作'의 유무를 설하는데, 이것도 지의의 '성무작가색'설을 통해 상세하게 확인하겠다.

제2장에서는 지의의 계체론을 중심으로 원효와의 비교를 통해, 원효의 주석서에 나타난 지의의 영향을 검토하겠다. 원효의 계체론은 계의 원인(因)으로서의 '마음(心)'을 중심으로 『범망경』을 주석하였고, 계체에 대해서도 '인연에 의해 성립된 것(因緣生)'이라고 설명한다. 이러한 원효의 견해와 지의의 계체론을 비교하여 두 사람의 관련성을 확인하겠다. 다음으로 지의의 『의소』와 원효의 『사기』의 과문을 비교하겠다. 지의의 『의소』는 현존하는 『범망경』 주석서 중에 가장 오래된 것이다. 따라서 그것과 법장 이전의 주석서인 원효의 『사기』의 과문을 비교하는 것은 주석의 변천을 파악한다는 점에서도 중요한 의미가 있다. 그리고 지의에 의해 도입된 삼취정계를 원효가 어떻게 이해하였는가를 확인하여 지의와 원효의 영향관계를 밝히도록 하겠다.

제3장에서는 『화엄경』과 『대승기신론大乘起信論』의 주석에서도 그 관계성이 논해지고 있는 원효와 법장의 주석서를 비교하겠다. 두 사람은 주석에서 삼취정계와 『유가론』을 적극적으로 인용하여 『범망경』에서의 수계자의 기근과 범계에 대한 무죄 판단 등에 반영하였다. 그러나 교판에서 원효는 『범망경』을 『화엄경』과 같은 일승교로 보지만, 법장은 『화엄경』만을 일승교로 본다. 이처럼 두 사람의 주석서에는 상당한 유사점이 있는 반면, 그 기반이 되는 교리적 이해에 차이가 있다. 제3장에서는 이러한 원효와 법장의 상이점과 유사점을 상세히 검토하여 두 사람의 주석서에 나타난 영향관계를 확인하겠다.

제4장에서는 태현의 『고적기』를 중심으로 원효와 법장으로부터

의 영향을 고찰하겠다. 태현은 원효의 일심관을 토대로 『범망경』 상·하권을 주석하였고, 『고적기』에서 『범망경』과 『화엄경』을 같은 일승교로 다루었다. 또한 그것을 통해 『범망경』의 상권과 하권을 조화시켜서 성性·상相의 차이를 회통하였다. 그리고 삼취정계와 『유가론』을 인용하여 범계의 판단이나 『범망경』에 의한 출가 등을 설명한다. 그러나 『고적기』에 인용된 논소論疏 중에는 의적과 승장의 것이 가장 많다. 그렇기 때문에 종래에는 『고적기』에 대한 원효·법장의 영향과, 의적·승장의 영향의 두 계통이 주장되어 왔다. 제4장에서는 이러한 내용까지도 포함하여 태현이 어떠한 계통으로부터 영향을 받아 『고적기』를 저술하였는가를 고찰하겠다.

마지막의 부론에서는 '지의·원효·법장·태현의 『범망경』 십중계 해석의 비교'라는 논제로, 제1장에서부터 제4장에 이르는 연구의 과정에서 쌓인 내용을 토대로 각 주석서를 나열하여 비교하겠다. 단, 원효의 『사기』가 십중계까지만 현존하기 때문에 본 연구에서는 십중계까지의 네 사람의 주석을 비교하는 것에 그치겠다. 우선 각 계의 조목을 비교하여 네 사람이 어떠한 형식으로 주석했는가를 확인하고, 다음으로 조목의 해석과 범계의 판단에서 무엇을 기준으로 주석했는가를 검토하겠다. 그리고 각 조목의 주석에서 인용된 논소와 경전, 특히 『유가론』과의 관련에 주목하여 각 주석서를 비교하여 본론에서 밝혀진 내용을 정리하겠다.

【 본론 】

제1장

지의의 『보살계의소』의 계체론에 대하여

1.1. 서론

대승보살계를 대표하는 경전인 『범망경』의 가장 오래된 주석서인 천태지의(天台智顗, 538-597)의 『보살계의소菩薩戒義疏』(이하『의소』)[1]에는 몇 가지 특징이 있다. 그 중에서도 『범망경』의 계체론戒體論을 '색법계체色法戒體'로 보고 있다고 하여 지의 이후의 원효(元曉, 617-686), 법장(法藏, 643-712), 태현(太賢, 생몰미상) 등이 '심법계체心法戒體'로 주석한 것과 차이를 보이고 있다.

이러한 지의의 색법계체설은 『의소』의 '삼중현의三重玄義' 중 '출체出體'에서 다음과 같이 계체를 설명하고 있는 것을 근거로 한다.

戒體者, 不起而已起即性無作假色. (T40.565c29)

계체란, 일어나지 않는다면 그대로이며, 일어난다면 성 무작의 가색이다.

지의는 여기서 '성 무작의 가색(性無作假色)'이라는 개념을 사용하여 『범망경』의 계체를 설명한다. 그러나 종래의 천태학이나 『차제

---

1   요시즈 요시히데는 "법장 이전의 『범망경』 주석으로서는 『고승전(高僧傳)』의 저자인 혜교(慧皎, 497-554)에게 『梵網經疏』가 있어 세상에 유통되었다고 하는 등의 여러 주석서가 있었으나 현존하는 것으로는 천태소(天台疏)가 가장 오래된 것"(1991:566)이라고 하여, 현존하는 『범망경』 주석서 중에서 『의소』가 가장 오래된 것임을 주장한다.

『續高僧傳』: 釋慧皎, 未詳氏族, 會稽上虞人. 學通內外博訓經律. 住嘉祥寺, 春夏弘法, 秋冬著述. 選涅槃義疏十卷及梵網經疏行世. (T50.471b13)

선문次第禪門』, 『법화현의法華玄義』, 『마하지관摩訶止觀』에서는 심법계체로 설명한 것에 비해, 『의소』에서만 다른 계체론을 보인다. 『의소』와 다른 저술 간의 계체론의 차이에 대해 많은 선학들이 지의의 저술과 사상의 분석을 통해 다양한 해석을 하고 있다.

선학들의 연구에서 공통된 의견은 『의소』의 계체론을 단순한 색법계체로 판단해서는 안 된다는 것이다. 『의소』의 '성 무작의 가색'은 소승의 색법계체와는 다른 대승독자의 색법계체로, 종래의 해석과는 다른 보다 다각도적인 시선으로 파악하지 않으면 안 된다.

그렇기에 제1장에서는 『범망경』이 불성佛性을 계체로 하는 '불성계佛性戒'라는 점에서, 지의의 불성관인 '삼인불성三因佛性'을 통해 '성무작가색'이 대승독자의 계체론이라는 것을 확인하겠다.

1.2. 선행연구

『의소』의 계체론에 대해서 많은 선학들이 '성무작가색'에 주목하여 다양한 해석을 보이고 있다. 본 장에서는 『의소』의 계체론에 관한 선행연구를 검토하겠다.

우선 사토 테츠에이(佐藤哲英)는 『천태대사의 연구(天台大師の研究)』에서, 지의의 다른 저술과의 비교를 통해 『의소』의 위찬설을 주장한다. 『의소』는 기록상 8세기 초에는 존재하고 있었으나, 지의의 시

대에 존재했다는 증거가 없다는 점, 기존의 과문은 '오중현의五重
玄義'로 되어 있으나 『의소』만이 '삼중현의'로 되어 있는 점, 『차제
선문』과 『마하지관』의 '지계청정持戒淸淨'에서 설명하고 있는 계체
는 '심법계체'이나, 『의소』만이 다른 계체론을 설하고 있다는 점의
3가지 상이점을 지적하며 『의소』가 지의의 진찬이 아닐 가능성이
있다고 주장한다.[2]

그리고 무라카미 아키야(村上明也)는 「『보살계의소』의 천태대사설
을 의심하다(『菩薩戒義疏』の天台大師說を疑う)」에서 "본 소를 상세히 검토
해 보면, 『보살계의소』는 정영사 혜원(淨影寺慧遠, 523-592)의 『대승의
장大乘義章』이나 지의 입멸 후에 현재의 형태가 갖추어진 『마하지
관』, 『법화현의』, 『법화문구法華文句』의 천태삼부경 등을 유력한 참
고문헌으로 하고 있는 점에서 지의의 『보살계의소』 강설에 대한
의심이 생기게 된다"(2009:790)고 하고, "『보살계의소』가 앞서 말
한 『법화문구』나 『관음현의觀音玄義』 이외에도 『마하지관』, 『법화현
의』, 『대승의장大乘義章』 등과 본문적 일치를 보인다"(2009:791)고 하
여 사토 테츠에이의 설을 근거로 『의소』의 위찬설을 주장한다. 그
러나 본 연구에서는 『의소』에 나타난 계체설의 규명에 중점이 있

2　사토 테츠에이는 "천궁혜위(天宮慧威)의 시대, 즉 8세기 초에는 천태소가 존재했던 것은 거의 확실
하지만, 그 이상으로 본 소의 존재를 문헌적으로 입증하는 것은 불가능하다. 그러나 본 소의 말주
(末註)로는 수십 부가 있으며, 천태의 경제석(經題釋)은 오중현의를 통례로 하지만, 본 소에 한해서
삼중현의인 것은 어째서인가? 마하지관이나 차제선문에서는 심법계체였으나, 본 소에 한해서 색법
계체인 것은 어째서인가? 이러한 문제의 회통에 다양한 견해가 피력된다"(1961:415)고 하여, 지의의
진찬에 대한 의심을 주장한다.

기에, 『의소』의 위찬설에 대해서는 종래의 진찬설에 의거하여 연구를 진행한다.[3]

　에타니 류카이(惠谷隆戒)는 『원돈계개론圓頓戒概論』에서, 천태종의 원교圓教의 입장에서 『의소』의 계체를 파악하고 있다. 에타니 류카이는 『의소』의 계체를 "백사갈마의 작법을 행하는 것에 의해 성불득도成佛得道, 인격완성人格完成의 목적을 확립하고, 삼취정계를 실행하겠다는 서원을 세우지 않는다면 계체는 활동을 개시하지 않지만, 만약 서원을 세운다면 거기에 자연히 계체가 발현된다"(1937:243-244)고 한다. 그리고 계체는 백사갈마의 선업력善業力으로서 동기와 결의에 의해 발생하는 것이며, '성무작가색'의 해석으로는 "법성法性의 현현으로서의 우리들 인간의 육체 그 자체가 계체이다"(1937:245)라고 한다. 그러나 이 '인간의 육체'는 단순한 육체가 아닌 천태학의 '색심불이色心不二의 육체'라고 한다. 즉, 백사갈마의 선업력에 의해 '색심불이의 육체'에 계체가 작용하게 되는 것이다. 이 개념에 대해 "성덕性德·전수傳授·발득發得의 3종류의 계가 각각 별개로 존재하는 것이 아니라, 본래부터 천태의 교리가 '본체즉현상本體即現象', '색심불이'의 실상론實相論에 입각해 있는 한, 법성본구法性本具의 계체도, 우리들 인간이 발원해서 얻은(발득) 계

3　『의소』의 위찬설에 대해 진찬설을 주장하는 종래의 연구로는, 코데라 분에이(小寺文穎)의 「天台戒疏の成立に關する一考察」(1973)과 키타즈카 미츠노리(北塚光昇)의 「『菩薩戒義疏』における戒體說について」(2008), 「『菩薩戒義疏』における三重玄義について」(2009) 등이 있다. 두 사람은 현행하는 『마하지관』의 원형이라고 일컬어지는 『원돈지관(圓頓止觀)』을 예로 들어 지의의 저술에 나타난 삼취정계를 통해 '무작계(無作戒)'에 의한 의문을 반론하고 있다.

체도 동일한 것이기에 무이무별無二無別인 것은 당연하다"(1937:246)
고 한다. 에타니 류카이의 설은 본 연구의 내용과도 공통점이 있으
나, 계체를 '색심불이의 육체'로 보는 점과 '성덕·전수·발득'의 3종
류의 계를 '무이무별'의 입장으로 보는 점에서 필자의 견해와 차이
가 있다. 이에 대해서는 뒤에서 다시 다루겠다.

오노 호우도(大野法道)도 「계체론戒體論」에서, 에타니 류카이와 같
이 원교의 입장에서 『의소』의 계체를 설명한다.[4] 특히 "계의 종류
를 사람에 따라 나누면 범부의 것, 소승인의 것, 대승인인 보살 중
에도 장藏·통通·별別·원圓의 4교의 것이 있으며, 원교의 보살계가
마지막의 것이다"(1958:7)라고 하여 대소승 계율을 명확히 나누고
있다. 그리고 '성무작가색'의 '성性'에 대해서 "계체를 발동하면 그
성능이 무작의 가색으로 작용한다는 의미로 보인다"(1958:7)고 한
다. 이 '성'을 천태교학에서는 특히 중시하여 '원교의 인간본구人間
本具의 성덕性德 사상'을 통해 『의소』의 계체론을 해석하고, "계체는
본유本有한 실상의 이치인 성덕이 수계로 인해 작동되어 수덕修德이
되고, 그것이 생활의 주체로 활동작용(活作用)하는 것을 역설하는 전
통이 있다. 보살계경의 내용을 원교로 보는 이상, 원교사상을 통해

---

4 오노 호우도(1958:1)에 따르면, '계체'라는 용어를 실제로 처음 사용한 것은 현존하는 저술 중에서
『의소』의 '제2출체(出體)'에서이다. 그리고 대소승의 계체론에 대해 "소승시대에 설정된 신구칠지
(身口七支)의 과비(過非)를 막는 칠중(七衆)의 별해탈율의(別解脫律儀)를 계법의 주된 것으로 하는 계체
론과, 대승의 계학에서 악의 소재를 깊이 탐구하여 생활의 지극한 모습을 바라보는 것에 의한 계체
론과는 저절로 구별되는 것이다"(1958:2)라고 하여, 대승과 소승에는 계체론의 취급에 근본적인 차
이가 있음을 밝히고 있다.

계체를 설명하는 것은 자연스러운 것"(1958:8)이라고 한다. 그러나 이러한 천태사상의 해석은 원교의 개념에 한정된 것으로 "이 표현에 과연 그러한 의미가 포함되어 있는가(含有)는 문제라고 생각한다"(1958:8)고 하여, 『의소』의 계체론을 원교의 개념에서 해석하는 것에 대한 문제를 제기하고 있다.

코데라 분에이(小寺文穎)는 「천태계소의 성립에 관한 고찰(天台戒疏の成立に關する一考察)」에서, 증진(証眞, ?-1214경)의 『천태삼대부사기天台三大部私記』 30권에 인용된 『원돈지관圓頓止觀』을 거론하며[5] 『의소』의 계체론에 대해 "종래의 천태는 색법불이를 설하기에 계체는 심법이든 색법이든 어느 것이든 상관없다는 회통설이 받아들여져 왔다"(1973:49-50)고 한다. 또한 현행하는 『마하지관』에는 설명되어 있지 않으나, 『원돈지관』에는 대승에도 '무작계'가 있다는 것을 주장하며 무작계를 권증權証하는 것이 『의소』의 '성무작가색'으로, 천태삼대부의 계체론은 '교리(敎)'에 의해 '심법계체'가 설해졌고, 『의소』는 '이치(理)'에 의해 '색법계체'가 설해진 것이라고 한다.[6]

선행연구 중에서 가장 주목해야 하는 연구는 히라카와 아키라

5　코데라 분에이(1973:44)에 따르면, 『마하지관』과 『의소』는 관련성이 없으나, 『마하지관』의 원형형태를 보이는 『원돈지관』에는 『의소』와 직접적인 관련성을 지닌 문제가 있다고 한다.

6　코데라 분에이는 "소승은 무작계를 말하지만 대승은 무작계를 말하지 않는다는 설에 대해, 대승에도 무작계가 있는 것을 주장한 것이 원돈지관의 내용이다. 이 무작계를 권증하는 것이 천태계소로서 '성무작가색'이라는 것이 그것이다. 증진(証眞)은 이 무작계의 설이 용수(龍樹)의 대지도론에 나온 것이라고 하며, 진여성덕의 이치(眞如性德理內)에 의해 생기지(發) 않았으나 생겨진 소득무작의 가색(所得無作の假色)으로, 현행하는 삼대부에 설해진 심법계체설과 천태계소의 색법계체설의 모순에 대해 전자는 교리에 의한 것이고, 후자는 이치에 의해 건립한 것이라며 회통하고 있다"(1973:50)고 한다.

(平川彰)의 「지의의 계체론에 대해서(智顗の戒體論について)」(1976)와 「지의에 있어서의 성문계와 보살계(智顗における聲聞戒と菩薩戒)」(1997)이다. 히라카와 아키라는 지의의 저술에 나온 계체에 관한 내용을 망라해 지의의 계체론을 분석했다. 특히 지의가 수나라 개황開皇 11년 (591년)에 진왕광晋王廣에게 내린 보살계가 『범망경』의 '십중사십팔 경계'이었던 것을 증명한 것은[7] 지의가 이 시대 이전부터 『범망경』을 알고 있었던 것을 증명한 것으로, 이는 지의의 보살계관 연구에 있어 상당히 중요한 업적이다.

히라카와 아키라는 「지의의 계체론에 대해서」에서, 『범망경』의 경구죄 21조의 호상好相을 보는 조건과, 경구죄 41조의 칠역죄를 어긴 사람이 수계할 수 있는 규칙 등을 예로 들며 색법계체를 주장한다. 「지의에 있어서의 성문계와 보살계」에서는 지의가 수계한 구족계가 『십송율十誦律』인 것을 지의의 저술을 통해 증명하여[8] 지의가 『의소』의 계체론을 색법계체라고 한 이유에 대해 "『십송율』로 구족계를 받은 지의에게 유부의 계체론을 부정하는 것은 자신이 받은 계체의 존재를 부정하는 것이 되기에 그것은 불가능하다고 생각한다"(1997:18)고 주장한다. 즉, 유부의 『십송율』로 수계한 지

---

7 히라카와 아키라는 "범망의 보살계는 차제선문이나 마하지관에 인용된 지소찬계(智所讚戒)로서, 십
   종계(十種戒)의 체계 중에 포함되어 있기에 지의가 진왕광에게 내려 준 보살계는 범망의 십중사십팔
   계였던 것이 분명하다"(1997:22)고 한다.
8 히라카와 아키라(1997:4-5)는 『십송율』이나 『사분율』 등의 율장의 명칭은 찾을 수 없지만, 지의가 인
   용하고 있는 율의 법상(法相)이 『십송율』에서 인용한 것이 많은 점과 『사분율』, 『오분율』의 십리(十
   利)의 순서가 『십송율』이나 『마하지관』의 십리와 다르게 되어 있는 점 등을 들며 지의와 『십송율』
   의 연관성을 밝히고 있다.

의가 자신의 계체를 인정하기 위해 어쩔 수 없이 『의소』에서 색법계체를 사용했다는 것이다. 그러나 이러한 히라카와의 주장은 계체론을 좁은 관점에서만 다루고 있다. 이에 대해 키타즈카 미츠노리(北塔光昇)는 "지의가 십송율로 구족계를 받았기 때문에 유부의 무작의 계체론을 사용한 것이 아니라, 경론의 전거로서 무작의 가색을 계체로 삼은 것"(2008:31)이라고 하여 히라카와 아키라의 설을 부정한다. 그런데 히라카와 아키라 자신도 지의의 계체론에 대해 "만약 지의가 십송율에 중점을 두고 계를 이해했다고 한다면, 그의 계관은 십송율의 계의 실천과 범망경의 실천 사이의 균형 위에 형성되어 있다고 보아도 좋을 것이며, 특히 대승계를 중시하고 있었다고 볼 수 있다"(1997:23)고 한다. 그리고 "『의소』에서는 이치로서는 무작을 인정하지 않는다. 그러나 교문敎門의 설명에서는 무작을 인정하지 않으면 안 되지만 이것은 '권權'이다. 지금은 권의 입장에서 '무작이 있다'고 한 것이다. 이상의 『의소』의 무작의 이행은 삼제원융三諦圓融이나 일념삼천一念三千, 일심삼관一心三觀 등의 천태의 기본적인 교리와 관련지어 생각해 보아도 결코 모순된다고는 생각할 수 없다"(1976:767)고 하며, 또한 "그의 계체론이나 보살계도 삼제원융의 입장에서 이해할 필요가 있다"(1997:22)고 한다. 즉, 『의소』의 '성무작가색'은 단순히 색법계체나 심법계체에 한해서 판단할 것이 아니라, 천태학의 심오한 교리를 토대로 보다 다각도적인 시점에서 파악해야만 한다고 설명한다.

1.3. 지의의 계체론과 불성론

1.3.1. 지의의 계체론에 대해서

본 장에서는 지의의 저술에 나온 『범망경』의 위치와 『의소』의 계체론에 대해 확인하겠다. 우선 『의소』와 『마하지관』, 『차제선문』, 『법화현의』를 비교하여, 『범망경』에 대한 각 저술 간의 상이점을 확인하겠다. 지의는 『마하지관』을 비롯해 『의소』 등의 여러 저술에서 『대지도론大智度論』의 '십종계十種戒'를 이용해 대소승의 각 계율을 분류하고 그 계상戒相에 대해 설명한다.

그러나 히라카와 아키라에 따르면 지의의 십종계는 『대지도론』 권22와 권87에 나오는 십종계와 역어譯語가 일치하지 않기에 지의만의 독자적인 해석일 것이라고 한다.[9] 또한 각 저술에서의 십종계를 확인해 보면 각각의 순서에 다소의 차이가 있으며, 특히 『범망경』의 위치에 차이가 보인다. 『의소』와 『마하지관』, 『차제선문』, 『법화현의』의 십종계를 비교하면 표1과 같다.

---

[9] 지의의 십종계에 대해 히라카와 아키라는 "지의가 십종계는 '대론에서 설명한다'고 하는데, 대지도론 권87에 십종계의 명칭이 나온다. 그러나 이 십종계의 명칭은 지의가 말하는 십종계와는 역어에 차이가 있다. 게다가 같은 대지도론 권22의 '염계(念戒)'의 설명 중에, 십종계 중 칠계인 '不欠戒, 不破戒, 不穿戒, 不雜戒, 自在戒, 不著戒, 智者所讚戒'의 명칭이 나온다. 이 역어들은 지의가 사용하는 명칭과 일치하고 있으나 완전하지 않으며 설명도 충분하지 않다. 그러므로 지의의 십종계 해석은 지의의 독자적인 해석이라고 보아도 좋을 것이다"(1997:20)라고 주장한다.

【표1】

	第一	第二	第三	第四	第五	第六	第七	第八	第九	第十
『의소』 (T40.563c)	不欠戒	不破戒	不穿戒	不雜戒	隨道戒	無著戒	智所讚戒	自在戒	隨定戒	具足戒
『마하지관』 (T46.36b)	不欠戒	不破戒	不穿戒	不雜戒	隨道戒	無著戒	智所讚戒	自在戒	隨定戒	具足戒
『차제선문』 (T46.484c)	不欠戒	不破戒	不穿戒	不雜戒	隨道戒	無著戒	智所讚戒	自在戒	具足戒	隨定戒
『법화현의』 (T33.717b)	不破戒	不欠戒	不穿戒	不雜戒	隨道戒	無著戒	智所讚戒	自在戒	隨定戒	具足戒

『의소』에 나온 십종계의 순서는 『마하지관』과 완전히 일치하지만, 『차제선문』과는 제9, 10의 순서가, 『법화현의』와는 제1, 2의 순서가 바뀌어져 있다. 순서에 다소의 차이가 있으나 십종계의 내용은 제3까지는 '별해탈율의別解脫律儀'로 '비구250계'이다. 제4는 '정공계定共戒', 제5, 6은 '도공계道共戒'로 제6까지는 '성문계聲聞戒'이다. 제7 이상은 '대승계大乘戒'이다. 십종계에 대해 『법화현의』에서는 간단히 설명되어 있지만 『차제선문』과 『마하지관』에서는 상세히 설명되어 있다.[10]

---

10 『의소』에서의 십종계의 설명은 다음과 같다. 『의소』: 不欠者, 持於性戒性重淸淨, 如護明珠. 若毀犯者如器已欠, 佛法邊人也. 不破者, 持於十三無有破損也. 不穿者, 波夜提等. 若有所犯如器穿漏, 不堪受道也. 不雜者, 持定共戒. 雖持律儀念破戒事, 名之爲雜. … 隨道者, 隨順諦理能破見惑也. 無著者, 見眞成聖, 於思惟惑無所染著. 此兩約眞諦持戒也. 智所讚戒, 自在戒, 約菩薩化他爲佛所讚, 於世間中而得自在. 此約俗諦論持戒也. 隨定具足兩戒, 即是隨首楞嚴不起滅定現諸威儀, 示十法界像導利衆生. 雖威儀起動任運常淨. 故名隨定戒. 前來諸戒, 律儀防止名不具足. 中道之戒無戒不備. 故名具足. 用中道慧遍入諸法. 故名具足. 此是持中道第一義諦戒也. (T40.563c11-26) 불결계(不欠戒)란, 성중계(性重戒: 殺·盜·淫·妄의 네 가지 무거운 죄를 경계하는 계)를 수지하는 것으로, 성중계가 청정하다는 것은 보석(明珠)을 보호하는 그릇과 같은 상태이다. 만약 계를 어기면 그릇이 깨어진 것과 같기에 불법을 배우는 사람이라고 말할 수 없다. 불파계(不破戒)란, 13승잔을 수지하고 어긴 바가 없는 것이다. 불천계(不穿戒)란, 바일제(波夜提) 등이다. 만약 (계를) 어긴다면 그릇에 구멍

각 저술에 나타난 십종계에서의 『범망경』의 위치를 확인해 보면, 『차제선문』에서는 '제7지소찬계'를[11] "보살의 십중사십팔경계를 지닌 것[12]"이라고 하여 '보살의 이타의 교화'로서의 '속제俗諦의 계'라고 한다. 『마하지관』에서는 '수능엄정首楞嚴定'을 토대로 하는 '제9수정계, 제10구족계[13]'의 부분에서 『범망경』을 인용하여 다음과 같이 설명한다.

故梵網云, 戒名大乘名第一義光, 非靑黃赤白, 戒名爲孝, 孝名爲順. 孝即止善順即行善. 如此戒者, 本師所誦, 我亦如是誦. 當知中道妙觀, 戒之正體, 上品淸淨究竟持戒. (T46.37b19)

그렇기에 『범망경』에서 말하길 "계는 대승이라고 하여 청

이 뚫려 (내용물이) 새는 것과 같아서 깨달음을 얻을 수 없게 된다. 불잡계(不雜戒)란, 정공계(定共戒)를 수지하는 것이다. 율의계를 수지하며 파계를 생각하는 것을 '잡'이라고 한 것이다. … 수도계(隨道戒)란, 진제(眞諦)의 진리를 따라 견혹(見惑)을 깨뜨린 것이다. 무착계(無著戒)란 진리를 깨달아 성인이 되어 사혹(思惑)에 의해 염착되는 일이 없어진 것이다. 이 두 계(수도계와 무착계)는 진제에 의해 계를 수지하는 것이다. 지소찬계(智所讚戒)와 자재계(自在戒)는, 보살의 이타의 교화를 부처님이 칭찬한 것으로 세간 속에서도 자재로움을 얻을 수 있다. 이것들은 속제(俗諦)에서 지계하는 것을 논한 것이다. 수정계(隨定戒)와 구족계(具足戒)의 두 계는, 수능엄정(首楞嚴定)에 의해 멸진정(滅盡定)을 일으키지 않으며 모든 위의를 나타내고 십법계에 모습을 나타내어 중생을 이롭게 이끄는 것이다. 위의를 일으켜 움직이더라도 항상 평안하고 고요한 상태이다. 그렇기 때문에 수정계라고 한다. 앞에서 설명한 모든 계는 율의로 방지하기에 불구족이라고 한다. 중도의 계는 갖추지 않은 계가 없다. 그렇기 때문에 구족이라고 한다. 중도의 지혜를 써서 두루 모든 법에 들어가기에 구족이라고 한다. 이것은 이 중도제일의제계(中道第一義諦戒)를 수지한 것이다.

11 智所讚戒, 自在戒, 約菩薩化他爲佛所讚, 於世間中而得自在. 此約俗諦論持戒也. (T40.563c19)

12 七持智所讚戒, 發菩提心, 爲令一切衆生, 得涅槃故持戒. 如是持戒, 則爲智所讚歎. 亦可言持菩薩十重四十八輕戒. 此戒能至仏果故, 爲智所讚歎. (T46.484c26)
    일곱째로 지소찬계를 지닌다는 것은, 보리심을 내어 일체중생을 열반에 들게 하기 위해 지계하는 것이다. 이처럼 지계한다면, 바로 지혜로운 이가 찬탄하는 계가 된다. 또한 보살의 십중사십팔경계를 지니는 것이라고 한다. 이 계로 불과에 이를 수 있기에 지혜로운 이가 찬탄하는 계가 되는 것이다.

13 隨定具足両戒, 即是随首楞嚴不起滅定現諸威儀, 示十法界像導利衆生. (T40.563c21)

황적백이 아닌 제1의광이라 하고, 계를 효라고 하여 효에 따르는 것"이라고 한다. 효는 즉 그침(止)의 선(善)이고, 순은 행함의 선이다. 이러한 계는 부처(本師)가 송한 것이며 나도 또한 이와 같이 송한다. 중도의 묘관은 계의 바른 체이고, 상품의 청정은 구경의 지계임을 마땅히 알아야 한다.

『의소』에서는 『범망경』의 위치에 대해 특별히 논하지 않지만, 히라카와 아키라의 설명과 같이[14] 『의소』의 십종계에 『마하지관』의 내용을 대입하면, 『범망경』은 제10구족계에 해당된다. 이처럼 지의는 십종계에 별해탈율의, 정공계, 도공계, 성문계, 대승계, 중도제일의제계(中道第一義諦戒)를 포함시켜 일체계를 설명하고, 『범망경』을 중도의 묘관을 본체로 하는 중도제일의제계로 파악하여 제10구족계에 위치시키고 있다고 볼 수 있다.

이와 같이 『범망경』의 계를 '중도묘관'으로 이해한 지의는, 계체에 대해 『의소』의 삼중현의의 출체에서 '성무작가색'이라고 설명한다.[15] 그리고 이어서 "그것에 대해 경론에서 서로 말하며 (그 계체

---

14   히라카와 아키라(1976:765)는 『의소』에서의 『범망경』의 위치에 대해 "의소에는 범망경을 십종계의 어디에도 배당하고 있지 않지만, 제10구족계를 설명하며 '앞에서 설명한 모든 계는 율의로 방지하기에 불구족이라고 한다. 중도의 계는 갖추지 않은 계가 없기에 구족이라고 한다. 중도의 지혜를 써서 두루 모든 법에 들어간다. 그렇기에 구족이라고 한다. 이것은 이 중도제일의제계를 지닌 것이다'라고 한다. 마하지관의 해석을 의소에 대입시켜 보면 범망계는 중도제일의제의 계가 되기에 제10구족계가 범망계가 될 것"이라고 하여, 『범망경』은 수능엄정에 의한 계이며 중도의 묘관을 본체로 하기에 '중도제일의제계'에 해당된다고 한다.

15   戒體者, 不起而已起即性無作假色. (T40.565c29)

의) 유무에 대해 쟁론한다"[16]고 하여 지의 자신도 대소승의 계체의 유무에 대한 논쟁이 있는 것을 말한다.

지의가 말하는 '성무작가색'의 '무작無作'이란, 현장玄奘의 번역어인 '무표색(無表色, avijñaptirūpa)'[17]의 의미로 수계자가 보리심을 내어 계를 받을 때 계체를 얻고 방비지악防備止惡의 힘이 몸에 갖추어지는 것이다. 이 방비지악의 힘인 무작은 눈에 보이지 않는 불가견不可見의 물질(色, rūpa)이다. 무작은 물질이기 때문에 심법계체에서는 무작에 의한 수계가 성립되지 않는다. 왜냐하면 심법계체는 마음(心)이 계체이기 때문에 물질로서의 계체가 존재할 수 없으며, 계체는 갖추어지는 것이 아니라 마음으로부터 나오는 것이다. 반면 색법계체는 무작에 의해 수계가 성립된다. 수계를 하게 되면 불가견의 물질인 무작이 몸에 갖추어지고, 이 무작이 방비지악의 보호막이 되어 수계자를 지켜 주는 것이다. 이러한 물질인 무작의 유무에 따라 계체론은 크게 바뀌게 된다.

무표색인 무작에 대해 『의소』에서는 '무무작(無無作: 무작이 없음)'과 '유무작(有無作: 무작이 있음)'으로 나누어 무표색이 없는 심법계체와 무표색에 의한 색법계체를 설명한다. 우선 무무작에서는 『영락경』

16　經論互說諍論有無. (T40.566a01)

17　이 무표색에 대해 히라카와 아키라는 "무표색이라는 것은 현장의 번역어이기에 지의의 시대에는 아직 없었던 것이고, 또는 관정이 개정(再治)한 이후에 수정된 내용일지도 모른다"(1997:13)고 한다. 한편, 앞서 말한 바와 같이 오노 호우도(大野法道)는 "계체라는 용어를 실제로 처음 사용한 것은 현존하는 것 중에서는 『의소』의 제2출체이다"(1958:1)라고 한다. 그러나 실제로 『의소』에서 '계체'와 '무작'이라는 용어가 사용되고 있으나, 계체를 '무표색'으로 번역한 경우는 한 곳도 발견할 수 없었다. 따라서 『의소』에서의 계체의 문제를 다루는 것에 특별한 문제는 없다고 생각된다.

의 심법계체설을[18] 인용하여 다음과 같이 말한다.

瓔珞經云, 一切聖凡戒盡以心爲體. 心無盡故戒亦無盡.

(T40.566a04)

『영락경』에서 말하길, 모든 성인이나 범부의 계는 모두 마음을 체로 한다. 마음은 다함이 없기에 계도 또한 다함이 없는 것이다.

지의는 『범망경』과 함께 대승보살계를 대표하는 『영락경』을 인용하여 대승계의 계체를 '마음'이라고 설명한다. 『영락경』의 이 구절은 대승계의 '일득영불실一得永不失'의 근거가 되는 것으로, 『영락경』은 심법계체를 토대로 "보살계에는 받는 법(受法)은 있으나 버리는 법(捨法)은 없다."[19]고 한다. 그리고 지의는 마음 이외의 계체로서 '교敎, 진제眞諦, 원願'을 말하며 그 외에 무작은 없다고 한다.

或言敎爲戒體. 或云眞諦爲戒體. 或言願爲戒體. 無別無作.

(T40.566a05)

혹은 교를 계체로 삼기도 한다. 혹은 진제를 계체로 삼기도

---

18   一切菩薩凡聖戒盡心爲體是故心亦盡戒亦盡. 心無盡故戒亦無盡. (T24.1021b20)
19   菩薩戒有受法而無捨法. (T24.1021b07)

한다. 혹은 원을 계체로 삼기도 한다. 그 외에 무작은 없다.

그러나 유무작에 대해서는 "대소승의 경론에 모두 무작이 있으니 이는 모두 실법이다"[20]라고 하여 대소승의 계체에 무작이 있다고 설명한다. 그리고 무작의 현현顯現에 대해 다음과 같이 설명한다.

> 心力巨大, 能生種種諸法, 能牽果報. 小乘明, 此別有一善, 能制定佛法. 憑師受發, 極至盡形. 或依定依道品別生. 皆以心力勝用, 有此感發. (T40.566a16)

마음의 힘이 거대하기에 여러 가지 모든 법을 생기게도 할 수 있고, 과보를 끌어당기게도 할 수 있다. 소승에서는 "여기에 따로 하나의 선이 있기에 불법을 제정할 수 있는 것이다. 스승에 의지하여 수계할 때에 나타나고, 목숨이 다할 때 사라진다. 또한 선정이나 도품에 의지하여 따로 생기기도 한다"고 말한다. 모든 마음의 힘의 뛰어난 작용(勝用)에 의해 이것이 나타나게 되는 것이다.

소승의 계체도 어떤 특별한 작용에 의해 새롭게 생겨나는 것이 아니라 모두 '마음의 힘의 뛰어난 작용'에 의해 생겨나는 것이다.

---

20 大小乘經論盡有無作. 皆是實法. (T40.566a15)

즉, 계체라는 것은 마음을 토대로 생겨나 수계자가 깨달음에 이르도록 지켜 주는 것이다.

그러나 계체에도 대소승의 차이가 있어 지의는 소승의 계체에 대해 『성실론成實論』과 「아비달마(毘曇)」의 예를 들며 다음과 같이 설명한다.

成論有無作品云, 是非色非心聚. 律師用義亦依此說. 若毘曇義, 戒是色聚, 無作是假色. 亦言無教, 非對眼色. (T40.566a19)

『성실론』「무작품」에서 "무작이란 색도 아니고 마음도 아닌 것(非色非心)이 모인 것이다"라고 한다. 율사가 말하는 뜻도 이 설에 의거한다. 「아비달마」의 뜻에서는 "계는 색이 모인 것이고, 무작은 임시의 색(假色)이다"라고 한다. 또한 "무교라고도 하여 눈에 보이는 대상으로서의 색이 아니다(眼色)"라고 한다.

지의에 따르면 소승에는 『성실론』의 '비색비심非色非心'과 「아비달마」의 눈에 보이지 않는 '가색假色'의 두 종류의 계체가 있다. 그에 비해 대승의 계체는 색법계체이지만 소승의 그것과는 다른 대승만의 색법계체라고 설명한다.

大乘所明戒是色法. 大論(問)云, (是色法可論)多少思是心數. 云何言多少耶. 觀論意, 以戒是色即問, 此是數義. 大乘云何而用

數義. 解云, 若用非色非心, 復同成實, 還是小乘. 今言數家自是
數色. (大乘是)大乘色, 何關數家. (T40.566a22)

　　대승에서 계가 색법임을 밝힌다. 『대지도론大智度論』에서 "계는 색법이지만 다소의 사람들은 심수라고 생각한다. 어째서 다소라고 하는가"라고 말한다. 논의 의미를 살펴보면, 계는 색이라고 하며 묻는 것으로 이것은 수가의 뜻이다. 대승이 어찌하여 수가의 뜻을 쓰겠는가. 해석해 보면, 만약 '비색비심'을 쓰면 다시 『성실론』과 같은 것이 되어 소승으로 되돌아가는 것이 된다. 지금은 수가의 사람들이 자신들의 수가의 색을 말한 것이다. 대승에는 대승의 색이 있거늘 어찌하여 수가에 관련하겠는가."

　　지의는 대승보살계인 『범망경』의 계체를 소승의 계체론과 같은 개념으로 파악해서는 안 된다는 것을 논하고 있다. 대승의 색법계체는 앞서 말한 것과 같이 '중도묘관'을 본체로 하는 대승만의 '중도제일의제계'이기에 "색법의 계체는 물질"이라는 개념과는 다른 이해가 필요하다. 또한 지의는 『중론中論』을 인용해 이러한 대승만의 계체에 대해 "용어가 같기는 하지만 그 의미는 다르다"[21]고 하여 대소승에서의 색법이라는 계체는 같은 용어이지만 그것을 같은

21　今言數家自是數色. (大乘是)大乘色, 何關數家. 中論云, 語言雖同其心則異. 今大乘明戒是色聚也. 大乘情期極果. 憑師一受遠至菩提. (T40.566a25)

개념에서 이해해서는 안 된다는 것을 강조한다. 그리고 소승과는
다른 대승의 계체에 대해서 다음과 같이 설명한다.

> 今大乘明戒是色聚也. 大乘情期極果. 憑師一受遠至菩提. 隨定
> 隨道, 誓修諸善, 誓度含識. 亦以此心力大, 別發戒善, 爲行者所
> 緣, 止息諸惡. (T40.566a27)

지금 대승에서 계는 색의 모임인 것을 밝힌다. 대승에서는
마음이 궁극의 과에 이르기를 기대한다. 스승에 의지하여 한
번 계를 받으면 먼 장래에 보리에 이르게 된다. 정에 따르거
나 도에 따르거나 마음으로 서원하여 모든 선을 닦고, 마음
으로 서원하여 중생(含識)을 제도한다. 또한 이 마음의 힘이
크기 때문에 따로 계의 선을 일으켜서 수행자의 소연이 되
어 모든 악을 그치게 하는 것이다.

대승의 계는 깨달음에 이르기 위한 원동력이며, 수계자의 서원
의 마음에 의해 계의 선법이 생겨난다. 또한 그 서원의 마음의 힘
이 수계자의 의지처가 되어 작용하여 방비지악의 힘을 나오게 하
는 것이다. 그리고 이 계체의 지속력은 소승과 달라서 『영락경』의
'일득영불실'설과 같이 한 번 계를 받으면 보리에 이를 때까지 다
함이 없는 '무진無盡'인 것이다. 또한 『의소』는 『보살지지경』「지지
계품地持戒品」을 인용하여 대승에서의 무작의 유무에 대해 다음과
같이 설명한다.

地持戒品云, 下軟心犯後四重, 不失律儀. 增上心犯, 則失律儀.
若不捨菩提願, 不增上心犯, 亦不失律儀. 若都無無作, 何得言失.
(T40.566b06)

「지지계품」에서 말하길 "하연심에 의해 뒤에 4가지 중죄를 어겼어도, 그것이 율의를 잃었다고 할 수 없다. 그러나 증상만에 의해 어겼다면 율의를 잃는 것이다. 만약 보리심의 서원을 버리지 않고 증상만으로 어긴 것이 아니라면 율의를 잃지 않는다"고 한다. 만약 이것들의 전부에 무작이 없다면 어찌 율의를 잃는다고 말할 수 있겠는가.

만일 무작이 없다면 계를 어겼어도 무엇도 잃는 것이 없겠으나, 『지지경』에서 율의를 잃게 된다고 설명하듯이 대승에도 무작이 있는 것이다. 그러나 대승에서는 단순히 죄를 지어서 계를 잃게 되는 것이 아니라 발보리심의 서원의 유무에 의해 그것이 결정된다. 계는 마음으로 서원한 발보리심에 의해 생겨나는 것이기에, 만약 범계행을 저질렀어도 그 근원인 보리심의 서원을 버리지 않았다면 계를 잃지 않는다. 또한 보리심을 지니고 있는 보살의 범계행은 악심에 의한 것이 아닌 중생제도를 위한 방편행方便行이기에 대승의 보살계에서는 이 발보리심의 서원을 무엇보다 중요시하는 것이다.

이처럼 지의는 대소승계의 무작에 대해 설명한 뒤에 자신이 생각하는 무작의 정의를 다음과 같이 말한다.

무엇이 마땅한 도리가 되겠는가? 그러나 이치^(理)는 마땅한 것도 아니며 마땅하지 않은 것도 아니다. 마땅한 것도 마땅하지 않은 것도 모두 이치로도 교리^(敎)로도 의미^(義)를 논할 수 있다. 만약 없다고 한다면 이치에 마땅한 것이 된다. 만약 있다고 한다면 교리에 마땅한 것이 된다. 이치는 즉 실교이고, 교리는 즉 권교이다. 실교로서는 없는 것이지만 교리의 문^(敎門)에서는 있는 것이 된다. 여기서 사용하는 것은 무작이 있다고 하는 설이다.

무작의 유무는 각각 '이치^(理)'와 '교리^(敎)'에 해당된다. 그리고 이치와 교리는 다시 '권실이교^{權實二敎}'의 실교^{實敎}와 권교^{權敎}에 해당된다. 무작이 없음^(無無作)은 이치의 실교로서 진실에 해당되고, 무작이 있음^(有無作)은 교리의 권교로서 방편에 해당된다. 『의소』에서는 실교로서는 무작의 존재를 인정하지 않지만, 『범망경』이 교문^{敎門}이기에 권교로서 무작의 존재를 인정한다. 즉, 『의소』의 계체론은 진실로서는 심법계체에 해당되지만, 『범망경』이 계본이라는 점을 중시하여 권교방편으로서 색법계체를 사용하고 있는 형태로, 심법계체를 토대로 한 방편으로서의 색법계체인 것이다. 그렇기 때문에 지의는 '성무작가색'이라는 개념을 사용해 소승과는 다른 대승만의 계체론을 설한 것이다. 그것은 존재의 유무를 떠난 권교방편으로서 색법계체를 사용하고 있는 중도묘관의 성무작가색인 것이다.

지의의 권실이교에 의한 성무작가색의 설명은 중생에게 『범망경』의 수계와 수지를 권하기 위한 권교방편이라고 생각된다. 지의는 『의소』에서 중생이 심법계체를 잘못 이해해서 아무 것도 하지 않아도 본래 계를 구족하고 있기에 깨달음에 이를 수 있다고 오해하여 방일放逸에 떨어지는 것을 방지하기 위해 십종계와 육종수계六種受戒 [22] 등을 상세히 설명하여 심법계체인 범망계梵網戒를 현현하기 위한 발심과 수계를 역설하고 있다. 이러한 지의의 주석은 당시 새로운 보살계경전이었던 『범망경』의 정착과 유포를 감안한 것이라고 생각된다.

1.3.2. 지의의 불성론에 대해서

소승의 비색비심非色非心과 색色 등과는 다른 대승독자의 계체론

---

22 지의는 '삼중현의'의 '요간(料簡)'에서 당시의 수계법을 대표하는 6종류의 계본을 소개하며 『범망경』과 다른 계본의 차이를 비교할 수 있도록 설명하고 있다.
論法緣, 道俗共用, 方法不同. 略出六種. 一梵網本, 二地持本, 三高昌本, 四瓔珞本, 五新撰本, 六制旨本. (T40.568a06)
법연을 논하면, 도속(출가와 재가)이 공용하나 수계의 방법이 같지 않다. 대략 6종류를 들 수 있다. 첫째는 범망본, 둘째는 지지본, 셋째는 고창본, 넷째는 영락본, 다섯째는 신찬본, 여섯째는 제지본이다.

이라는 의미를 확인하기 위해 우선 지의의 불성관佛性觀인 '삼인불
성三因佛性'에 대해 알아보겠다.

　지의는 "『범망경』의 큰 근본(大本)은 대승의 가르침"[23]이라고 말하
듯이, 『범망경』은 마음을 계체로 하는 대승의 보살계이다. 대승계
는 발보리심의 마음에 의해 현현되는 '불성계佛性戒'이다. 『열반경』
의 '일체중생실유불성一切衆生悉有佛性'에서 불성은 성불의 원인(因)으
로 설정되어져 있다. 이러한 불성에 대해서 『열반경』은 '이인불성
二因佛性'으로 설명하지만, 지의는 자신의 삼제원융관三諦圓融觀을 토
대로 '정인正因, 료인了因, 연인緣因'으로 나누어 '삼인불성'이라는 독
자의 불성관을 보이고 있다.[24]

　삼인불성에서 실제로 불성이라고 하는 것은 법신인 정인뿐이지
만, 그것이 원인(因)으로 작용하여 결과(果)를 낳아 불성이 무한으로
이어지는 구조로 되어 있다.[25] 이러한 삼인불성은 『법화현의』를 비

23　梵網大本即大乘教. (T40.566b09)

24　『열반경』의 이인불성과 지의의 삼인불성의 관계에 대해서 타무라 칸지(田村完爾)는 "삼인불성은
　　『열반경』에는 나오지 않으며 료인=연인이라고 하여 이 료인은 두 개로 나뉠 수 없다고 되어진
　　다"(2007:598)고 하며, "정인, 료인, 연인의 삼인불성은 관견에 의하면 지의 이전에는 찾아볼 수 없
　　다"(2007:599)고 하여 지의의 삼인불성은 『열반경』의 이인불성과 유사한 점이 있으나, 그 세 개
　　의 구조에 의한 원융의 관계를 만들어 낸 것은 지의가 처음이라고 한다. 또한 쿠게 노보루(久下陞
　　1997:125-126)는 일본 천태종의 겐신(源信, 942-1017)의 『일승요결(一乘要訣)』의 검토를 통해 "삼인불성
　　이 본래 정연이인(正緣二因)을 근본으로 하는 것을 확실히 하는 것으로"라고 하여 삼인불성은 『열
　　반경』의 이인불성을 토대로 지의가 보다 상세하게 나누어 설명한 것이라고 한다.

25　삼인불성의 구조에 관한 선행연구로는 와카스기 켄류(若杉見龍)의 「天台智顗の佛性論」(1979), 쿠게
　　노보루의 「天台智顗の三因佛性の構造とその現代的課題」(1997), 타무라 칸지의 「天台教學におけ
　　る佛性論の構造に關する一考察」(2007)이 있다. 삼인불성에 관한 세 사람의 공통견해는, 정인은 법
　　신, 료인은 반야, 연인은 해탈로서 서로가 서로의 원인이며 동시에 결과이기도 하다는 것이다. 그
　　리하여 세 개의 원인이 영원히 이어져 불성을 현현하는 것이다.

롯해 지의의 많은 저술에 인용되어 있다. 특히 『법화현의』에서 확립되어 『유마경현소維摩經玄疏』와 『유마경문소維摩經文疏』에 이르러 완성되었다고 논해진다.[26]

삼인불성의 구조는 '이불성理佛性'인 정인에 의해 '행불성行佛性'인 료인과 연인이 생겨나는 것으로서, 반드시 이불성에 의해 행불성이 이끌려 생겨나는 구조이다.[27] 즉, 불성을 원인으로 하여 열반이라는 결과를 낳는 것이다. 한편, 열반이라는 결과에 의해 불성이라는 원인의 존재가 증명되는 관계이기도 하여, 서로가 다른 것이 아닌 서로의 의지처로 작용되는 한 몸과 같은 관계로 이루어져 있는 것이다. 그리고 그 관계성의 근본구조는 어디까지나 원인인 불성에 의해 결과인 열반이 생겨나는 형태이다.

그러나 『열반경』에서는 다음과 같이 근본인 정인보다 과정인 연인(=료인)의 중요성을 강조한다.

中道之法名爲佛性. 是故佛性常樂我淨, 以諸衆生不能見故, 無常無樂無我無淨. 佛性實非無常無樂無我無淨. 善男子, 譬如貧人家有寶藏, 是人不見, 以不見故, 無常無樂無我無淨. 有善知識

---

26 삼인불성의 형성 과정에 대해서 타무라 칸지(2007:602)는 "삼인불성은 『법화현의』에서 철저히 삼궤(三軌: 類通三法)를 토대로 하는 형태로 나타나 있고, 『유마경현소』, 『문소』에 이르러서 정속(整束), 충실, 완성이 이루어졌다고 평가할 수 있다"고 한다. 와카스기 켄류(1979)는 지의의 저술이라고 불리는 『삼관의(三觀義)』, 『사교의(四敎義)』, 『법화현의』, 『법화문구』, 『마하지관』, 『관음현의』, 『금강명경현의(金光明經玄義)』에서의 삼인불성을 검토하여 지의의 저술에서의 삼인불성의 관계성을 밝히고 있다.

27 쿠게 노보루(1997:126)

而語之言, 汝舍宅中有金寶藏, 何故如是貧窮困苦, 無常無樂無我無淨. 即以方便令彼得見. 以得見故是人即得常樂我淨. 佛性亦爾. 衆生不見, 以不見故無常無樂無我無淨. 有善知識諸佛菩薩, 以方便力種種教告令彼得見. 以得見故衆生即得常樂我淨. (T12.768a21)

중도의 법을 불성이라고 한다. 따라서 불성은 열반의 사덕四德인 상常·낙樂·아我·정淨[28]이지만, 모든 중생이 그것을 볼 수 없기에 상도 없고 낙도 없고 아도 없고 정도 없다. 그러나 불성은 실제로는 상도 없고 낙도 없고 아도 없고 정도 없는 것도 아니다. 선남자여, 예를 들어 빈곤한 사람의 집에 보물창고寶藏가 있는데, 이 사람은 그것을 볼 수 없다. 볼 수 없기에 상도 없고 낙도 없고 아도 없고 정도 없다고 생각한다. 그때 선지식이 있어서 다음과 같이 "당신의 집舍宅 안에 금이 든 보물창고가 있는데도 어째서 이렇게 빈궁하고 곤고하게 생활하며 상도 없고 낙도 없고 아도 없고 정도 없다고 생각하는가"라고 말한다. 그리고 곧바로 방편을 써서 그가 (보물창고를) 볼 수 있게 해 준다. 그것을 볼 수 있게 된 그 사람은 상락아정을 얻게 된다. 불성도 이와 같다. 중생은 볼 수가 없다. 볼 수가 없기에 상도 없고 낙도 없고 아도 없고 정도

---

[28] 『열반경』에서 설명하는 '열반의 사덕'이란, 열반이 영원하고常, 안락이 가득하고樂, 절대적인 것이고我, 그 본질이 청정인 것淨을 말한다.

없다고 생각한다. 그러나 선지식인 모든 부처님과 보살이 방편의 힘을 써서 다양한 가르침을 알려 주어 중생이 그것을 볼 수 있게 해 준다. 볼 수 있게 되었기 때문에 중생은 상락아정도 얻을 수 있게 된다.

迦葉菩薩白佛言, 世尊, 如來先於此經中說一切善法不放逸爲本, 今乃說欲, 是義云何. 佛言, 善男子, 若言生因, 善欲是也. 若言了因, 不放逸是. 如世間說一切果者子爲其因, 或復有說子爲生因地爲了因, 是義亦爾. (T12.835a03)

가섭보살이 부처님에게 "세존이시여, 여래는 앞서 이 경전 안에서 '일체의 선법은 방일하지 않은 것을 근본으로 한다'고 설하셨는데, 지금은 욕심(欲)이라고 설하신 것은 도대체 어떤 의미입니까"라고 물었다. 부처님께서 "선남자여, 만일 생인生因을 말한다면 이것은 선한 욕심인 것이다. 만일 료인을 말한다면 이것은 방일하지 않은 것이다. 세간에서 '일체의 과일(果)은 씨앗(種)을 원인으로 한다. 또는 씨앗을 생인으로 하고 땅을 료인으로 한다'고 설명하듯이 이 의미도 그것과 같다"고 말씀하셨다.

이 『열반경』의 설명은, 중생은 본래 내재하고 있는 불성(정인)의 존재를 스스로 찾을 수 있는 지혜를 갖고 있지 않기에 선지식의 방편(연인)에 의해 이끌려서 불성을 발견하지 않으면 안 된다는 것을 말하는 것이다. 또한 중생은 본래 불성을 구족하고 있기에 수행을 하지 않아도 언젠가 열반에 이를 수 있을 것이라고 오해하여 방일에 떨어지기 쉽기 때문에 그런 것들을 방지하기 위해 지의는 삼인불성을 말하며 연인을 가장 강조하고 있는 것이다.[29]

그리고 지의의 삼인불성의 구조를 보면, 정인은 법신, 료인은 반야, 연인은 해탈에 해당된다.[30] 법신(정인)에 의해 반야의 지혜(료인)가 나타나고, 그 반야에 의해 열반(연인)에 이를 수 있게 된다. 한편, 열반에 이르는 것에 의해 정인의 존재도 증명되는 것이 된다. 즉, 본래 구족하고 있으나 감추어져 있던 정인이 료인을 일으키고, 일으켜진 료인은 다시 연인을 이끌어 낸다. 그리고 이끌려진 연인에 의해 정인의 존재가 증명되어 삼인불성의 순환구조는 끝없이 이어지게 된다. 그러나 이 설명은 이불성인 정인을 중심으로 삼인불성을 이해한 경우이다. 이에 비해 행불성인 료인을 중심으로 삼인불성을 보면, 정인은 본유本有, 료인은 현유現有, 연인은 당유當有에 해당된다.[31] 현재 불도수행(료인)을 하고 있는 것은 불성(정인)의 존재를 믿고, 그 불성을 현현하기 위해서이다. 또한 불성이 있기에 열

---

29 이러한 『열반경』의 설명에 대해 타무라 칸지는 "정인보다 료인의 중요성을 고양하고 있다. 그 이유는 '일체중생실유불성'의 설시(說示)에 의해 미래의 희망을 갖고 정진하려는 것과 동시에 정인에 지나치게 의존하여 '자신이 부처와 본질적으로 같다'는 생각을 갖고 방일에 떨어지는 것을 경고하고, 료인인 발보리심, 지혜, 수행의 중요성을 고양시킨 것이라고 평가할 수 있다."(2007:598)고 한다.

30 『법화현의』에서는 삼인불성을 '삼궤'에 대응하여 "三類通三佛性者, 眞性軌 是正因性. 觀照軌 是了因性. 資成軌 是緣因性"(T33.744c12)이라고 한다. 또한 '삼궤'에 대해서는 "眞性軌得顯名爲法身. 觀照得顯名爲般若. 資成得顯名爲解脫"(T33.742c15)이라고 하여, 삼인불성이 '정인=법신, 료인=반야, 연인=해탈'인 것을 밝히고 있다.

31 正因是本有. 了因是現有. 緣因是當有. (T39.2a17)

반(연인)이라는 궁극의 목표가 세워지고, 그 열반을 향해 수행을 하게 된다. 즉, 현재의 료인에 의해 불도수행의 근거와 목적을 포함한 시간적 전후관계가 성립되는 것이다. 그러나 여기서 주의해야 할 것은 이 삼인불성의 구조는 어디까지나 법신인 정인의 현현을 설명하기 위한 방편으로서, 실제로 불성이라는 것은 정인밖에 존재하지 않는다는 점이다.

지의는 이 삼인불성의 구조에 대해서 『금강명경현의金光明經玄義』의 '땅 속의 금장(土內金藏)'의 예를 들어 다음과 같이 설명한다.

> 云何三佛性. 佛名爲覺性名不改. 不改卽是非常非無常. 如土內金藏天魔外道所不能壞, 名正因佛性. 了因佛性者, 覺智非常非無常. 智與理相應, 如人善知金藏. 此智不可破壞, 名了因佛性. 緣因佛性者, 一切非常非無常. 功德善根資助覺智, 開顯正性. 如耘除草穢掘出金藏, 名緣因佛性. (T39.4a02)

무엇을 삼불성이라고 하는가? 불은 깨달음(覺)이라 이름하고, 성은 불개不改라고 이름한다. 불개는 '비상비무상(非常非無常: 항상 하는 것이 아니며 항상 하지 않는 것도 아니다)'이다. 땅 속의 금장과 같이 천마와 외도가 부술 수 없기에 정인불성이라고 이름한다. 료인불성이란, 각(부처)의 지혜(智)의 비상비무상이다. 지혜와 이치(理)는 상응하여 사람이 금장의 존재를 잘 찾을 수 있도록 해 준다. 이 지혜는 파괴할 수 없기에 료인불성이라고 이름한다. 연인불성이란, 일체의 비상비무상이다. 공덕의 선근은 깨달음의 지혜를 도와 정인불성을 현현한다. 잡초를 없애고 금장을 파내는 것과 같은 것이기에 연인불성이라고 이름한다.

이 '땅 속의 금장'의 예는 삼인불성의 구조를 땅 속에 감춰져 있던 보물을 찾아서 발굴해 내는 것에 비유하여 설명하고 있다. 땅 속에 감춰져 있던 부술 수 없는 금장은 법신인 정인이고, 그 이불성인 정인과 상응하여 금장의 존재를 찾아내는 부처의 지혜는 료인이고, 그 지혜를 도와 금장을 파내어 출토하는 것은 연인이다. 즉, 본래 내재하고 있으나 무명에 의해 감춰져 있던 불성(정인)을 불도 수행의 지혜(료인)에 의해 찾을 수 있게 되고, 그 불성을 현현하기 위한 불도 수행을 계속 이어 가서 마지막에는 깨달음을 이루어 열반(연인)에 들어가는 것이다. 게다가 그 발굴에 의해 금장의 존재가 확실해지듯이 행불성인 료인에 의해 정인의 존재가 확실해지는 것이다.[32]

---

[32] 이 '땅 속의 금장'의 예에 대해 쿠게 노보루는 다음과 같이 행불성의 료인과 이불성의 정인으로 나누어 각각에 기점을 두고 삼인불성의 무한의 순환구조를 설명하고 있다. "료인을 기점으로 하는 이 일련의 작업은 그 발굴에까지 순환하여 이어져 료인에 의해 정인을 밝히고, 밝혀진 정인은 연인을 일으키고, 일으켜진 연인은 마침내 료인의 지혜를 보다 명확하게 밝힌다. 그리고 정인을 기점으로 이 구조를 보면, 여기에 땅 속의 금장이 있다. 존재하기 때문에 이 금장은 눈의 힘(眼力)의 작용을 발동시켜서 발견하는 즐거움을 전해 주고, 전해진 지혜는 그것을 마침내 확실히 손 안에 넣기 위해 발굴 작업을 이끌어 내어 그것에 몰두하게 만든다. 이 몰두된 작업은 마침내 금장의 존재를 확실하게 하여 그 귀중함을 높이게 된다. 정인은 료인을 발동시키고, 발동된 료인은 연인을 이끌어 내어, 그렇게 이끌려져 나온 연인은 수행되어진 것에 의해 그 공덕의 선근이 마침내 정인을 숭고한 것으로서 확실히 증명할 수 있게 된다. 이 순환은 무한으로 이어지게 된다"(1997:130-131). 또한 와카스기 켄류는 "삼불성은 삼덕과 무이무별(無二無別)이다"(1979:365)고 하여, 세 개의 불

또한 여기서 지의는 삼인불성의 성질을 '비상비무상'이라고 설명하듯이, 불성은 중도의 성질인 것이기에 그것은 유무를 떠난 존재로서 기연機緣에 의해 존재성이 성립되는 것이다. 그런 까닭에 항상 존재하는 것이지만, 그것을 현현시키는 기연이 없으면 감춰진 채로 끝나는 것이고, 기연이 있으면 그 불성이 현현되어 중생을 열반으로 이끌어 주는 것이다.

그러나 이 삼인불성의 구조는 불성의 현현을 설명하기 위한 편의적인 논법이다. 즉, 이치의 실법을 설명하기 위한 교리의 권교인 것이다. 불성은 실제로는 법신인 정인만이 존재하지만, 중생에게는 그것을 찾을 수 있는 지혜가 없기에 중생을 깨달음에 이끌어 주기 위해 권교로서 료인과 연인을 사용한 것이다. 또한 앞서 말한 것처럼[33] 행불성인 료인과 연인을 강조하고 있는 것은 이불성인 정인의 현현과 함께 중생이 그것을 오해하여 방일에 떨어지는 것을 방지하기 위한 방편인 것이다. 이처럼 삼인불성은 법신인 정인에 의해 성립되는 것이고, 실제로 불성이라고 하는 것이 정인밖에 없다는 점은 지의의 불성관을 이해하는 데 있어서 무엇보다 중요한 것이다.

성은 별개의 것이 아니라 서로 이어져 있는 관계인 것을 밝히고 있다.

33 각주29를 참조.

1.4. 삼인불성에서 본『의소』의 계체론

『의소』에서 말하는 '성무작가색'이란 어떠한 의미인가를 밝히기 위해 본 장에서는 지의의 삼인불성을 통해 대승만의 무작에 대해서 확인하겠다.

『의소』의 계체론은 단순한 물질의 색법계체가 아닌 심법계체를 근본으로 하는 권교방편으로서의 색법계체를 설하고 있다.[34] 그리고 이『의소』의 계체론은 삼인불성의 정인(이불성)을 근본으로 하는 료인과 연인(행불성)의 구조와 유사한 형태를 보이고 있다.

『범망경』은 불성을 계로 하는 '불성계'이며, 그 불성의 근본인 마음을 계체로 하는 보살계이다. 또한 보살계본으로서 그 계를 수계하고 수지하는 것에 중요성이 있다. 그러나 이러한『범망경』을 유통함에 있어 계체론을 심법계체로 하게 되면 어리석은 중생이 계를 이미 마음속에 구족하고 있으니 따로 발심과 수계를 할 필요가 없다고 오해할 수 있다. 발심과 수계를 하지 않으면 불교도라고 부를 수 없으며, 불교라는 종교는 존재성을 잃게 된다. 그렇기에 지의도 이러한 점에 유념하여 다른 저술과는 달리 계본의 주석서인『의소』에서 독자적인 계체론을 설한 것이라고 생각된다.

---

[34] 이에 대해 앞 장(1.3.1)의 "理則爲實, 敎則爲權. 在實雖無, 敎門則有. 今之所用有無作也(T40.566b23): 이치는 즉 실교이고, 교리는 즉 권교이다. 실교로서는 (무작이) 없는 것이지만, 교문에서는 있는 것이 된다. 여기서 사용하는 것은 무작이 있다고 하는 설이다"라고 하는『의소』의 구절을 근거로 한다.

이러한 『의소』의 계체론을 삼인불성에 대응해 보면, 우선 이불성인 정인은 근원을 이루는 불성이며 계체인 마음에 해당된다. 그러나 중생이 심법계체를 오해하여 방일에 빠지기 쉽기에 그들을 바르게 이끌어 주기 위한 행불성이 필요하다. 그것이 료인과 연인으로서 발심과 수계에 해당된다. 본래 구족하고 있는 불성을 발견해 그것을 현현하여 부처가 되겠다고 발심을 한다. 그리고 발심에 의해 불도에 들어가기 위한 수계를 받고 열반을 이루기 위해 수행을 하는 것이다. 이처럼 발심에 의한 수계를 중시하는 것은 앞서 검토한 『열반경』의 이인불성에서 연인(료인)의 중요성을 강조한 것과 같은 의미이다.[35]

그러나 이 『의소』의 계체론은 삼인불성의 설명과 같이 정인인 마음에 의해 성립하기에 실제로는 실교인 심법만이 존재한다. 발심과 수계는 중생을 불도로 이끌어 주기 위한 권교의 방편이다. 그리고 이 방편으로서 사용된 계의 계체가 '성무작가색'인 것이다. 이 '성무작가색'의 계를 받는 것은 소승의 색법과 같이 계를 받을 때 계체가 수계자의 몸에 갖춰져 수명이 다하면 사라지는 불가견의 물질이 아닌, '땅 속의 금장'과 같이 본래 구족되어 있으나 감춰져 있던 불성인 정인을 발견하고 그것을 현현하기 위한 발심과 수계를 하여 열반에 이를 때까지 다함이 없는 '중도묘관中道妙觀'의 계체를 갖추게 되는 것이다. 이상의 내용을 정리하면 그림1과 같다.

---

35 이에 대해서는 앞의 1.3.2의 『열반경』 인용구(T12.768a21, T12.835a03)를 참조.

【그림 1】[36]

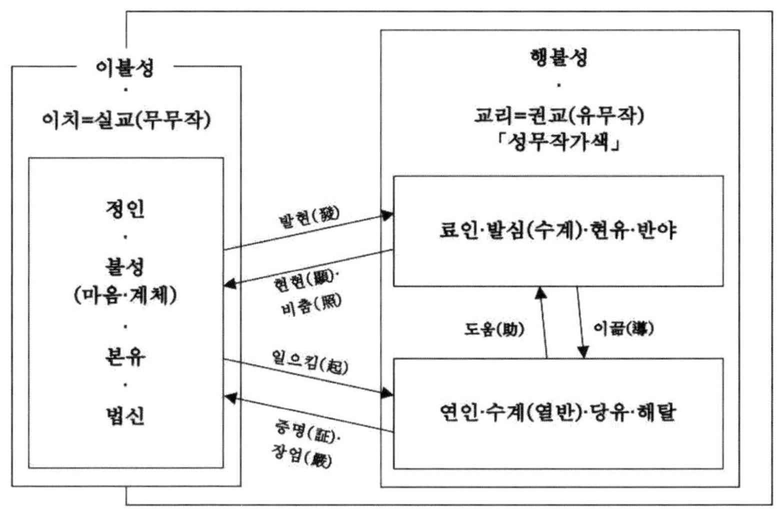

---

36 그림1의 내용은 삼인불성의 '정인, 료인, 연인'의 구조에 『의소』의 계체론인 '불성, 발심(수계), 수계 (열반)', 삼유(三有)의 '본유(本有), 현유(現有), 당유(當有)', 삼덕(三德)의 '법신(法身), 반야(般若), 해탈(解 脫)'을 대응시킨 것이다. 각각의 구조를 간략하게 소개하면, 우선 삼인불성은 정인을 현현하기 위 해서 료인에 의해 불도수행을 하여 연인의 열반에 들어가 정인을 장엄한 존재로서 증명하는 것이 다. 바꿔 말하면 『열반경』의 이인불성과 같이 본래 존재하던 이불성을 행불성에 의해 발견하여 궁 극의 이불성으로서 증명하는 것이다.
또한 『의소』의 계체론은 불성을 현현하기 위해 발보리심을 하고 수계를 받아 불도에 들어가 열반 을 향해 수행을 이어 가는 것이다. 그러나 이치인 심법계체는 본래 구족되어 있는 것이기에 중생 이 오해하여 방일에 떨어지기 쉽다. 그 때문에 교리의 권교방편으로서 임시의 무표색인 '성무작가색' 을 사용해 중생에게 발심과 수계를 권하여 열반에 들 수 있도록 이끌어 주는 것이다. 그리고 자신 안에 있던 불성을 발견하여 궁극의 열반에 들어가는 것이다.
삼유에 대해서 쿠게 노보루는 "본유이기에 현유, 당유이기에 현유, 게다가 현유이기에 본유이고, 당유 로서 불성은 믿어지고, 행해지고, 증명되고, 작용하는 불성이 되는 것이다. 불성은 어디까지나 인(因)이 며 어디까지나 본유이다"(1997:129)라고 설명한다.
삼덕은 삼인불성과 똑같이 법신을 현현하기 위해서 반야의 지혜에 의해 해탈에 이르고 법신을 성스러 운 존재로서 증명하는 것이다.
이상과 같이 이 세 개의 구조는 각각 대응하는 용어에 차이가 있으나 모두 천태학의 궁극이라고 하는 원교를 설명하고 있다. 그러나 이 구조는 이불성(=실교)의 인에 의해 생겨나 성립되는 것이다. 행불성 (=권교)은 어디까지나 중생을 불도에 이끌어 주기 위한 방편인 것에 주의해야 한다. 또한 이것은 원 만한 구조이기에 이불성이나 행불성 등의 용어를 사용해 설명하고 있으나 실제로는 원만한 하나 의 상태인 것이다. 그리고 그 원만한 상태의 기반은 이불성인 정인에 있는 것이다.

즉, 『의소』에서 설하는 '성무작가색'이라는 계체론은, 유부의 『십송율』에 의해 수계한 지의가 자신의 계체를 부정할 수 없기에 설정한 것이 아니라,[37] 당시의 새로운 보살계였던 『범망경』을 보다 효율적으로 유통시키기 위해서 자신의 논리를 이용한 설명이었다고 생각된다. 이는 『의소』의 '출체'에서 "실교로서는 (무작이) 없는 것이지만 교문에서는 (무작이) 있는 것이 된다. 여기서 사용하는 것은 무작이 있다고 하는 설이다"(T40.566b23)라고 하듯이 교문으로서 무작의 존재를 인정하여 중생에게 계의 중요성을 가르치고 있는 것이다.

또한 『의소』의 '성무작가색'은 삼인불성에서 이불성에 의해 나타나 그 이불성의 존재를 증명시키는 행불성과 같이, 실교인 심법계체를 토대로 그것을 보다 쉽게 전하기 위한 권교로서의 색법계체라는 점을 반드시 유의해야 한다. 다시 말해, 중생이 『범망경』의 무작의 계체를 얻기 위해서 수계를 받아 계체를 얻었다고 하더라도 그것은 권교에 의한 '가색假色'으로서 실제로는 중생을 실교로 이끌어 주기 위한 방편에 지나지 않는다. 그리고 그렇게 해서 얻은 『범망경』의 계체는 실은 마음에서 나타난 불성 그 자체로서 발심과 수계에 의해 현현된 중도묘관의 계체이다. 또한 한 번 나타난 그 계체는 중생이 열반에 들어갈 때까지 사라지지 않는 '일득영불실一得永不失'로서 다함없이 언제나 존재하게 된다. 이것이 지의가

---

37 히라카와 아키라(1997:18)

『의소』에서 설하고 있는 '성무작가색'이라는 대승독자의 중도묘관의 계체이다.

또한 『의소』의 계체론은 '색심불이의 육체'를 계체로 하는 것이 아니라 '중도묘관'의 '성무작가색'을 계체로 한다. 이 '색심불이의 육체'는 오노 호우도(1958)가 설명하듯이 어디까지나 원교의 사상에 입각하여 해석한 것이다. 만약 지의가 원교의 입장에서 『범망경』을 주석했다면 『의소』에서 대소승계의 차이나 계체의 유무 등에 대해서 설명할 필요가 없어진다. 그러나 지의는 『의소』에서 십종계와 육종수계 등을 사용해 대소승의 다양한 계율과 수계 등을 거론하며 그 차이점과 공통점을 세밀하게 비교하여 설명하고 있다. 또한 앞의 '출체'에서의 설명과 같이 계체에 대해서 이치(=실교)로서는 '무무작'이지만 교리(=권교)로서는 '유무작'의 입장을 말하고 있다. 즉, 지의는 『의소』에서 원교의 '색심불이'의 입장에서 계체를 설명하고 있는 것이 아니라, 계체를 '이치'와 '교리'로 나누어 '무작'의 유무를 설하고, 다시 그것을 '권실이교'에 대응하여 대승독자의 계체론을 설명하고 있는 것이다.

그리고 히라카와 아키라(1997:3)가 설명하듯이, 지의의 시대는 중국의 계율이 『십송율』에서 『사분율』로 변하는 과도기였고, 『보살지지경』의 보살계가 널리 유포되던 시기였기에, 지의에게 있어 새로운 보살계였던 『범망경』을 이해하기 쉽게 설명하고 정착시킬 방법이 필요했을 것이라고 생각된다. 그렇기에 『의소』에서 대소승계의 계체와 수계 등을 세밀하게 비교하며 이전의 계율과는 다른

『범망경』만의 특징을 설명한 것이라고 생각된다.

다음으로 '성덕·전수·발득'의 3종류의 계를 '무이무별'의 입장에서 이해하는 것은 계체론을 삼인불성으로 설명하는 것과 유사한 이해이다. 그러나 이 설명도 '색심불이'의 원교의 입장에서 이해한 것으로, 『의소』에서 설명하는 사상의 전제는 어디까지나 그 구조의 근본을 이루는 이치(실교)에 의해 성립된다. 앞서 논했듯이 삼인불성은 정인, 료인, 연인에 의해 무한의 순환구조가 완성되지만 이것은 이불성인 정인에 의해 행불성인 료인과 연인이 나타나서 작용되는 것이다. 그리고 그 근본에는 정인만이 있으며, 료인과 연인은 그 불성의 현현과 작용을 설명하기 위한 권교의 방편에 지나지 않는다. 따라서 '성덕·전수·발득'을 '무이무별'의 입장에서 설명하고 있는 것이 아니라 이불성인 성덕은 실교로서, 행불성인 전수와 발득은 권교로서 사용되어 성덕의 수계와 수지를 설명하는 것이다.

1.5. 소결

제1장에서는 지의의 불성관인 삼인불성을 통해 『의소』의 '성무작가색'이라는 지의 독자의 계체론을 확인하였다. 종래의 연구에서는 『의소』의 계체론을 '성무작가색'의 '무작가색'에 의해 색법계체로 보는 경우가 많았다. 또는 천태학의 원융사상에 의해 색심불

이의 계체로 설명하는 경우도 있었다. 그러나 『의소』의 계체는 권실이교의 실교와 권교에 의해 무작(무표색)의 유무가 나누어진 독특한 형태를 보이고 있다. 무작은 불가견의 물질로 그 유무는 계체론을 심법계체와 색법계체로 나누는 중요한 기준이다.

『의소』는 이치(실교)로서는 무작을 인정하지 않지만, 교리(권교)로서는 무작을 인정하고 있다. 즉, 실교로서는 심법계체를 계체로 하지만 『범망경』을 보다 효율적으로 유통하기 위해 교문의 방편으로 색법계체를 사용하고 있는 형태이다. 이 방편으로서의 색법계체는 소승의 색과 비색비심과는 다른 대승만의 색법계체이다. 소승의 색법계체는 수계자가 계를 받을 때 불가견의 물질인 무표색이 몸에 갖추어지고, 수계자의 수명이 다하면 함께 사라지는 것이다. 그러나 대승의 색법계체는 방편에 의한 임시의 색법으로서, 실은 본래 구족되어 있던 불성인 심법을 발견하여 발심과 수계에 의해 현현되어 열반에 이를 때까지 다함이 없는 중도묘관의 계체를 갖추게 되는 것이다.

이러한 『의소』의 계체론은 천태학의 삼인불성의 구조와 유사한 형태를 보인다. 우선 이불성인 정인에 의해 행불성인 료인과 연인이 나타난다. 또한 그렇게 나타난 행불성에 의해 그 근원인 이불성의 존재가 명확해진다. 그러나 이 구조는 법신인 정인의 존재에 의해 성립되며, 불성이라고 하는 것은 정인밖에 존재하지 않는다. 료인과 연인은 정인의 현현과 작용을 밝히기 위한 방편인 것이다. 이처럼 『의소』의 계체론도 중생에게 이치(실교)인 심법계체를 현현시키기 위해 교리(권교)인 색법계체를 사용하여 설명하고 있다. 이는 계본인 『범망경』의 수계와 수지의 중요성을 중생에게 가르쳐 방일에 떨어지지 않고 열반에 이르게 하기 위해 교문으로서 '성무작가색'이라는 개념을 사용하고 있는 것이다. 즉, 『의소』의 계체론은 실교의 심법계체를 토대로 『범망경』을 보다 널리 전하기 위해 권교로서 색법계체를 사용하고 있는 것이다.

이처럼 지의는 『의소』에서 종래의 『차제선문』, 『법화현의』, 『마하지관』 등의 심법계체설과는 다른 색법계체를 사용해 『범망경』의 계체론을 설명하고 있다. 이는 당시 성행하던 색법계체의 구족계나 성문계 등과는 다르게 심법계체를 계체로 하는 『범망경』을 효율적으로 유통시키기 위해 자신의 논리를 이용한 설명이었다고 생각된다. 이러한 지의의 주석으로 인해 『범망경』은 세상에 널리 전해지며 대승보살계를 대표하는 경전이 되어 후대의 원효, 법장, 태현 등과 같은 많은 주석가들에게 큰 영향을 주게 된다.

지의의 『보살계의소』와 원효의 주석서의 비교연구

2.1. 서론

대승보살계를 대표하는 경전인 『범망경』의 현존하는 주석서 중에서 천태지의(天台智顗, 538-597)의 『보살계의소菩薩戒義疏』(이하 『의소』)가 가장 오래된 것이고, 이후 법장(法藏, 643-712)이나 태현(太賢, 생몰미상) 등의 주석가들에 의해 보다 대승적으로 주석되어 동아시아불교를 대표하는 보살계로 발전한다. 그러나 지의와 그 이후의 법장 등의 주석에는 계체론이나 주석방법 등에 몇 가지 차이를 보인다.[1] 이러한 차이는 어떠한 이유에 의해 생겨난 것일까?

제2장에서는 법장 이후의 『범망경』 주석서에 나타난 차이의 원인을 신라 원효(元曉, 617-686)의 영향에서 규명하려고 한다. 원효는 신라를 대표하는 불교사상가이며 보살행의 실천가이다. 그의 사상은 일심一心, 화쟁和諍, 무애無碍로 대표된다. 화쟁은 회통會通과 합쳐져 '화회和會'라고도 불리며 단순히 논쟁을 화해시킨다는 의미를 넘어 서로 다른 쟁론을 조화시켜 궁극의 일심으로 귀착시켜 문제를 해결하는 것이다. 원효는 많은 저술에서 이 일심을 토대로 화쟁과 회통의 사상을 보인다.

---

[1] 『범망경』 주석서 간의 차이에 관해 후나야마 토오루(船山徹)는 「『梵網經』の初期の形態をめぐって」에서 지의가 인용한 경전을 α형, 법장이 인용한 경전을 β형으로 나누어 『범망경』에 두 계통이 있다고 주장한다. 그러나 "이 차이는 표현형식에 관한 것으로 『범망경』이 설하는 계율의 구체적 내용을 좌우하는 것은 아니지만, 제본(諸本)의 사이에 명확한 차이와 계통성을 인정할 수 있는 현저한 부분이 있다"(2014:9)고 하여 『범망경』의 α형과 β형 두 계통의 사이에 계율관의 내용에 관한 문제가 없음을 밝히고 있다.

원효의 주석서로는 『보살계본지범요기菩薩戒本持犯要記』(이하 『요기』)와 『범망경보살계본사기梵網經菩薩戒本私記』(이하 『사기』)가 현존한다.[2] 『요기』는 범망계梵網戒, 유가계瑜伽戒, 비구계比丘戒의 비교를 통해 대승의 계상戒相을 설하고 있다. 『사기』는 『범망경』 하권의 주석서로 현재는 십중계十重戒까지의 상권만이 존재한다.[3]

---

2 원효의 저술은 대소승의 경율론 전반에 걸쳐 쓰여져 있다. 현재까지 발견된 저술만으로도 총 100여 부 240여 권에 이른다. 그러나 대부분의 저술이 산실되어 현재는 20부 23권만이 남아 있다. 원효의 저술에 대해 키무라 센쇼우(木村宣彰)는 "그 중 계율에 관한 저술로는 의천록에 다음의 4부가 기록되어 있다. 즉 '梵網經疏二卷, 梵網經略疏一卷, 梵網經持犯一卷, 瓔珞本業經疏三卷' 이 중에서 持犯一卷과 本業經疏의 일부분이 현존하고 있다. 의천록 이외에도 영초(永超)의 동역전등목록(東域傳燈目錄), 홍륭(興隆)의 불전소초목록(佛典疏鈔目錄)이나 이시다 모사쿠(石田茂作) 박사의 나라조현존일체경소목록(奈良朝現存一切經疏目錄) 등에는 앞의 4부와는 별개로 '梵網經宗要一卷, 梵網經菩薩戒本私記二卷, 四分律科三卷, 四分律行宗記八卷, 四分律濟緣記八卷'을 원효의 저술로 인정한다. 그러나 사분율에 관한 3부의 저술은 전부 송원조(宋元照)의 잘못된 기록으로 원효의 저술이 아니다. 또한 梵網經宗要一卷은 현존하지 않지만 菩薩戒本私記二卷은 상하권 중에서 상권만이 속장경에 수록되어 현재까지 유포되고 있다"(1980:813)고 하여, 소승계인 사분율에 관한 원효의 저술은 잘못된 기록이며, 원효에게는 대승계인 『범망경』과 『영락경』의 주석만이 존재한다는 것을 밝히고 있다. 또한 남동신(2001:194-203)도 원효의 계율관의 근본이 대승적인 것을 논하며 사분율 관련 저술에 대해 의문을 가진다. 그리고 『四分律羯磨疏』 四卷은 일본 삼론종의 율사였던 원효(願曉, ?-874)의 저술일 가능성도 있다며 문제제기를 하고 있다.

3 원효의 『사기』에 대해, 키무라 센쇼우(1980:814)는 원효가 자신의 저술을 인용하면서 한 차례도 '사기'라는 이름을 기록하고 있지 않는 점, 의천록에 사기에 대해 어떠한 기록도 없는 점, 속장경 소수본과 이시다 모사쿠 박사의 나라조현존일체경소목록에 '효공조(曉公造)'라고 명시되어 있는 점, 『금광명경(金光明經)』을 『금고경(金鼓經)』이라고 하는 것이 일반적이지만 『사기』에서는 『금광명경』이라고 하는 점, 타인의 설을 인용하고 소개할 때 '일운(一云)'이라는 표현을 사용하고 있는 점, 삼론의 장소(章疏)를 상기시키는 부분이 적지 않은 점 등을 거론하며 『사기』가 원효의 진찬이 아니라고 주장한다. 또한 "단정하기에는 아직 많은 논증이 필요하지만, 짐작건대 원효의 「범망경소」 2권과 이른바 '효공'의 『범망경보살계본사기』 2권이 혼동된 것이라고 추정된다."(1980:814)고 하며, 『사기』는 의천록에 기록되어 있는 『범망경소』일 가능성도 논하고 있다.
 키무라 센쇼우의 위찬설에 대해 원효의 진찬설을 주장하는 연구로는, 요시즈 요시히데의 『華嚴一乘思想の研究』(1991), 김상현의 『원효연구』(2000), 남동신의 「원효의 계율사상」(2001) 등이 있다. 특히 요시즈 요시히데는 『사기』에 나타난 『의소』의 인용 및 영향관계와 제2투도계에서 남산도선(南山道宣, 596-667)의 『사분율행사초(四分律行事鈔)』를 인용하고 있는 점 등을 예로 들며 원효의 진찬을 주장하고 있다, 또한 응연(凝然)의 『범망경본소일주초(梵網戒本疏日珠鈔)』권1에서 「新羅元曉大師, 疏二卷, 下卷逸」(T62.4a)라고 설명하고 있듯이, 『사기』의 하권은 이미 이 시대에 산실되어진 것 같다고 설명한다(1991:572-574). 또한 김상현(2000:181-183)은 남도반야사(南都般若寺) 진원(眞圓)의 『보살계본지 원효는 많은 저술에서 지의의 영향을 받은 것이 지적되고 있다.[4] 특히 『범망경』의 주석에서는 『의소』의 삼취정계三聚淨戒나 과문科文 등을 보다 대승적으로 발전시킨 형태를 보이고 있다. 본 장에서는 원효의 『요기』와 『사기』에 나타난 지의의 영향을 파악하여 다음의 문제점들을 고찰하겠다. 우선 계율관의 근본이 되는 계체론을 확인하여 지의와 원효의 보살계관의 차이를 확인하겠다. 다음으로 과문과 계의 조목(이하 '계목')을 비교하여 원효의 주석에 나타난 지의의 영향을 확인하고 원효가 『범망경』의 주석에서 『의소』를 어떻게 인용하고 대승적으로 발전시켰는가에 대하여 고찰하겠다.

2.2. 선행연구

본 장에서는 원효의 저술에 나타난 지의의 영향에 대한 선행연구를 검토하겠다. 후쿠시 지넨(福士慈稔)은 「원효 저술에서의 천태의 영향에 대해서(元曉著述に於ける天台の影響について)」에서, 원효의 『열반경

범요기조람집(菩薩戒本持犯要記助覽集)』 2권(1282년 찬술)에 인용된 '범망소(梵網疏)', '기주소운(記主疏云)'의 내용을 현존하는 원효의 『사기』에서 확인할 수 있는 점에서 『사기』는 『범망경소』의 다른 명칭이며, 『사기』의 하권은 아마 8세기 중반부터 전해지지 않았던 것 같다고 추측한다. 본 연구에서는 이러한 원효의 진찬설과 더불어 『사기』를 『범망경소』로 보는 설을 근거로 하여 『사기』를 원효의 진찬으로 판단하고 연구를 진행한다.

4   지의와 원효의 영향관계에 관한 종래의 연구로는, 키무라 키요타카(木村淸孝)의 「『大乘六情懺悔』の基礎的硏究」(1985), 후쿠시 지넨(福士慈稔)의 「元曉著述に於ける天台の影響について」(1990), 요시즈 요시히데(吉津宜英)의 『華嚴一乘思想の硏究』(1991), 최원식의 『신라보살계사상사연구』(1999), 남동신의 「원효의 계율사상」(2001) 등이 있다.

종요涅槃經宗要』에 지의의 이름을 '천태지자天台智者'라는 명칭으로 2차
례 인용하고 있는 점을 통해 원효가 지의의 존재를 알고 있었다고
주장한다. 그리고 원효는 "저술을 제작할 때 강한 영향을 받은 근
본적인 것을 명기하지 않는 방법"(1990:123)을 쓰는 것이 특징이며,
직접 지의의 이름을 명시하고 있지 않지만『대승기신론소大乘起信
論疏』에서도『천태소지관天台小止觀』의 '오연구별五緣區別'을 인용하였
다고 한다. 또한 원효의 초중기의 저술에서는 지의의 영향이 적었
으나 후기 저술로 갈수록 지의의 영향이 늘어난다고 지적한다.[5]

이시이 코우세이(石井公成)는『화엄사상의 연구(華嚴思想の研究)』에서,
원효의 저술시기와 더불어『대승기신론소』의 "「수행신심분修行信
心分」의 지관에 관하여 해석할 때『해동소海東疏』가『천태소지관』을
널리 인용하고 있는 것은 유명하다"(1996:210)고 하며 원효에 있어
서의 지의의 영향을 밝히고 있다. 그리고『대승기신론소』는 법장
이나 태현 등의 유식학도들에게 많은 영향을 주었으며 "후대의 기
신론 연구는『기신론』그 자체보다도 원효와 법장의 주석을 연구
하는 것이 되었다"(1996:212)고 지적한다.

---

5 후쿠시 지넨(1990:124)은 원효의 저술을 (a)『弥勒上生經宗要』『大慧度經宗要』『法華宗要』, (b)『涅槃宗
   要』『大乘起信論疏』, (c)『金剛三昧經論』의 세 부류로 나누어, 각 시기의 원효의 저술에 나타난 지의
   의 영향을 설명하고 있다. "(b)의 시기에 처음으로『열반종요』에서 천태의 이름을 명기하고『대승
   기신론』에서 천태의 지관을 참조한다. (c)의 시기는 원효교학의 집대성인『금강삼매경론』을 저술한
   시기로, 여기서『법화경』을 가장 중요한 경전으로 보고『법화경』에 의한 지관의 설명을 한다. 이상
   과 같이 (a)로부터 (c)로 옮겨감에 따라 원효에 있어서의 천태의 영향이 증가하고, 덧붙여 저술 중에
   서『법화경』이 차지하는 위치가 변하여 간다"고 하여, 원효는 후기가 될수록 지의의 영향을 강하게
   받았다고 설명한다. 그리고 원효가 이렇게 지의의 영향을 받게 된 이유에 대해 "나는 (a)에서부터
   (b)로의 원인을 671년의 의상(義湘) 등의 구법승의 귀국에 의한 것이라고 추정한다"고 주장한다.

원효의 계율관에 있어서의 지의의 영향에 관한 연구로, 키무라 키요타카(木村淸孝)는 「『대승육정참회』의 기초적 연구(『大乘六情懺悔』の 基礎的硏究)」(1985)에서, 원효의 참회사상은 지의의 참회사상을 잇는 것이 아닌가라고 추측하며, 『마하지관』의 이理·사事의 이참二懺 중 에서 죄성의 공의 관찰을 중시하는 것은 『대승육정참회大乘六情懺悔』 의 사상사적 위치에 큰 영향을 주었을 것이라고 한다.

요시즈 요시히데(吉津宜英)는 『화엄일승사상의 연구(華嚴一乘思想の硏 究)』에서, 법장의 『범망경보살계본소梵網經菩薩戒本疏』(이하 『본소』)를 전후로 하는 주석서 11권을 분석하여 『범망경』 주석의 흐름을 설 명한다. 특히 각 주석서에 나타난 『범망경』 상·하권의 주석에 따 른 분류와 『화엄경』과의 비교 등을 분석하여 다양한 주석의 형태 를 정리하였다. 요시즈 요시히데에 따르면, 지의는 보살인菩薩人만 이 『범망경』을 수계할 수 있다고 하여, 후대의 법장이 이승을 포 함한 일체인一切人을 위한 가르침, 이른바 '누구라도의 계율(誰でも の戒律)'이라고 한 것과 차이가 있다고 한다. 이러한 내용은 원효 의 『사기』에서도 설해져 있는 것으로 법장의 『본소』에 나타난 원 효의 영향이라고 생각된다. 그리고 법장은 『화엄경』과 『범망경』 을 엄밀히 구분하여 주석하지만, 원효는 지의와 같이 『화엄경』의 불신론佛身論을 적극적으로 사용하여 주석하였다고 한다. 또한 『사 기』는 "내용적으로는 천태소의 삼취정계의 도입의 자세를 보다 진 전시켜 '달기達機'나 '이타利他' 등의 독자적인 보살관을 이루고 있 다"(1991:574)고 하여, 원효는 지의의 영향을 받았으나 단순히 그것을 그대로 답습한 것이 아니라 지의의 주석을 토대로 그것에 자신의 독자적 사상을 추가하여 『범망경』을 주석하였다고 설명한다.

최원식은 『신라보살계사상사연구』에서 『의소』와 『요기』, 『사기』를 비교하여 원효의 주석에 나타난 지의의 영향을 검토하고 있다. 특히 『요기』의 소의경전에 대해 이기영과 키무라 센쇼우의 연구[6]를 비교하여, 『요기』는 키무라의 주장과 같이 범망계를 토대로 범망계와 유가계를 종합하여 융합한 저술이라고 한다. 그리고 『사기』에서 '일체유심자一切有心者'를 진여심과 생멸심으로 설명한 것은 『열반경』의 '일체중생실유불성'과 연관시킨 주석으로, 이는 다른 주석서에서는 찾아볼 수 없는 원효의 창안이라고 주장한다.[7]

또한 최원식은 후쿠시 지넨의 예를 들어 원효가 『열반경종요』에서 지의의 이름을 거론한 것을 근거로 『범망경』을 주석할 때에도 『의소』를 참조했을 가능성이 높다고 한다. 그리고 『사기』에서 비판되고 있는 '소운疏云'과 '소주운(疏主者)'의 내용이 『의소』의 내

6　이기영은 「원효의 보살계관」(1967:54-68)에서, 『요기』가 유가계의 제1자찬훼타(自讚毁他)를 중심으로 설해져 있는 점에서 『보살지지경』을 토대로 하는 주석서이며, 저술목록에서 '범망경지범요기'라고 쓰여진 것은 후대의 목록작성자의 실수일 것이라고 주장한다. 한편 키무라 센쇼우는 「菩薩戒本持犯要記について」(1980:306-308)와 「多羅戒本と達磨戒本」(1981:479-507)에서 『요기』에 설명되어 있는 '多羅戒本(『梵網經』), 達磨戒本(『瑜伽師地論』), 別解脱戒經(『四分律』)'을 분석하여 "다라계본을 보다 높은 차원의 것을 보고 뒤의 것들을 포섭한다고 생각한다. 구체적으로 말해 범망의 정신적인 계목을 유가의 법상에 의해 논리적으로 정리하려고 한다고도 말할 수 있다"(1981:436)고 하여 『요기』는 『범망경』의 주석서라고 주장한다. 즉 『요기』는 이기영의 주장과 같이 유가계의 제1자찬훼타를 중심으로 각 계율을 비교하고 있는 것이 아니라, 『범망경』에 유가계를 사용하여 서로 다른 계상을 화쟁하고, 『범망경』에 일체계를 포함시켜 계를 회통하고 있는 것이다.

7　진여심과 생멸심에 의한 원효의 주석은 지의의 『의소』 「출체」에서 이치와 교리, 실교와 권교 등을 사용해 무작(계체)의 출현을 설명하고 있는 것과 상당히 유사한 형태로, 보다 세밀한 비교연구가 필요하다.

용과 일치하고 있는 것을 거론하며 원효가 『의소』의 내용을 비판하고 있다고 주장한다.[8] 그러나 십중계十重戒에 있어서의 칠중七衆과 대소승의 차이를 비교하여 단순히 비판만을 한 것이 아니라 지의의 주석 방식을 참고로 『사기』를 저술했을 것이라고 설명한다. 즉 원효는 주석 면에 있어서는 지의와 유사한 형태를 보이고 있으나, 내용 면에 있어서는 견해를 다르게 하고 있다고 논한다. 그런데 최원식은 논문의 말미에서 "범망계를 중심으로 하여 소승계와 유가계와의 조화, 융회를 도모했던 원효의 관점은 후대 신라 유식학 승려들의 『범망경』 주석에 별 영향을 끼치지 못한 것으로 보아야 하지 않을까 한다"(1999:100)라고 말한다. 그리고 『범망경』의 교판이 달랐던 법장과의 관계에 대해서도 "원효는 법장의 『범망경』 주석에 이렇다 할 영향을 미치지 못한 것으로 보아야 할 듯하다"(1999:100)라고 말한다. 태현과의 관계에 대해서도 『범망경고적기梵網經古迹記』(이하 『고적기』)에서 원효를 언급하고 있으나, 당시 신라의 유식학자들은 『유가론』에 토대를 두고 있었기에 앞서 말한 바와 같이 태현을 비롯한 신라승들의 주석에 별 영향을 끼치지 못한 것으로 보아야 한다고 주장한다.

남동신은 「원효의 계율사상」(2001:252-279)에서, 『요기』의 소의

---

8 『사기』에서 비판하고 있는 '소운', '소주운'의 내용을 지의의 『의소』로 보는 견해는 요시즈 요시히데(1991:593)가 앞서 주장한 내용으로, 요시즈는 이 인용구를 근거로 『사기』의 원효 진찬설을 주장한다. 또한 이 인용구를 통해 생각해 보면 현재 『의소』에 대한 지의 위찬설의 의문은 원효에게는 없었던 것을 확인할 수 있다.

경전과 『사기』의 위찬설 등을 논한다. 『사기』의 위찬설에 대해서는 김상현의 『보살계본지범요기조람집』의 검토[9]에 의해 진찬의 가능성이 유력해졌다고 주장한다. 그리고 원효는 당시 신라의 계율학을 대표하던 원광(圓光, 555-638)과 자장(慈藏, 590-658)과 같이 출가와 재가를 나누어 각각 별개의 계율을 수계시키지 않고 범망계를 중시했다는 점에서 수나라의 삼대법사인 지의, 혜원(慧遠, 523-592), 길장(吉藏, 549-623)으로부터의 영향을 추측할 수 있다고 한다. 이는 『범망경』의 초기 주석인 지의의 영향을 무시할 수 없다는 것을 의미한다. 또한 원효는 지의로부터 영향을 받아 『사기』를 주석하였고, 법장에게 영향을 주었다고 하지만, 그것이 구체적으로 어떠한 영향관계를 갖고 있는가에 대해서는 상세하게 논하고 있지 않다.

2.3. 계체론의 비교

2.3.1. 지의의 계체론

본 장에서는 지의와 원효의 계체론을 비교하여 두 사람이 어떠한 시점에서 『범망경』을 주석하였는가를 확인하겠다.[10]

---

9 김상현 『원효연구』(2000:181-183)

10 본 장의 내용은 원효와의 비교를 위해 제1장의 '1.3.1. 지의의 계체론에 대해서'의 내용을 간략하게 정리한 것이다.

우선 지의는 『의소』의 '삼중현의' 중 '출체'에서 "계체란, 일어나지 않는다면 그대로이며, 일어난다면 성 무작의 가색이다"[11]라고 『범망경』의 계체를 설명한다. 이 구절에 의해 지의가 『범망경』을 색법계체로 주석하였다고 보는 견해가 있다.[12] 그러나 '성무작가색'이라고 설명하고 있듯이, 『범망경』의 계체는 단순한 물질로서의 색법이 아닌 대승의 '묘법의 가색'이다.

지의는 『마하지관』을 비롯해 『의소』 등에서도 『대지도론』의 '십종계十種戒'[13]를 사용하여 대소승의 계율을 분류하고 있다. 이 십종계에서 『범망경』의 위치는 삼취정계의 섭율의계에 의해 일체계를 포함한 대승의 계로서 '제10구족계'의 '중도제일의제계中道第一義諦戒'에 해당된다.

다음으로 지의는 계체인 '무작'의 유무를 설명한다. 우선 '무무작'의 설명에서는 『영락경』을 인용하여 '모든 선인이나 범부의 계는 모두 마음을 체로 한다. 마음은 다함이 없기에 계도 또한 다함이 없는 것이다'[14]라고 하여 심법계체에 의한 계의 '일득영불실'을 설명한다. 그러나 '유무작'에 대해서는 '대소승의 경론에 모두 무

---

11 戒體者, 不起而已起即性無作假色. (T40.565c29)

12 히라카와 아키라는 「智顗の戒體論について」(1976)에서, 『범망경』의 '경구죄21조'의 호상(好相)을 보는 조건과, '경구죄41조'의 칠역죄(七逆罪)의 사람이 수계할 수 있는 규정 등의 예를 들어 색법계체를 주장한다. 그리고 「智顗における聲聞戒と菩薩戒」(1997)에서는, 유부의 『십송율』로 수계한 지의는 자신의 계체를 인정하기 위해 『의소』에서 색법계체를 거론했다고 주장한다.

13 『의소』의 '십종계'의 순서는 다음과 같다.
'第一不欠戒, 第二不破戒, 第三不穿戒, 第四不雜戒, 第五隨道戒, 第六無著戒, 第七智所讚戒, 第八自在戒, 第九隨定戒, 第十具足戒' (T40.563c08)

14 一切聖凡戒盡以心爲體. 心無盡故戒亦無盡. (T40.566a04)

작이 있으니 이는 모두 실법이다'[15]라고 하여, 대소승의 계체에 전부 '무작'이 있으며, 이는 모두 '마음의 힘의 뛰어난 작용'에 의해 나타나는 것이라고 한다.[16] 그런데 지의는 대승의 색법은 소승의 계체론인 『성실론』의 '비색비심'과 「아비달마」의 '색'과는 다른 대승독자의 색법이라고 논한다.[17] 『의소』에서 말하는 대승의 색법계체란 앞서 말한 십종계에서의 '성무작가색'의 '중도제일의제계'이다. 즉, 존재의 유무라는 양변을 떠난 상태로서 발보리심의 기연에 의해 현현된 '정인(=마음)'에 의한 것이다. 지의는 『의소』에서의 무작의 유무에 대하여 '권실이교'를 사용해 다음과 같이 설명한다.

何者當道理耶. 然理非當非無當. 當無當皆得論理敎義. 若言無者, 於理爲當. 若言有者, 於敎爲當. 理則爲實, 敎則爲權. 在實雖

---

15 大小乘經論盡有無作. 皆是實法. (T40.566a15)

16 心力巨大, 能生種種諸法, 能牽果報. 小乘明, 此別有一善, 能制定佛法. 憑師受發, 極至盡形. 或依定依道品別生. 皆以心力勝用, 有此感發. (T40.566a16)
마음의 힘이 거대하기에 여러 가지 모든 법을 생기게도 할 수 있고, 과보를 끌어당기게도 할 수 있다. 소승에서는 "여기에 따로 하나의 선이 있기에 불법을 제정할 수 있는 것이다. 스승에 의지하여 수계할 때에 나타나고, 목숨이 다할 때 사라진다. 또한 선정이나 도품에 의지하여 따로 생기기도 한다"고 말한다. 모든 마음의 힘의 뛰어난 작용(勝用)에 의해 이것이 나타나게 되는 것이다.

17 大乘所明戒是色法. 大論(問)云, (是色法可論)多少思是心數. 云何言多少耶. 觀論意, 以戒是色即問, 此是數義. 大乘云何而用數義. 解云, 若用非色非心, 復同成實, 還是小乘. 今言數家自是數色. (大乘是)大乘色, 何關數家. (T40.566a22)
대승에서 계가 색법임을 밝힌다. 『대지도론(大智度論)』에서 "계는 색법이지만 다소의 사람들은 심수라고 생각한다. 어째서 다소라고 하는가"라고 말한다. 논의 의미를 살펴보면, 계는 색이라고 하며 묻는 것으로 이것은 수가의 뜻이다. 대승이 어찌하여 수가의 뜻을 쓰겠는가. 해석해 보면, 만약 '비색비심'을 쓰면 다시 『성실론』과 같은 것이 되어 소승으로 되돌아가는 것이 된다. 지금은 수가의 사람들이 자신들의 수가의 색을 말한 것이다. 대승에는 대승의 색이 있거늘 어찌하여 수가에 관련하겠는가.

無, 教門則有. 今之所用有無作也. (T40.566b23)

무엇이 마땅한 도리가 되겠는가? 그러나 이치(理)는 마땅한 것도 아니며 마땅하지 않은 것도 아니다. 마땅한 것도 마땅하지 않은 것도 모두 이치로도 교리(敎)로도 의미(義)를 논할 수 있다. 만약 없다고 한다면 이치에 마땅한 것이 된다. 만약 있다고 한다면 교리에 마땅한 것이 된다. 이치는 즉 실교이고, 교리는 즉 권교이다. 실교로서는 없는 것이지만 교리의 문(敎門)에서는 있는 것이 된다. 여기서 사용하는 것은 무작이 있다고 하는 설이다.

무작의 유무 중 무무작은 이치로서 진실의 '실교'이고, 유무작은 교리로서 방편의 '권교'인 것이다. 즉, 『의소』의 계체는 진실의 실교로서는 심법계체이지만, 『범망경』이 계본이기에 방편의 권교로서 색법계체를 사용하고 있는 형태로, 심법계체를 토대로 한 방편으로서의 색법계체인 것이다. 그렇기에 지의는 '성무작가색'이라는 개념을 사용해 소승과는 다른 대승독자의 계체론을 설하고 있다. 이는 존재의 유무를 떠난 방편의 권교로서 색법계체를 사용하고 있는 중도묘관의 성무작가색인 것이다. 바로 이것이 『의소』에서 설해지고 있는 '성무작가색'의 참된 의미라고 생각된다.

2.3.2. 원효의 계체론

2.3.2.1. 『요기』의 계체론

원효는 『요기』에서 '다라계본(범망계), 달마계본(유가계), 별해탈계경(구족계)'을 비교하여, 『범망경』을 토대로 일체계를 회통하는 계율관을 설명하고 있다. 특히 서분에서 다음과 같이 보살계에 대해 정의하고 있다.

菩薩戒者, 返流歸源之大津, 去邪就正之要門也. (T45.918b06)
보살계란 흐름을 되돌려 근원으로 건너가는 나루터이며,
삿된 것을 멀리하고 바른 길로 나아가는 중요한 문이다.

보살계란 근원으로 돌아가기 위한 나루터라고 정의하고 있듯이, 계는 깨달음에 이르기 위한 방편에 지나지 않는다. 그렇기에 그 계의 상에 집착해서는 안 된다. 그리고 계상에 집착해서는 안 된다는 것은, 다시 계의 유무라는 양변에도 떨어져서는 안 된다는 것을 의미한다.[18] 그러나 중생은 미혹하여 언제나 유무에 집착하기 때문에

---

[18] 원효의 이러한 계의 설명에 대해 채인환은 "계상을 여실히 이해하지 못하고 유무에 집착하는 견해(見地)를 지닌 채 본다면, 그것은 보살계를 잘 지니고 청정한 계바라밀을 성취하는 길에 들어갈 수 없다"(1977:294-295)고 한다. 또한 키무라 센쇼우도 "그는 我所趣宗者, 有無俱遣, 蕭然無據, 以爲所觀, 觀狀如是, 何得爲患이라고 하여, 유무의 양변에 머물지 않고 계상에 얽매이지 않으며 자신의 마음을 심관(審觀)할 때 비로소 모든 죄를 멸할 수 있다고 한다"(1980:817)라고 말한다. 즉, 원효에게

원효는 다음과 같이 '구경지범문究竟持犯門'에서 보다 적극적으로 계의 존재성에 대해 역설한다.

> 戒不自生, 必託衆緣. 故決無自相. 即緣非戒, 離緣無戒. …而託衆緣, 亦不無戒. 非如兔角, 無因緣故. (T45.921a13)
>
> 계는 스스로 생겨나지 않는다. 반드시 많은 인연에 의지한다. 그렇기 때문에 결코 스스로의 모습이 없다. 즉 인연이 계가 아니지만, 인연을 떠나면 계는 존재하지 않는다. … 그러나 많은 인연에 의하면 또한 계가 없는 것도 아니다. 토끼뿔과 같이 인연조차 없는 것이 아니기 때문이다.

계는 스스로 존재하는 것이 아닌, 그 계목이 제정된 인연에 의해 존재성이 확립된다. 즉, 그 제정 인연으로부터 멀어지면 계는 존재성을 잃게 되는 것이다. 원효는 이러한 계의 존재성을 토끼뿔(兔角)과는 다른 것이라고 한다. 이 비유는 앞의 설명과 같이, 계는 인연에 의해 그 존재성이 생겨난 것이기에 토끼뿔과 같이 처음부터 성

있어 계는 방편이기에 그 존재나 모양 등에 사로잡히지 않을 때 비로소 참된 계행이며 보살행인 것이다. 그리고 키무라 키요타카는 "『지범요기』에 한정하면 원효에게 있어 계상의 공한 본질을 밝히고 그것에 집착하지 않으며 중생을 돕기 위해 형식상 계를 범하는 것은 오히려 보살계의 본지를 살리는 것이었다"(1985:39)고 한다. 다시 말해 보살의 발보리심에 의해 현현된 계이기에 중생제도를 위한 범계행은 죄가 아니고, 오히려 보살행이 되는 것이다. 그러나 이것은 어디까지나 보살의 중생제도의 범계에 한정된 것으로 "계는 반드시 보리심이라는 원인에 의존하고 있다. 그렇기에 보살의 근본이라는 것이다"(1985:39)라고 『요기』를 인용하여 설명하고 있듯이, 원효는 결코 계를 단순한 방편으로 취급하며 중요하게 여기지 않았던 것이 아니라, 수계와 지계를 보살의 근본이라고 인식하여 무엇보다 중요시하고 있다.

립 인연과 존재성 자체가 없는 게 아니라는 걸 설명하는 것이다.

이처럼 인연에 의한 계의 존재성을 강조하는 것은, 중생이 계의 유무의 양변에 떨어지는 것을 주의시키기 위한 것으로, 원효는 유무의 집착에 의해 생기는 잘못을 다음과 같이 설명한다.

若於此中, 依不是有, 見都無者, 雖謂無犯, 而永失戒. 誹撥戒之唯事相故. 又於此中, 依其不無, 計是有者, 雖曰能持, 持即是犯. 違逆戒之如實相故. (T45.921a17)

만약 이 중에 있는 것이 아니라는 것에 의해 모든 것이 없는 것이라고 생각한다면, 어긴 것이 없더라도 영원히 계를 잃는다. 단순히 계의 작용의 모습(事相)만을 비방하기 때문이다. 또한 이 중에 없는 것이 아니라는 것에 의해 있는 것이라고 생각한다면, 계를 잘 지니고 있다고 하더라도 지니는 것이 곧 어기는 것이 된다. 계의 여실한 모습에 어긋나기 때문이다.

이와 같이 원효에게 계는 그 모습(相)이 있는 것도 없는 것도 아닌 중도의 상태이며, 인연에 의해 성립된 묘유妙有의 방편으로서의 모습이다. 따라서 계를 유무로 나누어 집착하는 것은 어느 쪽이든 잘못된 것이다. 보살이 계를 지닌다는 것은, 이러한 계의 참된 모습(實相)을 바르게 이해하여 평소에는 계의 지켜야 할 것들을 철저히 지키지만, 중생을 위해서라면 범계도 두려워하지 않고 자신

을 희생하여 구제하는 것이다. 그러나 보살의 범계행은 악심惡心이
나 무기심無記心 등에 의한 행동이 아니며, 죄나 죄가 아니라는 등
의 분별심이 없는 상태이기에 계의 참된 모습에 어긋나는 것이 아
니다. 오히려 한결같이 보리심에 의해 보살행을 실천한 것이기에
범계가 복이 되는 것이다. 그리고 원효는 이러한 계의 참된 모습을
이해했을 때 비로소 계바라밀을 구족하게 된다고 한다.

> 由是巧便深智方便, 永忘三輪, 不墮二邊, 方趣具足戒波羅蜜.
> 如經言, 罪非罪不可得故, 應具足戒波羅蜜. (T45.921a24)

이 오묘하고 깊은 지혜의 방편에 의해 영원히 삼륜(身口意)
을 여의고 이변에 떨어지지 않으며 비로소 계바라밀의 구족을
이룬다.『대품반야경大品般若經』에서 설하듯 죄와 죄가 아님을
얻을 수 없기 때문에 응당 계바라밀을 구족하는 것이다.

즉 원효가 말하는 계란, 모든 부처의 본원이며 보살의 근본이지
만, 그것은 어떠한 형태를 가지고 존재하는 것이 아니라 유무를 떠
난 중도이며 인연에 의해 생겨나는 묘유의 상태인 것이다. 그렇
기에 그 참된 모습을 바르게 이해하고 그것에 집착하지 않으며 자
리이타의 보살행을 행할 때 비로소 보살은 계바라밀을 구족하게
되는 것이다.

2.3.2.2. 『사기』의 계체론

『범망경』 하권의 주석서인 원효의 『사기』에서는 삼취정계를 보다 적극적으로 도입하여 계의 존재성을 상세히 설명하고 있다. 우선 원효는 삼취정계의 삼덕목三德目의 구족에 의해 삼덕과三德果를 얻고, 그 삼덕과에 의해 정각보리과正覺菩提果를 이루게 된다고 한다. 필자의 좁은 식견에 의하면 이 삼취정계와 삼덕(斷·智·恩)을 관련지어 설명한 것은 원효 이전의 다른 주석서에서는 찾아볼 수 없는 원효 주석만의 특징이다.

> 此三聚戒者, 律儀戒者, 爲斷德目, 攝正法戒者, 爲智德目, 攝衆生戒者, 爲恩德目. 此三目故得成三德果. 故言由此成正覺. 合三德而爲正覺菩提果故. (X38.277a05)

이 삼취계에서 율의계는 단斷의 덕목이고, 섭정법계는 지智의 덕목이며, 섭중생계는 은恩의 덕목이다. 이 삼덕목에 의해 삼덕과를 이룰 수 있다. 그렇기 때문에 이로 인해 정각을 이룬다고 하는 것이다. 세 가지의 덕을 합쳐 정각보리과라고 하는 것이다.

이와 같이 원효는 삼취정계의 구족에 의해 불보살의 과에 이르게 된다고 강조한다. 이러한 원효의 해석은 『범망경』의 주석에 삼취정계를 인용하는 것이 이 시대에 정착되어 있던 것을 의미한다.

지의에 의해 『범망경』의 주석에 삼취정계가 도입되고,[19] 원효의 시대에 이르러서는 이미 정착되어 범망계는 일체계를 포섭하고 있는 대승보살계로 발전되었다고 볼 수 있다. 이러한 내용은 『범망경』 본문의 주석에서도 확인할 수 있다. 원효는 '작불作佛'과 '성불成佛'을 지계에 의해 성취하는 것이라고 설명한다.

> 汝是當作佛者, 由持戒故, 能有成佛之因故, 因定果故, 名當作佛. 我是已成佛者, 示我由三聚戒故旣得成佛也. (X38.277b19)
>
> '그대는 마땅히 부처가 된다作佛'는 것은, 지계에 의해 성불의 원인이 있기 때문에 원인이 결과를 정하여 마땅히 부처가 된다고 한 것이다. '나는 이미 부처가 되었다成佛'고 하는 것은, 내가 삼취계에 의해 이미 성불을 이룬 것을 나타내는 것이다.

이와 같이 원효는 삼취정계를 『범망경』과 같은 것으로 인식하여 보살행의 근본因으로 보았다. 그리고 『범망경』은 마음인 불성을 정인正因으로 하는 것으로, 원효는 '일체유심자一切有心者'의 주석에

---

19 지의에 의한 삼취정계의 도입에 대해 요시즈 요시히데는 "그(지의)는 주석의 전편에서 이른바 유가계의 내용이기도 하며, 지지본에서 유래하는 삼취정계를 주장하고 있다. 이 삼취정계는 『범망경』 자체에는 나오지 않지만, 『범망경』의 영향을 받아 성립되었다고 하는 『보살영락본업경』에 나오고 있다. 지의는 텍스트로서는 범망본을 중심으로 하면서도 내용적으로는 지지본이나 영락본까지도 고려하였고, 특히 삼취정계에 의해 대승의 계율을 통합하려고 했던 것이 아닐까"(1991:567)라고 하여, 지의가 『범망경』의 주석에 삼취정계를 도입한 의도에 대해 설명하고 있다.

서 『열반경』의 '일체중생실유불성'에 진여심과 생멸심의 이종심二
種心을 사용하여 자신의 성불론을 설명한다.

初言一切有心者, 論佛性正因. 謂如涅槃經云, 一切衆生凡有心者, 當得阿耨多羅三藐三菩提故. 凡有心者, 有二種心. 謂一者眞如心. …二者心生滅心. …衆生皆有如是二種心, 故名一切有心者. (X38.277c03)

처음에 말한 '일체유심자'란 불성이 정인인 것을 논한다. 『열반경』에서 "일체의 중생, 무릇 마음이 있는 것은 마땅히 아뇩다라삼먁삼보리를 얻는다. 무릇 마음이 있는 것에는 이종심이 있다. 첫째는 진여심 … 둘째는 생멸심이다. … 중생에게는 모두 이와 같은 이종심이 있기에 '일체유심자'라고 이름한다"고 말한다.

이와 같이 원효는 깨달음의 근본을 정인불성의 마음으로 본다. 이는 『열반경』의 '이인불성'과 지의의 '삼인불성'과도 같은 구조로서 중생에게는 청정한 진여심이 본래 내재되어 있는 한편, 생멸심도 동시에 내재되어 있기 때문에 불성을 발견해 현현하지 못하는 것이다. 그렇기에 신심과 지계의 원인을 통해 생멸심을 제거하여 진여심을 현현시키지 않으면 성불의 결과에 이를 수 없다. 그리고 『범망경』은 심법계체로서 불성인 마음으로부터 생겨나는 것이지만, 그것을 지계하기 위해서는 수계를 통해 계를 현현시켜야만 한다. 이는 중생이 진여심만을 의지해 방일에 빠질 수 있는 것을 주의시키는 설명으로, 지의가 '삼인불성'에서 '이불성(정인)'의 현현을 위해 '행불성(료인, 연인)'을 강조한 것과 같은 논리의 설명이다.[20]

그리고 원효는 『사기』에서도 계상의 유무에 대한 집착을 주의시키고 있다. '차방석가서此方釋迦序'의 '비색비심'의 설명에서 다음과 같이 계는 물질(色)에 의한 것도 마음(心)에 의한 것도 아니라고 설명한다.

> 非色非心者, 以防非止惡義爲戒故. 此戒者雖從色生而非爲色,
> 雖從心生而非爲心. 故言非色非心. (X38.279a14)
>
> '비색비심'이란 방비지악의 의미(義)를 계로 삼는 것이다.
> 이 계는 물질(色)에 의해 생겼으나 물질이 되는 것이 아니고,

---

20 『열반경』의 '이인불성'과 지의의 '삼인불성'에서 '행불성'을 강조하고 있는 것에 대해 앞서 제1장 (1.3.2)에서 살펴본 바와 같이 타무라 칸지는 정인보다 료인의 중요성을 고양하고 있다. 그 이유는 '일체중생실유불성'의 설시에 의해 미래의 희망을 갖고 정진하려는 것과 동시에 정인에 지나치게 의존하여 "자신이 부처와 본질적으로 같다"는 생각을 갖고 방일에 떨어지는 것을 경고하고, 료인인 발보리심, 지혜, 수행의 중요성을 고양시킨 것이라고 평가할 수 있다(2007:598)고 한다. 또한 『열반경』에서는 다음과 같이 '원인(因)'은 '씨앗(種)'으로서 존재하지만, 그것은 '료인'을 토대로 하는 것이라고 설명한다.
迦葉菩薩白佛言, 世尊, 如來先於此經中說一切善法不放逸爲本, 今乃說欲, 是義云何. 佛言, 善男子, 若言生因, 善欲是也. 若言了因, 不放逸是. 如世間說一切果者子爲其因, 或復有說子爲生因地爲了因, 是義亦爾. (T12.835a03)
가섭보살이 부처님에게 다음과 같이 물었다. "세존이시여, 여래는 앞서 이 경전 안에서 "일체의 선법은 방일하지 않은 것을 근본으로 한다"고 설하셨는데, 지금은 욕심(欲)이라고 설하신 것은 도대체 어떤 의미입니까". 부처님께서 말씀하셨다. "선남자여, 만일 생인(生因)을 말한다면 이것은 선한 욕심인 것이다. 만일 료인을 말한다면 이것은 방일하지 않은 것이다. 세간에서 "일체의 과일(果)은 씨앗(種)을 원인으로 한다. 또는 씨앗을 생인으로 하고 땅을 료인으로 한다"고 설명하듯이 이 의미도 그와 같다."

마음(心)에 의해 생겼으나 마음이 되는 것이 아니다. 따라서 '비색비심'이라고 한다.

계는 죄를 방지하기 위한 방비지악의 의미로서, 그 계를 제정한 인연에 의해 생기는 것이다. 그러나 그 제정 인연도 단지 인연일 뿐 그 인연과 계가 하나가 되어 어떤 존재로서 자성을 갖는 것이 아니다. 즉 『요기』의 설명과 같이 계는 인연에 의해 생기지만, 그 인연으로부터 멀어지면 계라는 존재성도 사라지는 묘유의 상태로 존재하는 것이다. 이러한 설명은 '비유비무非有非無'에서 보다 상세하게 논해진다.

> 非有非無者, 現戒離邊中道. 論戒體者, 從因緣生故. 推求於因緣戒自性, 不可得, 故非有. 從因緣生戒雖非有, 而不同於兔角無. 故言非無. (X38.279b07)

'비유비무'란 계가 양변을 떠난 중도인 것을 나타낸다. 계체를 논하면 인연에 따라서 생긴 것이다. 그러나 인연에서 계의 자성을 찾아도 얻을 수 없기에 '비유'라고 한다. 인연에 의해 생긴 계는 있는 것은 아니지만 토끼뿔이 없는 것과는 같지 않다. 그러므로 '비무'라고 한 것이다.

계란 제정 인연에 의해 생겨난, 유무의 양변을 떠난 중도의 상태로서 어떠한 자성도 지니고 있지 않은 것이다. 그러나 이 계는 토끼뿔과 같이 애초에 인연조차 없는 것은 아니다. 이 토끼뿔의 비유는『요기』에서도 인용된 것으로, 원효가 대승의 계체론에서 계의 자성을 부정함과 동시에 인연에 의해 성립되는 점을 강조할 때 인용된다.

그리고 이러한 중도의 계를 유무로 나누어 집착할 경우에 생기는 잘못에 대해『요기』와 같은 논리로 설명한다.

> 大品經云, 罪不罪不可得故, 是名具之尸羅波羅蜜故. 若有人執非無門而爲有者, 雖戒不失, 而不知戒實相, 故即成犯. 若有人執非有門而爲計無者, 戒因果法誹機故, 即成失戒. 爲欲離此二邊, 契會中道. 故言非有非無也. (X38.279b13)

『대품경』에서 "죄와 죄가 아닌 것을 얻을 수 없기에 이를 시라바라밀을 갖추었다고 말하는 것이다"라고 한다. 만약 어떤 이가 계는 없는 것이 아니기에 있는 것이라고 집착한다면, 비록 계를 잃지는 않지만 계의 참된 모습을 모르기 때문에 계를 범한 것이 된다. 만약 어떤 이가 계는 있는 것이 아니기에 없다고 생각해 집착한다면, 계의 인과법을 어긴 것이기에 즉 계를 잃게 된다. 이 양변을 멀리하기 위해 중도에 합치한다. 그렇기에 '비유비무'라고 하는 것이다.

『사기』의 설명에서도 계의 유무에 집착하는 것은 양쪽 다 잘못된 이해이기에 어느 쪽을 따른다고 하더라도 계를 범하고 잃게 된다. 이러한 계는 유무를 떠난 중도이며 인연에 의해 성립된 묘유의 상태이다. 그리고 이러한 계의 수계와 지계에 의해 불과^{佛果}의 공덕을 얻을 수 있는 것이다.

> 能生佛果者, 是戒家中功德義. 能防非者, 是功德家中戒義. 是故戒家功德義, 方得能生佛果. 是因果義. (X38.279b21)
>
> 능히 불과를 낳을 수 있다는 것은 계 속의 공덕의 의미이다. 능히 바르지 않음^非을 막는 것은 공덕 속의 계의 의미이다. 이와 같이 계와 공덕의 의미가 바야흐로 능히 불과를 낳는 것이다. 이것이 인과의 의미이다.

계가 공덕의 의미로서 불과를 낳기에 불과를 얻기 위해서는 수계를 통해 지계를 해야만 한다. 즉 원효에게 계란, 존재성의 유무를 떠난 중도이며 그 체^體를 지니고 있는 것이 아니지만 인연에 의해 생겨난 묘유의 상태로서 작용하여 불과를 낳는 것이다. 그리고 원효는 『범망경』의 계는 체를 종자로서 현현하지만 체에 가립한 것이 아니라 종자와 하나가 되어 체를 받치고 있는, 즉 본래 체와 다른 것이 아니라고 설명한다.

> 問, 種子家中防非義爲戒者, 種子以上假立耶, 不爾. 答, 種子上不假立. 擧體爲種子, 亦擧體爲戒. 問, 若爾者, 失戒時生後種子亦失耶. 答, 雖體無異, 而種子家中戒門全滅, 戒家種子門擧體不滅. 譬如水與浪, 雖元異體, 而風息時, 浪門以全滅, 而水門者全

不滅. (X38.279b24)

묻기를, 종자 속에 바르지 않은 것(非)을 막는 의미가 계가 된다는 것은, 종자의 위에 가립한 것인가, 그렇지 않은 것인가? 대답하길, 종자의 위에 가립한 것이 아니다. 체를 들어 종자가 되고, 또한 체를 들어 계가 된다. 묻기를, 만약 그렇다면 계를 잃을 때에 뒤에 생긴 종자도 또한 잃는 것인가? 대답하길, 체가 다른 것이 아니기에 종자 속에서는 모두 멸하지만, 계 속에서는 종자가 체를 들고 있기에 멸하지 않는다. 예를 들어 바닷물과 파도와 같이 본래 체가 다른 것이지만 바람이 그칠 때 파도는 멸하나 바닷물은 전혀 멸하지 않는 것과 같다.

이는 계의 연속성에 대한 원효의 정의로, 바닷물과 파도의 비유와 같이 파도를 일으키는 인연인 바람이 그치면 그 파도는 전부 사라지지만 그 토대인 바닷물은 전혀 사라지지 않는 것과 같다. 원효는 계를 어떠한 실체도 없는 단순한 가립의 것이 아닌 실제로 존재성을 지니고 있는 것으로 인식하였다. 그러나 그 계는 인연에 의해 생겨나 유무의 양변을 떠난 중도묘유中道妙有의 상태로서 존재하는 것이다. 그리고 '일득영불실'로서 체를 잃더라도 본래 체와 다른 것이 아니기 때문에 영원히 존속하는 것이다. 이러한 원효의 계체론은 『의소』의 '성무작가색'에 의한 계체론을 보다 구체화한 것이라고 생각된다. 지의와 원효는 『범망경』의 계체론을 심법계체로 설명하고 있으나 그 계체를 다루는 방법에 차이가 있다. 지의는 권실이교에 의한 '성무작가색'이라는 개념을 통해 심법계체를 토대로 하는 방편(假)의 색법계체를 사용하여 중도묘관中道妙觀의 계체를 설명하고 있다. 반면 원효는 대승의 계는 유무를 떠난 중도이며 인연에 의해 성립된 묘유의 상태라는 점을 중시하는 중도묘유의 계체를 설명하고 있다. 즉 지의의 『의소』에 의해 정의된 대승의 계체론을 원효가 보다 구체화하여 그 계체의 존재성을 가립의 존재가 아닌 묘유의 존재로 확립시킨 것이라고 생각된다. 그리고 원효는 주석에서 삼취정계와 함께 『열반경』의 '일체중생실유불성'과 『영락경』의 '일득영불실' 등을 적극적으로 도입하여 『범망경』을 한층 대승적으로 발전시켰다.

2.4. 과문의 비교

2.4.1. 『의소』의 과문

본 장에서는 지의의 『의소』와 원효의 『사기』에 나타난 과문을 비교하여 두 사람의 주석 형태를 파악하겠다. 단 『사기』가 '십중계十重戒'까지만 현존하는 관계로 『의소』도 십중계까지의 과문만을 살펴보겠다.

우선 지의는 『의소』에서 다음과 같이 '삼중현의'를 사용해 『범망

경』의 과문을 설명한다.[21]

釋此戒經, 三重玄義. 第一釋名, 第二出體, 第三料簡.
(T40.563a23)

이 계경을 해석하는데 삼중현의가 있다. 제1석명, 제2출체, 제3요간이다.

그리고 처음의 '제1석명'을 다시 '인명人名, 법호法號, 계위階位'로 나눈다.[22] 이 중 '법호'에서 계를 율의계, 정공계, 도공계로 나누어,

---

[21] 통상적인 지의의 저술은 '오중현의(五重玄義)'를 사용하고 있으나, 『의소』만이 '삼중현의'를 사용한다. 앞서 말한 바와 같이 이로 인해 『의소』의 위찬설도 주장되고 있다.
이 '현의'의 문제에 대해 키타즈카 미츠노리(2009)는 『의소』의 말주(末註)인 엔린(圓淋, 1174-?)의 『보살계의소초(菩薩戒義疏鈔)』를 인용하여 논하고 있다. 우선 '현의'의 정의에 대해 "현의란 유현(幽玄)한 의취(義趣)라는 의미로 경전의 의취를 명(名)·체(體)·종(宗)·용(用)·교상(敎相)의 다섯 방면에서 밝히려고 하는 방법이 오중현의이다"(2009:150)라고 한다. '삼중현의'와 '오중현의'에 대해서는 "정산온제(頂山蘊齊)는 『보살계의소』에서 오중이 문장 중에 나타나 있기에 삼중현의라고 쓰여져 있어도 문제가 없다고 한다. 즉, 본 소에서의 '명'에는 사람(人)과 법과 비유를 갖추고, '체'는 '성무작가색'이다. '종'은 범망보살계이고, '용'은 불과를 얻기 위한 장애에 응하는 덕(德)이 있는 것이다. '교'란 『화엄경』의 교의라는 것이다. 이에 대해 엔린은 다음과 같이 반론한다. … 『보살계의소』의 석명 중에는 보살이라는 사람과 계라는 법을 명확하게 하는 것이고 비유는 나오고 있지 않다. 만약 비유가 나온다면 본 소의 목적과 다른 것이 되어 버린다. 또한 체, 종, 용이라는 것의 내용도 여기서는 통상적인 오중현의의 해석과는 다른 것이 되어 버린다. 본 소의 문장에도 상응하지 않는다. 엔린의 지적대로인 것이다"(2009:153-154)라고 하여, 『의소』의 '삼중현의'에 '오중현의'를 대입하여 해석한 정산온제의 설을 부정하고 있다. 그리고 『의소』에서의 '현의' 문제에 대해 "이 『범망경』의 상권에서 밝히는 내용은 40위(四十位)를 넘어서 부처의 깨달음에 이르는 것이다. 이것은 화교(化敎)이다. 하권에서는 단지 41위를 넘어가는 것의 근본이라고 설명한다. 이것은 제교(制敎)이다. … 엔린은 화교와 제교라는 입장에서 오중과 삼중의 회통을 한 것이다. 즉, 지의는 중생교화의 경전은 오중현의로 설명하고, 보살의 계를 설명하는 율전은 삼중으로 설명한 것으로 두 경전에 모순은 없는 것이다"(2009:164)라고 하여, 원교의 회통을 통해서 '삼중현의'와 '오중현의'의 차이의 모순을 해결하고 있다.

[22] 就釋名中, 初明人名, 次辯法号, 後明階位. (T40.563a24)
석명 중에서 처음에 인명을 밝히고, 다음으로 법호를 말하고, 마지막으로 계위를 밝힌다.

율의계는 서원에 의해 얻게 되지만, 정공계와 도공계는 삼업三業을 그치는 것에 의해 얻게 된다고 설명한다.[23] 율의계는 삼취정계의 섭율의계로서 지의는 삼취정계에 일체계를 포함시켜 섭율의계를 십바라이라고 정의한다.

戒品廣列菩薩一切戒竟. 總結九種戒皆爲三戒所攝. 律儀皆令心住, 攝善自成佛法, 攝生成就衆生. 此三攝大士諸戒盡也. 瓔珞經云, 律儀戒謂十波羅夷, 攝善謂八萬四千法門, 攝生謂慈悲喜捨, 化及衆生令得安樂也. (T40.563c03)

계품이 많으나 보살의 일체계에서 그친다. 아홉 종류의 계를 총결하면 모두 삼취계에 섭수된다. 율의는 능히 마음을 머물게 하고, 섭선은 스스로 불법을 이루고, 섭생은 중생을 성취시킨다. 이 세 가지의 계는 보살의 모든 계를 전부 섭수한다. 『영락경』에서 "(섭)율의계는 십바라이를 말하고, 섭선(법계)은 팔만사천법문을 말하며, 섭(중)생(계)은 자비희사를 말하니 교화가 중생에게 전해져 안락을 얻게 한다"고 말한다.

즉 『범망경』의 십중계는 일체계를 포함하고 있는 것으로서 발심

의 서원에 의해 얻게 되는 것이다. 그리고 지의는 『대지도론』의 십종계를 인용하여 일체계에 대해 설명한다.[24]

다음으로 '삼중현의'의 '제2출체'에서는 무작無作과 지행이선止行二善으로 나누어 '성무작가색'이라는 지의의 독자적 계체론을 논한다. '제3요간'에서는 수신심須信心, 무삼장無三障, 인법연人法緣으로 나누어 보살계에서의 수계의 조건에 대해 설명한다. 그 중 인법연에서 수계는 출가와 재가가 공용하지만 수계법이 다르다고 하며 '육종수계六種受戒'를 소개한다.

> 論法緣. 道俗共用, 方法不同. 略出六種. 一梵網本, 二地持本, 三高昌本, 四瓔珞本, 五新撰本, 六制旨本. (T40.568a06)

> 법연을 논한다. 도속이 공용하지만 (수계의) 방법이 같지 않다. 대략 여섯 종류를 낸다. 첫째는 범망본, 둘째는 지지본, 셋째는 고창본, 넷째는 영락본, 다섯째는 신찬본, 여섯째는 제지본이다.

이와 같이 당시의 수계법을 대표하는 여섯 종류의 계본을 소개함으로써 『범망경』과 다른 계본의 차이를 이해하기 쉽게 설명하고 있다. 특히 '영락본'의 설명에서 계를 삼품三品으로 나누어 자서수계自誓受戒를 하품下品으로 설명한 것은 주목할 만하다.

---

[24] 십종계에 대한 상세한 설명은 제1장의 '1.3.1. 지의의 계체론에 대해서'를 참조.

若眞佛菩薩前受者, 名上品戒. 若佛滅後, 千里內無佛菩薩, 從
前受者爲師, 名中品戒. 若千里內無法師, 從佛菩薩像前自誓受
者, 名下品戒也. (T40.569a04)

만약 진짜 불보살의 앞에서 수계한다면 상품의 계라고 한다. 만약 불멸 후에 천 리 이내에 불보살이 없어서 먼저 수계한 사람을 법사로 하여 수계한다면 중품의 계라고 한다. 만약 천 리 이내에 법사가 없어서 불보살상 앞에서 자서수계한다면 하품의 계라고 한다.

지의는 육종수계의 예와 같이 보살계에 있어서의 수계를 중요시한다. 그리고 자서수계를 하품이라고 설명한 것은 수계를 단순히 계를 받는 것만이 아닌 수계식의 참여를 통해 계단의 확립과 승단의 운영까지도 염두했던 것이라고 생각된다.[25]

지의는 '삼중현의'를 통해서 자신의 계율관과 당시의 계율 등을 설명한 뒤 『범망경』 본문의 주석에 들어간다. 지의는 본문의 주석인 '정해경문正解經文'에서 『범망경』 하권을 서분序分, 정설분正說分,

---

[25] 그러나 자서수계를 하품이라고 본 지의의 설명은, 후에 태현의 『범망경고적기』에서 다음과 같이 "자서수계와 종타수계는 똑같은 마음으로 받으며 또한 이와 같이 지계하면 복덕에는 차별이 없다"고 비판된다.
自受羯磨如菩薩地四十一說. 若千里內等者, 若爾自受功德劣耶. 不爾, 雖無現緣, 心猛利故. 如五十三云, 自受從他若等心受. 亦如是持福德無別. (T40.712c01)
스스로 갈마를 받는 것은 『유가론』「보살지」 41권의 설명과 같다. '若千里內' 등은 그렇게 하면 자서수계의 공덕이 떨어지는 것인가? 그렇지 않다. 지금은 인연이 없지만 마음이 맹렬히 이롭기 때문이다. 53권에서 "자서수계와 종타수계는 똑같은 마음으로 받으며 또한 이와 같이 지계하면 복덕에는 차별이 없다"고 한 것과 같다.

권설유통분^{勸說流通分}으로 나눈다.

就文爲三. 從初偈長行訖淸淨者爲序. 次十重訖現在菩薩今誦
爲正說. 余盡卷爲勸說流通也. (T40.569c04)

경문에 관하여 세 가지로 한다. 처음의 게송과 장행에서부
터 청정자까지는 서분이다. 다음으로 십중계부터 현재보살
금송까지는 정설분이다. 남은 모든 부분은 권실유통분이다.

『범망경』은 본래 범망대본 112권61품이었으나, 그 중 '보살심지
품^{菩薩心地品}'만을 구마라집이 송출하였다고 하여 경전 자체에는 서
분이나 유통분 등에 해당하는 부분이 없다. 그래서 지의가 임의로
삼단으로 나누어 주석한 것이다. 각 부분의 내용은 다음과 같다.

【표1】

	본문
서분	我今盧舍那 ~ 第一淸淨者
정설분	佛告諸佛子 ~ 現在(諸)菩薩今誦
권설유통분	佛子諦聽 ~ 疾得成佛道

『범망경』 주석에서 지의의 삼단과문은 후대에 하나의 기준과 같
이 되어 원효에게도 영향을 주었다.

서분은 『범망경』 하권의 게송에서부터 시작되며 게송의 대의를

사계삼권四戒三勸으로 설명한다.[26] 사계는 사나계舍那戒, 석가계釋迦戒, 보살계菩薩戒, 중생계衆生戒이고, 삼권은 권수勸受, 권지勸持, 권송勸誦이다. 즉 노사나불에 의해 중생에게까지 전해진 『범망경』의 수계, 수지, 독송을 권하고 있는 것이다. 그리고 이 사계삼권에 준하여 다음과 같이 게송을 다시 삼단으로 나눈다.

十一行半偈分爲三段. 初三行三句, 明舍那說戒傳授釋迦. 二從是時千百億下三行三句, 明釋迦迹佛傳授諸菩薩諸菩薩傳授衆生. 三從諦聽我正誦下盡偈, 明勸信受持. (T40.569c14)

십일행 반의 게송을 나누면 삼단이 된다. 처음의 삼행삼구는 노사나불이 계를 설해 석가불에게 전수한 것을 밝힌다. 두 번째의 '시시천백억是時千百億'의 아래로부터 삼행삼구는 석가적불釋迦迹佛이 모든 보살에게 전수하고, 모든 보살은 중생에게 전수한 것을 밝힌다. 세 번째의 '제청아정송諦聽我正誦'으로부터 아래의 모든 게송은 (계를) 믿고 받아 지니기를 권하는 것을 밝힌다.

---

[26] 偈中大意四戒三勸. 四戒者, 一舍那戒, 二釋迦戒, 三菩薩戒, 四衆生戒. 舍那爲本傳授釋迦爲迹. 釋迦得此, 復授諸菩薩. 諸菩薩得此戒, 復傳授凡夫衆生也. 三勸者, 一勸受, 二勸持, 三勸誦. (T40.569c07)
게송 중의 대의는 사계와 삼권이다. 사계란, 첫째는 사나계, 둘째는 석가계, 셋째는 보살계, 넷째는 중생계이다. 노사나불을 근본으로 하여 석가불에 전수된 것을 따른다. 석가불은 이 계를 얻고 나서 다시 모든 보살에게 전하였다. 모든 보살은 이 계를 얻고 난 뒤 다시 범부인 중생에게 전수하였다. 삼권이란, 첫째는 권수(계를 받는 것을 권한다), 둘째는 권지(계를 지니는 것을 권한다), 셋째는 권송(계본을 독송하기를 권한다)이다.

각 단은 『범망경』이 노사나불로부터 석가불을 거쳐 중생에게 전해져 중생이 수지하는 것을 말한다. 각 단의 내용은 다음과 같이 정리된다.

【표2】

	본문	내용
1단	我今盧舍那~甘露門則開	盧舍那佛로부터 釋迦佛에게
2단	是時千百億~轉授諸衆生	釋迦佛로부터 諸菩薩에게 諸菩薩로부터 衆生에게
3단	諦聽我正誦~至心聽我誦	勸信受持

이처럼 『의소』의 서분은 게송의 '아금노사나我今盧舍那'부터 '지심청아송至心聽我誦'까지로, 십중계 이전까지이다. 십중계부터는 정설분으로 십중계와 사십팔경계로 구성되고, 십중계는 다시 총표總標, 별해別解, 총결總結로 나뉜다.[27] 이 중 별해에서 십중계의 계목을 상세히 설명한다. 그리고 각 계목은 다시 표인標人, 서사序事, 결죄명結罪名으로 나뉜다.[28] 계목의 죄상罪相을 설명하는 서사는 불응不應, 응應으로 나뉘어 각 계목에서의 해서는 안 되는 것과 하지 않으면 안 되

---

[27] 十重此下第二正說段也. 文爲二. 先明十重, 次四十八輕. 初三章, 一總標, 二別解, 三總結也. (T40.571b08)
십중의 아래로부터는 제2정설의 단락이다. 경문이 두 가지이다. 우선은 십중을, 다음으로 사십팔경을 밝힌다. 처음(의 십중에) 세 장이 있어서 첫 번째는 총표, 두 번째는 별해, 세 번째는 총결이다.

[28] 文爲三別. 先標人謂若佛子. 第二序事謂中間所列. 三結罪名波羅夷. (T40.571b24)
경문은 세 가지(三別)이다. 우선은 '표인'으로 '若佛子'에 대한 것이다. 두 번째는 '서사'로 중간에 열거한 내용이다. 세 번째는 '결죄명'으로 바라이이다.

는 것을 설명한다.[29] 이러한『의소』전체의 과문을 정리하면 표3과 같다.

【표3】

<table>
<tr><td rowspan="8">三重玄義</td><td rowspan="3">釋名</td><td colspan="5">人名</td></tr>
<tr><td colspan="5">法号</td></tr>
<tr><td colspan="5">階位</td></tr>
<tr><td rowspan="2">出體</td><td colspan="5">無作</td></tr>
<tr><td colspan="5">止行二善</td></tr>
<tr><td rowspan="3">料簡</td><td colspan="5">須信心</td></tr>
<tr><td colspan="5">無三障</td></tr>
<tr><td colspan="5">人法緣</td></tr>
<tr><td rowspan="11">正解經文
(本文)</td><td rowspan="3">序分
(偈頌)</td><td>一段</td><td colspan="4">我今盧舍那~甘露門則開</td></tr>
<tr><td>二段</td><td colspan="4">是時千百億~轉授諸衆生</td></tr>
<tr><td>三段</td><td colspan="4">諦聽我正誦~至心聽我誦</td></tr>
<tr><td rowspan="7">正說分</td><td rowspan="6">十重戒</td><td colspan="4">總標</td></tr>
<tr><td rowspan="4">別解</td><td rowspan="4">十重戒</td><td colspan="2">標人</td></tr>
<tr><td rowspan="2">序事</td><td>不應</td></tr>
<tr><td>應</td></tr>
<tr><td colspan="2">結罪名</td></tr>
<tr><td colspan="4">總結</td></tr>
<tr><td colspan="5">四十八輕戒</td></tr>
<tr><td colspan="6">勸說流通分</td></tr>
</table>

표3과 같이 지의는 우선 '삼중현의'를 통해『범망경』에 대한 자신의 계율관을 밝힌 뒤, 하권의 게송인 '아금노사나我今盧舍那'부터 전체를 임의로 삼단으로 나누어『범망경』을 주석했다.[30]

---

29 就序事有三. 一不應二應三結. (T40.571b26)
　　'서사'에 세 가지가 있다. 첫 번째는 불응, 두 번째는 응, 세 번째는 결이다.

30 본 연구에서는 앞서 설명한 것과 같이, 원효의『사기』와의 비교를 위하여 섭중계까지만을 확인하

2.4.2. 『사기』의 과문

　원효의 『사기』도 『의소』와 마찬가지로 『범망경』 하권에서부터 주석이 시작된다.[31] 우선 전체를 석제명자^{釋題名字}, 입문해석^{入文解釋}으로 나누고, 앞의 석제명자에서 『범망경』의 전체 경명인 '범망경보살심지품^{梵網經菩薩心地品}'에 대해 설명한다.[32] 입문해석은 『범망경』 본문의 주석으로, 원효도 『범망경』에 서분이나 유통분에 해당하는 과문이 없는 것을 지적하며 지의와 같이 임의로 삼단과문을 나눈다.

　今此經者, 多部之內, 正說分中一品. 故無別序正流通三分. 然准義科文, 非無三分. 從我今盧舍那已下, 乃至第一淸淨者, 文成發起. 從佛告諸佛子已下, 至現在諸菩薩今誦, 度合正說. 從佛子

고 사십팔경계의 과문에 대해서는 다루지 않았으나, 지의는 사십팔경계에 있어서도 '四十八輕類 前三段'(T40.574c17)이라고 하여, 십중계와 동일한 과문인 총표, 별해, 총결을 사용하고 있다.

[31] 요시즈 요시히데는 앞서 말한 바와 같이, 법장의 『본소』를 전후로 하는 주석서 11권을 비교하여 그 관계성을 밝히고 있다. 그에 따르면 지의로부터 법장에 이르기까지의 『범망경』 주석서 중에 『범망경』에 삼취정계를 도입하고 그것을 사용해 '범망보살계'의 선양을 주석의 중심으로 하였다고 하는 주석서(지의 『의소』, 원효 『사기』, 의적 『보살계본소』, 법장 『본소』)는 모두 『범망경』 하권의 게송에서부터 주석이 시작되고 있는 것을 확인할 수 있다.(1991:564) 이 네 사람은 『범망경』 주석사에서 중대한 영향을 끼쳤다고 하여, 상호의 영향관계에 관해 다양한 해석이 논해지고 있다. 그러나 승장의 『범망경술기』의 경우는 분명히 의적의 영향을 받았음에도 불구하고, 독자적 주석형태를 보이고 있다. 승장의 『범망경술기』는 확인된 바에 따르면 처음으로 『범망경』 하권의 모두(冒頭)에서부터 주석이 시작되는 것이다.(1991:583) 또한 "승장은 삼취정계를 『유가론』의 원래 의미에서 떨어진 형태로는 사용하지 않는다"(1991:588)라고 하여, 지의 이후의 주석서의 영향을 받았으나 그것들과는 다른 주석 형태를 보이고 있다.

[32] 初釋題名者, 所言菩薩戒本者, 法喻所置目. 故非正此經目也. 若論是經正目者, 應言梵網經菩薩心地品. (X38.274b11)
처음의 '석제명'이란, 보살계본이라는 것은 법과 비유에 의한 제목이다. 따라서 이 경의 바른 제목이 아닌 것이다. 만약 이 경의 바른 제목을 논한다면 바로 '범망경보살심지품'이라고 해야 한다.

諦聽已下, 至於卷軸, 辭當勸持. (X38.275a12)

　지금 이 경은 많은 부분 중 정설분의 한 품이다. 그렇기에 서분, 정설분, 유통분의 삼분의 구별이 없다. 그러나 의미와 과문을 비교해 보면 삼분이 없는 것도 아니다. '아금노사나我今盧舍那'의 아래부터 '제일청정자第一淸淨者'까지는 문성발기(文成發起:경문을 이루어 발기한 것)이다. '불고제불자佛告諸佛子'의 아래부터 '현재제보살금송現在諸菩薩今誦'까지는 도합정설(度合正說:도합을 바르게 설명함)이다. '불자제청佛子諦聽'의 아래부터 마지막의 '질득성불도疾得成佛道'까지는 사당근지(辭當勸持:마땅히 부지런히 수지受持할 것을 말함)이다.

　『사기』의 삼단과문의 각 명칭은 '문성발기, 도합정설, 사당근지'로, 각 단에 해당하는 『범망경』의 내용은 다음과 같다.

【표4】

	내용
文成發起(序分)	我今盧舍那~第一淸淨者
度合正說(正說分)	佛告諸佛子~現在諸菩薩今誦
辭當勸持(流通分)	佛子諦聽~疾得成佛道

　문성발기는 게송의 부분이고 도합정설은 십중사십팔경계의 부분이다. 그러나 『사기』가 상권밖에 현존하지 않는 관계로 사십팔경계와 사당근지에 대해서는 확인할 수가 없다. 앞에서 말했듯이

『사기』의 삼단과문은『의소』의 과문과 완전히 일치한다.[33] 이는 원효가『사기』를 저술할 때『의소』를 참고로 하여 과문을 나누었기 때문이라고 생각된다.

다음으로 서분인 문성발기를 다시 노사나불서盧舍那佛序, 타방석가서他方釋迦序, 차방석가서此方釋迦序로 나눈다.

初序分中亦有三段. 我今盧舍那以下三行三句頌者, 盧舍那佛序. 是時千百億以下七行三句頌者, 他方釋迦序. 爾時釋迦牟尼佛以下長行者, 此方釋迦序. (X38.275a17)

처음의 서분 중에 다시 삼단이 있다. '아금노사나我今盧舍那' 아래의 삼행삼구의 게송은 노사나불서이다. '시시천백억是時千百億' 아래의 칠행삼구의 게송은 타방석가서이다. '이시석가모니불爾時釋迦牟尼佛' 이하의 장행은 차방석가서이다.

노사나불서, 타방석가서, 차방석가서의 세 개의 서를 정리하면 다음과 같다.

【표5】

	내용
盧舍那佛序	我今盧舍那~甘露門則開
他方釋迦序	是時千百億~至心聽我誦
此方釋迦序	爾時釋迦牟尼佛~第一淸淨者

---

33 '2.4.1.『의소』의 과문' 표1 참조.

원효는 지의와 달리 게송만을 나누지 않고 서분 전체를 삼단으로 나누고 있다. 『의소』의 과문인 표2와 비교해 보면, 『사기』의 노사나불서와 타방석가서의 부분이 『의소』의 게송 과문 전체와 같은 부분이다. 『의소』의 게송 과문2, 3단은 석가불에 의한 보살과 중생의 전수에 관한 내용이다. 원효는 『의소』의 이 부분을 타방석가서라고 정리하여 타방의 석가불에 의한 전수로 설명한다. 그런데 『의소』에서는 게송 과문의 뒷부분에서부터 정설분까지의 부분(爾時釋迦牟尼佛~第一淸淨者)을 별도로 구분짓고 있지 않지만, 『사기』의 타방석가서에 해당하는 부분에서 다음과 같이 '차토석가서此土釋迦序'라고 명칭하며 석가불에 의한 전수를 설명하고 있다.

> 長行下, 此土釋迦序. 爲二, 初經家辭, 次釋迦自說. (T40.570c07)
> 장행의 아래는 차토석가서이다. 두 가지가 있으니 처음은 경가사(경을 결집한 이들의 이야기)이고, 다음은 석가자설(석가불의 자설)이다.

이처럼 원효는 『사기』에서 『의소』의 서분 전체를 삼단으로 나누고 『범망경』의 전수에 초점을 두어 각 전수자를 중심으로 과문을 세웠다. 이는 『의소』의 과문을 토대로 원효 자신의 계율관을 더해 주석의 중점을 달리한 과문이라고 생각된다.

다음으로 정설분인 도합정설에서 십중계를 총석권학^{總釋勸學},[34]
별해제지^{別解制止}, 총결중제^{總結重制}로 나눈다.[35] 이 십중계의 과문도
『의소』의 총표, 별해, 총결과 같은 구조로, 원효는 『사기』의 과문
에서 『의소』와 상당히 유사한 과문을 보이고 있다. 총석권학은 다
시 거수표명^{擧數標名}, 권물송학^{勸物誦學}, 총결권학^{總結勸學}으로 나뉘고,
이 중 권물송학은 거비권송^{擧非勸誦}, 거인권송^{擧人勸誦}으로 나뉜다.[36]

그리고 별해제지에서 십중계의 각 계목을 거인표체^{擧人表體}, 열사
명수^{列事明隨}, 거비결과^{擧非結過}로 나눈다.[37] 또한 이 중 열사명수를 다
시 열비^{列非}, 대치정행^{對治正行}으로 나누어,[38] 각 계목에서의 죄상과
정행을 설명한다. 이러한 『사기』 전체의 과문을 정리하면 표6과
같다.

---

34 (X38.280a15)에서는 '總釋初學'이라고 되어 있으나, (X38.287a20)에서는 '總釋勸學'으로 되어 있다.
의미상 『범망경』을 배울 것을 권장하고 있다고 판단되어 본 연구에서는 '總釋勸學'으로 표시한다.

35 先明十重, 後明四十八輕戒. 先中即有三. 一者總釋初學. 二者佛告佛子若自殺以下, 別解制止. 三者
若有犯者以下, 總結重制. (X38.280a15)
우선 십중을 밝히고, 뒤에 사십팔경계를 밝힌다. 앞의 (십중계) 중에 세 가지가 있다. 첫 번째는 '總
釋勸(初)學'이다. 두 번째는 '佛告佛子若自殺' 이하로 '別解制止'이다. 세 번째는 '若有犯者' 이하로
'總結重制'이다.

36 先中亦有三段. 一者擧數標名, 二勸物誦學, 三者總結勸學. 第二勸物誦學中有二. 初擧非勸誦. 後擧
人勸誦. (X38.280a18)
앞의 (總釋勸學) 중에 다시 삼단이 있다. 첫 번째는 擧數標名, 두 번째는 勸物誦學, 세 번째는 總結勸
學이다. 제2勸物誦學 중에 두 가지가 있다. 앞은 擧非勸誦, 뒤는 擧人勸誦이다.

37 此戒中有三段. 一佛告佛子有擧人表體. 二者若自殺以下列事明隨. 三者而自以下擧非結過.
(X38.280b10)
이 계 중에 삼단이 있다. 첫 번째의 '佛告佛子'는 擧人表體이다. 두 번째의 '若自殺' 이하는 列事明
隨이다. 세 번째의 '而自' 이하는 擧非結過이다.

38 第二列事明隨中有二段. 初列非. 二者是菩薩以下. 明對治正行. (X38.280b18)
제2列事明隨 중에 두 단이 있다. 처음은 列非이고, 두 번째는 '是菩薩' 이하로 對治正行을 밝힌다.

<table>
<tr><td rowspan="3">釋題名字</td><td colspan="6">梵網</td></tr>
<tr><td colspan="6">菩薩</td></tr>
<tr><td colspan="6">心地</td></tr>
<tr><td rowspan="14">入文解釋</td><td rowspan="3">文成發起
(序分)</td><td>盧舍那佛序</td><td colspan="4">我今盧舍那~甘露門則開</td></tr>
<tr><td>他方釋迦序</td><td colspan="4">是時千百億~至心聽我誦</td></tr>
<tr><td>此方釋迦序</td><td colspan="4">爾時釋迦牟尼佛~第一淸淨者</td></tr>
<tr><td rowspan="10">度合正說
(正說分)</td><td rowspan="9">十重戒</td><td rowspan="4">總釋勸學</td><td colspan="3">舉數標名</td></tr>
<tr><td colspan="2" rowspan="2">勸物誦學</td><td>舉非勸誦</td></tr>
<tr><td>舉人勸誦</td></tr>
<tr><td colspan="3">總結勸學</td></tr>
<tr><td rowspan="4">別解制止</td><td rowspan="4">十重戒</td><td colspan="2">舉人表體</td></tr>
<tr><td rowspan="2">列事明隨</td><td>列非</td></tr>
<tr><td>對治正行</td></tr>
<tr><td colspan="2">舉非結過</td></tr>
<tr><td colspan="4">總結重制</td></tr>
<tr><td colspan="5">四十八輕戒</td></tr>
<tr><td colspan="6">辭當勸持(流通分)</td></tr>
</table>

　　표3의 『의소』의 과문과 비교해 보면, 원효와 지의가 『범망경』 본문의 과문에서 전체적으로 일치하고 있는 것을 확인할 수 있다. 우선 두 사람은 『범망경』 하권을 임의로 서분(문성발기), 정설분(도합정설), 유통분(사당근지)으로 나누고 있다. 그리고 서분의 게송을 삼단으로 나누어 범망계의 전수에 대해 설명한다. 다음으로 정설분에서는 십중계와 십중사십팔경계 중 십중계를 총표(총석권학), 별해(별해제지), 총결(총결중제)로 나누고, 별해(별해제지)에서 십중계의 각 계목에 대해 상세히 설명하고 있다. 또한 별해(별해제지)의 서사(열사명수)의 부분에서 다시 불응(열비), 응(대치정행)으로 나누어, 각 계목에

서의 해서는 안 되는 것과 하지 않으면 안 되는 것을 설명한다.

즉, 이러한 두 사람의 주석에 나타난 과문의 유사성은 원효가 『사기』를 저술할 때 지의의 과문을 수용하여 한층 세분화한 것이라고 생각된다. 이는 『범망경』의 계상과 내용을 보다 정확하게 수계자에게 전달하기 위해 원효 자신의 계율관과 사상 등을 더하여 『범망경』의 주석을 한층 발전시킨 형태라고 생각된다.

2.5. 『의소』와 『사기』의 주석비교

본 장에서는 『의소』와 『사기』의 내용을 비교하여 두 주석서의 공통점과 상이점을 파악하겠다. 우선 요시즈 요시히데는 지의에 대해 "『범망경』 속에 적극적으로 삼취정계를 사용한 것은 후대에 큰 영향을 주었다. 이로 인해 범망계와 유가계가 합쳐진 것은 물론이고, 삼취정계의 제1섭율의계를 확대해석하면 사분율조차도 포섭하는 길이 열렸기 때문이다"(1991:569)라고 하여, 지의에 의해 『범망경』의 주석에 삼취정계가 도입된 것을 강조한다. 그리고 "천태소의 특색을 정리해 보면 『화엄경』의 결경結經으로서의 『범망경』이란 위치를 사교四敎로 말하면 별교別敎와 원교圓敎에 관계되는 가르침으로 규정하여 유가계로부터 『영락경』으로 전개한 삼취정계의 내용을 중심에 두어 대승보살 독자의 계율로서 확립하였다고 할 수 있다"(1991:570)라고 하여 『의소』의 특징을 정리하고 있다.

다음으로 원효에 대해서는 "만교滿敎와 분교分敎의 차이가 있으나 『범망경』을 『화엄경』과 같은 일승에 섭수하여 삼승이 아니라고 하였다. 내용적으로는 천태소의 삼취정계 도입의 자세를 보다 진전시켜 '달기達機'나 '이타利他'라는 독자적 보살관을 거론하고 있다"(1991:574)라고 하여 『의소』의 삼취정계사상을 토대로 원효 자신만의 원융적 보살관을 더해 주석하였다고 설명한다.

요시즈 요시히데의 설명과 같이, 지의는 『범망경』의 주석에 유가계의 삼취정계를 도입하여, 그로 인해 『범망경』에 일체계를 포섭하는 주석을 한다. 그리고 원효가 이러한 삼취정계의 도입을 보다 발전시켜 이타행에 의한 보살의 범계행을 무죄로 판단하는 주석을 한다. 또한 이전까지는 『화엄경』의 결경으로 취급되었던 『범망경』을 처음으로 일승분교一乘分敎로 분류하여 보살계로서의 『범망경』의 지위를 향상시켰다. 이와 같은 원효의 주석은 후대의 태현 등에게 큰 영향을 주어 『범망경』에 의한 일체계의 수계에까지 발전하게 된다.

그러나 『의소』와 『사기』는 수계자의 정의에 있어 차이가 있다. 앞의 설명과 같이 요시즈 요시히데는 『의소』의 수계자에 대해 "이 범망계가 단지 보살인만이 받을 수 있는 것이라는 규정을 하고 있다. 후대의 법장이 이승마저 포함한 일체인을 위한 가르침이라고 한 것과 큰 차이를 보이는 부분이다"(1991:568)라고 한다.[39] 반면 원

39　지의는 『의소』에서 다음과 같이 『화엄경』을 인용하여 『범망경』의 가르침을 받을 수 있는 대상을

효는 수계자에 대해 '화인化人'의 설명에서 다음과 같이 논한다.

> 化人者, 天龍神等及化來受菩薩戒人等. 問無色界人者, 何以故
> 非列耶. 答亦得言变化. 以攝許上. 皆大乘中得受戒. 若小乘遮難
> 所攝. (X38.279c22)
>
> 화인이란 천, 용, 신 등과 또한 변화하여 보살계를 받은 사
> 람 등이다. 묻기를, 무색계인은 어찌하여 포함되어 있지 않
> 은가? 대답하길, 역시 변화인이라고 할 수 있다. 위의 예에
> 포함된다. 모두 대승 속에서 계를 받을 수 있다. 만약 소승이
> 라면 포함되기 어렵다.

원효는 수계자의 범위 속에 용 등의 변화인과 무색계인까지도
포함시키며 대승에서의 일체인의 수계를 허용한다. 그리고 소승인
이 대승에 귀의한 경우에 대해서는 『유가론』을 인용하여 소승인은
십해위에 이르러 불퇴전위를 얻을 수 있다고 설명한다.

> 若依瑜伽論, 通此文者. 若菩薩性人入十信者, 始入第一信時

보살인(大士)만으로 한정한다.
於三教中即是頓教, 明佛性常住一乘妙旨. 所被之人, 唯爲大士, 不爲二乘. 華嚴云, 二乘在座, 不知不
覺. 以大士階位非二乘所行. 制戒輕重非小乘所學. (T40.569b18)
삼교 중에서 즉 이것은 돈교로서 불성의 상주와 일승의 묘지를 밝힌다. 이 가르침을 받을 수 있는
사람은 오직 대사(보살)만이며 이승이 아니다. 『화엄경』에서 말하는 이승은 자리에 머물러도 알 수
없고 깨달을 수 없다. 대사의 계위는 이승이 행하는 것이 아니다. 제계의 경중은 소승이 배우는 것
이 아니기 때문이다.

即得不退. 若二乘性人迴小入大者, 十信位中未入不退位. 亦未
入於三僧祇數. 到於十解位, 方得入不退位. 亦得入於三僧祇數.
(X38.278c15)

만약 『유가론』에 의하면 이 내용이 통한다. 만약 보살성인이 십신에 들어간다면 처음의 제1신에 들어갔을 때 바로 불퇴전위를 얻는다. 만약 이승성인이 소승에서 대승으로 들어온다면 십신위 중에서는 아직 불퇴전위에 들어가지 못한다. 또한 삼아승지겁(성불할 수 있다고 일컬어지는 기간)에도 들어가지 못한다. 십해위에 이르렀을 때 비로소 불퇴전위에 들어갈 수 있다. 또한 삼아승지겁에도 들어갈 수 있다.

소승인의 귀의에 대해서는 다소의 제한을 두고 있지만, 원효는 지의와는 달리 『범망경』의 수계자를 일체인이라고 정의한다.[40]

다음으로 최원식(1999:91-93)에 의하면, 원효는 『사기』에서 지의의 이름을 직접적으로 명시하지는 않지만, '제1불살계'와 '제10방삼보계'에서 '소疏, 소주疏主'라는 명칭으로 『의소』의 내용을 거론하고 있다.[41] 우선 '제1불살계'에서는, 살생의 법을 도구인 '칼(刀), 몽둥이(仗·棒)'라고 설명한 '소'를 비판하며, 도구가 없어도 살생을

---

40 원효의 수계자에 대한 정의는, 앞의 설명과 같이 법장과도 유사한 견해로 법장의 『본소』에 나타난 원효의 영향의 일례라고 생각된다.

41 『사기』에 나온 『의소』의 인용구(소, 소주)에 관해서는, 요시즈 요시히데(1991:593)가 앞서 문제제기한 것으로, 최원식은 그 내용을 전면에 내세워 지의와 원효의 관계성을 주장한다.

할 수 있기에 생명의 근본인 '명근命根'이 살생의 법이라고 반론한다.[42] 이 살생의 법에 대한 내용은 『의소』에서 설해져 있는 것으로, 지의는 불살계의 살법에 대해서 "살법은 칼과 창, 함정 등을 말한다"[43]고 설명한다. 즉 원효는 『의소』를 '소'라는 약칭으로 인용하여 주석의 잘못된 부분을 지적하고 있다. 그리고 '제10방삼보계'에서는 외도를 향해 삼보를 비방하는 것을 범계라고 설명한 '소주'를 부정한다.[44] 이 '소주'의 내용은 『의소』의 방삼보계에서, 보살계를 수계하지 않은 외도 등을 향해 삼보를 비방하는 것은 중죄를 범한 것이라고 규정되어 있다.[45] 이와 같이 원효는 『사기』에서 지의나 『의소』의 이름을 직접적으로 명시하지는 않지만, 다른 명칭으로 『의소』를 인용하여 주석의 잘못된 내용을 지적하고 있다. 그리고 인용경전의 저술자를 명시하지 않는 것은 후쿠시 지넨(1990)의 설명[46]과 같이 원효 저술의 특징이라고 생각된다. 이와 같이 원효는 『사기』에서 『의소』의 내용을 지적하면서 자신만의 주석을 나타내

---

42 疏云, 以殺具刀杖等爲法. 然而無合於義. 若雖無刀杖等具, 而得殺故. 是故以命根爲法. (X38.281c05)
소에서 "살생하는 도구인 칼과 지팡이 등을 법으로 한다"고 말한다. 그러나 그것은 뜻에 맞지 않다. 비록 칼이나 지팡이 등의 도구가 없어도 죽일 수 있기 때문이다. 그러므로 명근을 법으로 한다.

43 殺法, 謂刀劍坑弶等. (T40.571c11)

44 疏主者, 無謗三寶人, 但取外道等人, 然而不合於義. 何以故, 此戒者受佛戒人師, 謗三寶故, 外道等不受菩薩戒故也. (X38.287a08)
소주(소를 찬술한 이)에서는 삼보를 비방하는 사람이 아니라 단지 외도 등의 사람을 예로 들고 있는데 그것은 뜻에 맞지 않다. 왜냐하면 이 계는 불계를 받은 사람이나 스승이 삼보를 비방하는 것이기 때문이다. 외도 등은 보살계를 받지 않았기 때문이다.

45 若菩薩若聲聞若外道, 向說犯重. (T40.574b11)
만약 보살이나 성문이나 외도를 향해서 (비방하는) 말을 하면 중죄를 범한다.

46 '2.2. 선행연구'를 참조.

보이고 있다. 그러나 이러한 『사기』의 내용을 단순히 지의에 대한 비판이라고 판단하는 것은 잘못된 견해이다. 원효는 『사기』의 전체적인 내용과 과문에서 『의소』로부터 많은 영향을 받았으며, 『의소』 자체를 비판한 것이 아니라 계목의 주석에서 잘못된 부분만을 지적하고 있는 것이다.

그리고 두 사람은 범계의 판단에 있어 죄의 원인이 되는 마음을 중요시하였다. 지의는 계를 '마음의 힘의 뛰어난 작용'에 의한 것이라고 설명하듯이, 죄에 대해서도 마음을 통해 판단한다. 그러나 '성업成業'에서 죄업의 구성요소의 하나로 논하는 것에 그치며, 무기심이나 이타행 등에 의한 범계에 대해서는 상세히 설명하지 않는다.

반면 원효의 주석에서 가장 중요한 특징의 하나가 마음에 의한 범계의 판단이다. 원효는 『사기』의 각 계목의 소결인 '거비결과擧非結過'에서, 범계를 일으킨 마음의 상태에 따라 일향복비죄一向福非罪, 비죄비복非罪非福, 유경비중唯輕非重, 유중비경唯重非輕으로 나누어 판단한다. 특히 일향복비죄에서는 '달기보살達機菩薩'이라는 독자의 개념을 사용하여 보살의 모든 행은 중생제도의 이타행이기 때문에 비록 범계이더라도 무범이며 복이 된다고 설명한다. 또한 무기심이나 광란심과 같이 정상적인 판단이 불가능한 상태에서의 범계는 복도 죄도 아니라고 판단한다. 이는 죄에 대한 의식이나 악심이 없는 상태이기에 판단을 내릴 수 없는 것이다. 십중계 중 '제3불음계'의 일향복비죄와 비죄비복의 내용을 살펴보면 다음과 같다.

此中作四句簡持犯. 一者有雖犯婬而一向福非罪. 謂如文殊等. 達機菩薩故應現婬男身得度者. 即現婬男婬女身, 能令之度故. 如文殊師利巡行經中廣說, 大菩薩者無然故, 亦無不然故. 淨名經佛道品中云, 若菩薩行非道, 是菩薩通達佛道故. 二者亦有犯婬而非罪福. 謂狂心亂心傷心等及不去時, 他人所犯, 怨家所逼, 而三時不受樂等. (X38.284a12)

이 중에 네 개의 구를 만들어 계의 지범을 설명한다. 첫째는 음계를 범했으나 한결같이 복이며 죄가 아니다. 이른바 문수보살 등과 같다. 달기보살이기에 마땅히 음란한 남성의 몸으로 나투어 제도할 수 있는 것이다. 즉 음남음녀의 몸으로 나투어 능히 중생을 제도시키기 때문이다.『문수사리순행경』 중에서 널리 설하는 것과 같이 대보살은 그러한 것도 없기 때문이며, 또한 그러한 것이 아닌 것도 없기 때문이다.『정명경』의「불도품」 중에서 말하길 "만약 보살의 행이 비도라면 이 보살은 불도를 통달하였기 때문이다"라고 한다. 둘째는 또한 음계를 범하였으나 죄도 복도 아니다. 이른바 광란심과 산란심과 상심 등이 사라지지 않았을 때, 타인으로부터 범해졌을 때, 원수로부터 억눌림을 당했을 때로서 이 세 가지 때에는 쾌락 등을 받지 않기 때문이다.

'달기보살'은 문수보살과 같은 대보살로서 중생제도를 위해서라면 자신의 희생이나 파계조차도 두려워하지 않고 행하는 존재이다. 그러나 그것은 오직 중생을 위한 선심에 의한 행동이기에 겉으로 보기에는 범계행이나 죄인 것처럼 보이지만, 그 본질로 인해 죄가 아닌 복이 되는 것이다. 그리고 음행을 저질렀다고 하더라도 그것이 자신의 의지에 의한 행동이 아닌 경우에는 결코 음계를 범한 것이 되지 않는다. 그러므로 그 범계행은 죄를 판단할 수 없기에 복도 죄도 아닌 것이다. 그런데 이러한 '비복비죄'라도 다음과 같이 무기심이나 미혹에 빠진 범계행은 죄도 복도 아니지만 그 행동에 의한 업은 존재한다.

或有殺人而非罪非福. 謂誤及迷殺等. 唯有業道故, 無犯戒罪故.
(X38.282a17)

만일 살인을 했더라도 죄도 복도 아닌 경우가 있다. 착각을 했거나 미혹에 빠져서 죽인 것 등을 말한다. 다만 그 업도만이 있는 것이고 범계의 죄는 없기 때문이다.

즉, 원효의 '거비결과'는 범계행에 대한 죄의 판단이지 업의 판단이 아니다. 따라서 착각을 했거나 미혹에 빠진 살생은 죄도 복도 아니지만, 그 행동에 의한 업은 있기에 뒤에 그 과보를 받게 되는 것이다.

이러한 원효 독자의 범계판단에 대해 최원식은 "이는 결국 범망보살계의 실천 가능성을 높여 주는 것으로, 죄를 짓지 않고 보살계를 수지受持할 수 있는 길을 넓혀 놓은 것이라고도 할 수 있다”(1999:86)고 설명한다. 확실히 '거비결과'는 보살행의 범위를 보다 넓혔으나, 그것이 죄를 짓지 않고 계를 수지하기 위한 것은 아니라고 생각된다. 원효는 『요기』에서도 '거비결과'와 유사한 형태로 범계를 판단한다.[47] 다양한 범계의 예를 들어 각 경우별로 죄의 유무와 경중을 판단한다. 즉 원효는 『범망경』을 융통성 있게 이해하여 범계를 판단한 것이 아니라, 죄의 원인이 되는 마음의 상태를 냉철하게 판단하여 각 마음의 상태에 따른 적절한 범계의 판단을 내린 것이다. 이는 죄를 결과에 의해 판단하는 것이 아닌, 범계의 원인과 상황을 통해 판단하여 삼취정계의 실천행을 선양시킨 것이다. 원효의 이러한 마음에 의한 범계판단은 유가계의 무위범과도 융합되어, 법장을 비롯한 태현 등의 『범망경』 중심의 주석가들에게 큰 영향을 주었다.

이상의 내용과 같이, 원효는 『사기』에서 삼취정계를 적극적으로 도입하여 일체중생의 수계를 가능하게 하였고 보살의 이타행에 의한 범계를 복으로 판단하였다. 이는 원효가 과문뿐만 아니라 사상

---

47 원효는 『요기』에서 『사기』의 '거비결과'와 상당히 유사한 형태로 다음과 같이 '자찬훼타(自讚毀他)'의 죄를 설명한다. 여기서는 '자찬훼타'만을 예로 들고 있으나, 원효는 『요기』에서 '自讚毀他, 自毀讚他, 若讚毀若毀讚, 非讚毀非毀讚'의 네 가지로 나누어 각 경우에 따른 죄와 복을 상세히 설명한다.

於一讚毀, 有四差別. 若爲令彼赴信心故, 自讚毀他, 是福非犯. 若由放逸無記心故, 自讚毀他, 是犯非染. 若於他人, 有愛恚心, 自讚毀他, 是染非重. 若爲貪求利養恭敬, 自讚毀他, 是重非輕. (T45.918c08)

하나의 찬훼에는 네 가지 차별이 있다. 만약 상대에게 신심을 일으키기 위해 자찬훼타를 한다면, 이는 복이지 범한 것이 아니다. 만약 방일이나 무기심에 의해 자찬훼타한다면, 이는 범한 것이지만 (번뇌에) 물든 것은 아니다. 만약 다른 사람에 대해 좋아하거나 미워하는 마음이 있어서 자찬훼타를 한다면, 이는 (번뇌에) 물든 것이지만 중죄가 아니다. 만약 이양과 공경을 받기 위해 자찬훼타를 한다면, 이는 중죄이지 경죄가 아니다.

적인 면에서도 지의의 영향을 받아 주석을 한층 대승적으로 발전
시킨 것이다. 이처럼 원효는 독창적으로 『범망경』을 주석한 것이
아니라, 이전의 주석서인 지의의 『의소』를 토대로 자신의 사상과
계율관을 더해 『범망경』을 주석한 것이다.

2.6. 소결

제2장에서는 지의와 원효의 『범망경』 주석에 나타난 유사점과
상이점을 확인하였다. 지의는 『범망경』 주석에 삼취정계를 도입하
여 단순히 보살계뿐만이 아닌 일체계를 포함한 '중도제일의제계'
로 정의한다. 원효는 이러한 삼취정계를 보다 적극적으로 도입하
여 일체중생의 수계와 범계의 판단에까지 적용시킨다. 그리고 지
의는 『의소』에서 『범망경』의 계체를 '성무작가색'이라고 설명한
다. 이는 소승의 색법과는 다른 대승만의 색법으로서 권교방편에
의한 임시적인 색법이다. 지의의 계체론은 실교로서는 심법계체
이지만, 『범망경』이 계본이라는 점에서 권교의 색법계체를 취하고
있는 형태이다. 즉 『의소』에서 설명하는 계체론은 소승의 계체론
인 색법과 비색비심과는 다른 대승만의 중도묘관의 계체론인 것
이다.

원효는 그러한 계의 존재성을 보다 강조한다. 계는 깨달음의 원
인임과 동시에 방편으로서 자성이 없이 인연에 의해 생겨나는 것

이다. 즉 계는 인연이 없으면 영원히 나타나지 않으며, 인연으로부터 멀어지면 존재성을 잃게 된다. 그리고 계의 존재성에 대해 계가 존재한다고 하면 그 형상에 집착하는 것이 되고, 없다고 하면 그 법을 어기는 것이 되기에 어느 쪽이든 잘못된 것이 된다. 그렇기 때문에 원효는 계의 존재성을 보다 명확하게 설명하기 위해 유무의 양변을 떠난 중도묘유의 계체론을 사용해『범망경』의 계체를 설명한다.

다음으로 과문에서 원효는 지의와 상당히 유사한 형태를 보인다. 지의에 의해 삼단으로 나뉜『범망경』의 과문을 원효가 거의 그대로『사기』에 적용시킨다. 그러나 서분의 과문에서 지의는 게송만을 나누지만, 원효는 서분 전체를 나눈다. 이는 계의 전수에 중점을 둔 과문으로서 원효가『의소』를 그대로 답습한 것이 아닌『의소』를 토대로 자신의 사상과 계율관을 더해『범망경』의 주석을 수정·보완한 것이다. 그리고 원효는『사기』의 십중계에서도『의소』와 유사한 형태로 전체의 과문을 나눈 뒤, 범계의 원인인 마음을 중심으로 한층 세분하여 범계의 판단을 상세히 설명한다.

그 외에도 원효는 교판에서『범망경』을 일승분교로 보고 일승만교인『화엄경』과 같은 일승교로 분류한다. 또한 수계자의 범위에 대해 지의는 보살인으로 한정하고 있으나, 원효는 일체중생에까지 확대한다. 이처럼 지의에 의해『범망경』주석의 전체적인 형식이 갖추어지고, 원효에 이르러 보다 상세히 설명되며 대승적 성격이 강해진다. 이러한 주석의 특징은『사기』의 '거비결과'에서도 확인할 수 있다. 원효는 지의에 의해 도입된 삼취정계를 보다 적극적으로 활용하여 네 가지 범계판단을 한다. 이타행에 의한 보살의 범계행을 복으로 판단하고, 무기심이나 광란심과 같은 상태에서의 범계를 비복비죄로 판단하는 등, 범계의 원인인 마음의 상태를 통해 죄의 경중을 판단한다. 이것은 이전의 주석과는 다른 원효만의 주석으로서 계본을 통해 단순히 범계만을 판단하는 것이 아닌 보살행의 범위까지도 넓혀서 계의 실천을 강조한 것이다.

이처럼 『범망경』은 지의에 의해 계체론의 정의와 삼취정계의 도입, 과문 등의 주석의 형식이 갖추어진다. 그리고 원효가 이러한 주석의 내용을 적극적으로 활용하여 계의 존재성과 범계의 판단 등을 보다 대승적으로 주석한다. 원효의 주석은 계를 단지 수계하고 수지하는 것만이 아닌 계의 실천을 통한 보살행을 적극 강조하고 있다. 원효의 이러한 주석은 후대의 법장이나 태현 등으로 계승되어 동아시아불교에서의 『범망경』의 위치를 보다 확고하게 만든다. 제2장에서는 지의와 원효에 한정하여 연구를 진행하였으나, 다음 장에서는 원효에 의해 보다 대승적이고 실천적으로 주석된 『범망경』이 후대에 어떻게 발전되었는가를 살펴보기 위해 법장과 태현과의 비교연구를 통해 『범망경』 주석의 흐름을 상세히 확인하겠다.

제3장

원효의 주석서와 법장의 『범망경보살계본소』의 비교연구

3.1. 서론

동아시아를 대표하는 보살계경인 『범망경』의 주석서 중 천태지의(天台智顗, 538-597)의 『보살계의소菩薩戒義疏』(이하 『의소』)와 법장(法藏, 643-712)의 『범망경보살계본소梵網經菩薩戒本疏』(이하 『본소』)는 후대의 많은 주석가들에게 큰 영향을 주었다. 그러나 지의와 법장의 주석은 계체론이나 과문 등에서 상당한 차이를 보인다. 제3장에서는 지의 이후의 『범망경』 주석서 중 특히 신라 원효(元曉, 617-686)의 『보살계본지범요기菩薩戒本持犯要記』(이하 『요기』)와 『범망경보살계본사기梵網經菩薩戒本私記』(이하 『사기』)를 법장의 『본소』와 비교하여 주석의 영향관계를 밝히겠다.

원효와 법장의 영향관계에 관해, 법장이 『화엄경』과 『대승기신론』의 주석에서 원효의 저술을 참고·인용한 것에 관해서는 이미 학계에서 입증이 되었다. 그러나 법장은 원효의 영향을 받으면서도 원효와 자신의 견해가 다른 경우에는 그것을 주저않고 비판하며 자신의 견해를 제기한다.[1] 즉, 법장은 원효의 학문을 그대로 답

---

1 『화엄경』과 『대승기신론』의 주석에 나타난 원효와 법장의 관계성에 대해 요시즈 요시히데는 "다음으로 원효가 나온다. 그는 앞에서 보았듯이 화쟁의 입장에서 일승과 삼승을 전면적으로 회통한다. 이는 그의 『기신론소(起信論疏)』의 검토에서 명확해진다. … 법장에게 있어 가장 신경이 쓰이는 것은 삼승과 일승의 회통가였다. 그것도 원측(圓測)과 같이 일분회통(一分會通)이라면 무시하여도 상관없으나, 원효와 같이 전면회통(全面會通)은 도저히 허용할 수 없다고 법장은 생각했다. … 그러한 원효의 교학이야말로 법장의 최대 비판목표였다. 그렇기에 이 『탐현기(探玄記)』를 저술하며, 동시에 『기신론의기(起信論義記)』를 저술하여 원효의 비판을 위해 하나의 저작을 더한 것이다"(1991:325-326)라고 하여, 법장은 원효의 일승사상과 화쟁사상에 대해 비판적 입장에 있었으며, 그의 『기신론의기』의 저술 목적은 원효 비판이었다고 주장한다. 이러한 요시즈 요시히데의 견해에 대해 석길암은 "법

습한 것이 아닌 취사선택을 통해 자신의 학문을 한층 견고하게 발전시키고, 견해가 다른 점에 대해서는 그것을 비판하여 자신의 주장을 정당화하였다. 이러한 원효와 법장의 영향관계는 『범망경』의 주석에서도 확인할 수가 있다. 법장은 『화엄경』과 더불어 보살계의 연구를 무엇보다 중요시하였다.[2] 특히 '일체중생실유불성一切衆生悉有佛性'설을 통해 일체인의 수계를 허용하였고,[3] 삼취정계를 적

장은 『의기』를 저작하며 처음으로 『해동소(海東疏)』를 전면적으로 검토하였다고 생각된다. 즉 원효사상에 대한 기본적인 틀임과 동시에 중핵을 이루는 것이 『해동소』이기에, 법장이 원효사상에 대해서 전체적으로 고려된 것은 이때가 처음이었을 것이다. 『의기』가 『해동소』에 대한 전면적인 비판과 함께 『해동소』의 시각을 상당 부분 수용하고 있다. 우선 비판의 면에서는 『해동소』가 『기신론』을 화엄적, 화쟁적으로 이해하는 점에 초점이 있었다고 생각된다. 이는 법장의 의도에 대해 『해동소』는 여래장과 법상유식의 '무모순(無矛盾)'을 지향한 것에 대해서, 법장은 여래장과 법상유식의 차별화를 통해서 별교일승(別敎一乘)주의를 확고한 것으로 하기 위해 비판하였다는 요시즈의 견해를 부정하는 것이다. 논자는 『해동소』도 역시 여래장과 법상유식의 차이를 명확하게 인정하고 있고, 화쟁이 성립한다고 하더라도 그것이 '동일화(同一化)'를 의미한다고 생각하지 않기 때문이다. 따라서 법장이 『의기』에서 『해동소』를 수용하였다고 생각되는 점은 오히려 여래장과 아뢰야식의 차이를 명확하게 한 점이라고 생각된다"(2007:38-39)고 하여, 원효의 『해동소』는 여래장과 법상유식의 동일화의 화쟁이 아닌 그 차이를 명확하게 한 다음의 화쟁이었다고 해석한다. 또한 법장은 『의기』에서 원효의 『해동소』를 단순히 비판만을 한 것이 아니라 그것과 더불어 원효의 영향을 받아 여래장과 법상유식의 차이를 보다 명확하게 하였다고 설명한다. 그리고 이시이 코우세이는 "원효가 선배인 의상을 통해 화엄학을 배웠고, 또한 의상의 문하 중에는 원효 사상의 영향을 받은 이가 있었던 것은 사실이다. 그리고 그 원효 사상을 상당 부분 받은 법장이 '寄海東書'라고 일컬어지는 간독한 편지와 함께 『대승기신론의기』, 『오교장(五敎章)』, 『탐현기』 등을 사형인 의상에게 보냄에 따라 신라에서의 『기신론』 연구는 새로운 국면을 맞이한다. 이후에도 『기신론』 자체의 연구는 이어졌으나, 중점은 『의기』나 『해동소』, 『별기』의 해석으로 옮겨졌고, 법장이나 원효의 다른 저작도 많이 참조되게 되었다"(1996:211)고 하여, 원효와 의상, 의상과 법장의 관계에서의 영향을 밝혀, 원효와 법장의 『기신론』 주석에 의해 당시 신라에서의 『기신론』 연구의 풍조가 변화되었다고 설명한다. 이상의 연구내용과 같이 원효와 법장은 『화엄경』과 『대승기신론』의 연구에 밀접한 관계성을 갖고 있으면서도 각각의 독자적인 해석이나 학풍을 지니고 있었다.

2 법장의 생애에서의 보살계의 위치에 대해 이시이 코우세이는 "화엄종의 조사 중 지엄(智儼)에게는 화엄과 섭론(攝論)이, 다음으로 징관(澄觀)과 종밀(宗密)에게는 화엄과 선이 두 개의 기둥이 되어 그들의 교학이나 수행을 지탱해 주었다. 그에 비해 법장의 경우는 화엄과 보살계의 탐구를 생애의 목적으로 하였다고 생각된다"(1984:400)고 하여, 법장에게 있어 보살계는 『화엄경』과 함께 자신의 교학을 지탱해 주는 무엇보다 중요한 것이었다고 설명한다.

3 요시즈 요시히데(1991)는 법장의 수계자의 기근론에 대해 '누구라도의 보살계(誰でもの菩薩戒)', '누구

극적으로 사용하여 보살계를 단순한 금제의 의미뿐만이 아닌 실천
적으로 활용할 수 있는 범위를 제시하였다. 또한 보살의 중생제도
를 위한 범계행을 대승적으로 해석하여, 비록 업은 남더라도 죄는
없다고 주석한다. 법장의 이러한 주석은 원효의 『요기』와 『사기』
에서도 적극적으로 설해져 있는 내용이다.

본 장에서는 이러한 원효와 법장의 주석서에 나타난 계율관과
범계의 분석 등을 비교하여, 지의 이후 『범망경』 주석의 변천에 원
효가 끼친 영향을 파악하고, 법장이 원효의 주석을 어떻게 받아들
여 대승적으로 발전시켰는가를 밝히겠다.

3.2. 선행연구

원효와 법장의 『범망경』 주석의 영향관계에 대해 많은 선학들의
연구업적이 있다. 본 장에서는 이러한 원효와 법장의 영향관계에
관한 선행연구를 검토하겠다.

우선 요시즈 요시히데(吉津宜英)는 『화엄일승사상의 연구(華嚴一乘思
想の硏究)』(1991:563-679)에서, 법장은 『본소』의 십중계 중 제7자찬훼
타계에서 원효의 『요기』의 '일경중문一輕重門'의 내용을 전면적으로

라도의 계율(誰でもの戒律)'이라는 명칭을 사용해 『본소』에서의 '일체중생실유불성'을 설명한다.

참조하였다고 하여,[4] 법장이 원효의 주석을 인용한 것을 밝히고 있다. 그리고 『범망경』의 게송의 앞부분인 '아금노사나我今盧舍那, 방좌연화대方坐蓮華台'(T24.1003c29)에서의 불신론佛身論과 『화엄경』의 그것과의 관계에 대해 "법장은 이 노사나불이나 천석가, 백천억석가 등의 『범망경』 독자의 불신론과 『화엄경』의 그것을 엄밀히 구별하여 해석하지만, 원효는 천태, 의적, 승장, 태현과 같이 『화엄경』의 불신론, 즉 비로자나불의 세계를 『범망경』의 노사나불의 내용에 적극적으로 포함시키고 있다"(1991:573)고 하여, 원효와 법장의 『범망경』과 『화엄경』에 대한 교판의 차이를 지적하고 있다.[5] 그러나 요시즈 요시히데는 이어서 법장은 확실히 『화엄경』만을 일승교로 보지만, 『범망경』을 삼승이라고도 하지 않는다.[6] 또한 오종성

---

4 요시즈 요시히데(1991:592)는 "법장소 권3 '初篇自讚毀他戒第七'의 제7경중은 '一約境, 二約言, 三約對, 四約損, 五約心, 六約行'의 여섯 개로 나뉘어 설명되는데, 그 중 '五約心'과 '六約行'(大正藏四〇·六二八中-六二九上)에는 『持犯要記』의 '一輕重門'(續藏六一·一八三右上 - 一八五右下)이 전면적으로 참조되어 있다"고 한다. 이러한 법장의 『본소』에 나타난 원효의 『요기』의 인용에 대해서는 이시이 코우세이(1984:403)와 김상현(2000:178-200)도 요시즈 요시히데와 같은 견해를 나타내고 있다.

5 실제로 법장의 경우는 『범망경』의 '我今盧舍那'의 주석에서 "五依華嚴經, 無成無不成. 故盧舍那一切處皆實身成佛.: 다섯째는 『화엄경』에 의하면 이뤄지는 것도 없고 이뤄지지 않는 것도 없다. 그렇기에 노사나는 모든 곳에서 모두 참된 몸으로 성불한다"(T40.606a08)고 설명한다. 또한 '方坐蓮華台'에서는 "故華嚴中大蓮華座不言葉數, 但云一一華葉皆遍法界: 그렇기에 『화엄경』의 대연화좌는 연잎수를 말하지 않고, 단지 '하나 하나의 연꽃잎은 모두 법계에 두루하다'고 하는 것이다"(T40.606b08)라고 설명한다. 이처럼 법장은 『범망경』과 『화엄경』을 구별하며 게송의 내용에 해당하는 『화엄경』의 경문을 인용하여 그것을 토대로 『범망경』을 설명한다. 그러나 원효의 경우는 '方坐蓮華台'의 주석에서 『화엄경』을 인용하여 연화장세계를 소개하고, 그것을 그대로 『범망경』의 연화장세계에 사용하고 있다.

6 요시즈 요시히데는 법장의 『범망경』에 대한 교판에 대해 "법장은 『범망경』을 삼승의 분제(分齊)라고 생각하기 때문이다"(1991:323)라고 한다. 또한 "지엄이 『화엄경』은 일승, 『범망경』이나 『본업경』은 삼승이라고 한 입장을 계승하고 있는 것은 틀림없으나, 법장은 『범망경』을 삼승이라고는 말하지 않는다. 이는 앞에서 확인했듯이 그가 본 경에 상응하는 기근을 오성 전체에까지 허용하여 삼승이라고 한정할 수 없기 때문일 것이다"(1991:614)라고 하여, 법장은 『범망경』을 삼승이라고 확실하

五種性 전체에 실천의 가능성을 제시하여, 삼취정계를 통해 대소승이 수계할 수 있다고 말한다.[7] 그리고 법장이 삼취정계를 중시하여 정신적인 부분을 강조하는 것은 원효와 같다고 설명한다.[8] 또한 법장은 유가계를 권교라고 보기 때문에 실교인 『범망경』의 주석에 사용할 수 없었다고 하여, 법장이 유가계를 중시하지 않았다고 한다.[9] 그리고 법장의 이러한 『범망경』의 주석은 어디까지나 "얼마나 화엄이 대단한 것인가를 나타내는 것임과 동시에, 유가유식학파 등의 다른 학파가 얼마나 낮은 가르침인가라는 것"(1991:625)을 말하고 있는 것이라고 설명한다.

이시이 코우세이(石井公成)는 「법장의 『범망경보살계본소』에 대해서(法藏の『梵網經菩薩戒本疏』について)」(1984)와 「법장의 『범망경보살계본소』에 보이는 생명관(法藏の『梵網經菩薩戒本疏』に見える生命觀)」(1989)에서,

---

게 정의하지 않았다고 설명한다. 그러나 이러한 요시즈 요시히데의 견해를 그대로 인용하고 있는 석길암은 "법장은 분만(分滿)의 차이가 있기는 있으나, 원효가 일승교에 배당한 『범망경』을 삼승교에 배당하는 것으로써 원효의 일승의를 비판하였다고 한다"(2007:22)라고 설명한다. 이는 요시즈 요시히데와 석길암 사이의 이해의 차이로 인해 생겨난 견해라고 생각된다.

7 요시즈 요시히데(1991:613-614)는 "법장의 기근론은 사분율의 입장에 삼취정계를 도입하여 '분(分)'으로 대승에 통한다'고도 하며, … 도선은 칠중계도 대승계에 통한다고 하고, 법장은 대승계도 이승인이 수지할 수 있다고 하여, 방향은 정반대이지만 두 사람이 대소양승(大小兩乘)이라는 넓은 범위에 서 있는 점에서는 공통되며, 특히 의적이나 승장과는 대립한다. … 법장이 『범망경』의 계율을 다른 사람들처럼 보살인의 것이라고 한정하지 않고, 오성 전체가 실천 가능한 것이라고 하여 어떤 누구라도 실천할 수 있다고 한 것은 세간에 널리 『범망경』을 개방한 것이라고 말할 수 있으나, 그 해석의 곳곳에 중국의 현실과 타협한 자세가 보이는 결과가 된 것이다"라고 한다.

8 요시즈 요시히데(1991:617-618)는 "정신성의 강조란, 삼취정계 중 섭율의계에 칠중계를 배당하는 것에 구애받지 않고, 단지 삼취정계를 한결같이 칭송하는 것이다. 그럼 법장은 그 두 부류의 어디에 속하는 것일까. 분명히 원효와 의적의 계통에 속한다고 말할 수 있을 것이다". 그리고 "섭율의계를 십중금계로 한정하면 천태나 승장의 노선인 것이지만, 법장의 역점은 십중금계가 삼취정계에 통한다는 쪽이기에 원효나 의적에 근접한 것이 된다"고 한다.

9 요시즈 요시히데(1991:617)

법장은 『화엄경』과 함께 보살계, 특히 『범망경』을 중시했던 것을 강조하며 『본소』의 특징을 설명한다. 우선 「법장의 『범망경보살계본소』에 대해서」에서는 법장이 비색비심설非色非心說과 종자계체설種子戒體說을 설한 것과, "법장이 인용하는 소승 율의 문장의 대부분은 이미 도선의 저작 중에 인용되어 있다"(1984:401)는 것 등을 통해 남산도선(南山道宣, 596-667)과의 관계를 논하고 있다. 또한 스승인 지엄(智儼, 602-668)이 『범망경』을 삼승으로 분류한 것과 달리 법장이 『범망경』을 중시했던 것은 법장 개인의 판단에 의한 것이라고 한다. 그리고 "법장의 목적은 보살계를 중국 사회에 무리없이 받아들여지게 하는 것이었다고 말할 수 있다. '효孝'를 역설하여 죽은 자의 명복을 비는 것(追善)을 설하는 『범망경』은 법장에 의해 반국가적인 요소를 완전히 제거하여 이윽고 중국적인 경전이 된 것이다"(1984:402)라고 하여, 법장이 『본소』를 저술한 목적에 대해 논한다.

다음으로 「법장의 『범망경보살계본소』에 보이는 생명관」에서, 『본소』는 "『오교장』과 같은 초기의 저작이 아닌 국가의 권력자와 깊은 관계를 가졌던 시대의 저작이었던 것이 틀림없다"(1989:125)고 하여, 법장의 주석에 당시의 시대적 배경과 함께 국가권력과의 관계가 있는 것을 지적하고 있다. 그리고 『본소』에서 선심과 무기심에 의한 범계에 대해 업이 생겨서 과보를 받는다고 설명한 이유는 "유가계나 『범망경』의 유행에 의해 보살의 살생을 지나치게 당연시하는 풍조, 또는 신역 경론에 의하면 무기의 경우는 용서된다고 되어 있는 것 등 단순히 말만으로 그쳐 버리는 학문적 풍조에 반발하여 업의 미묘함을 강조하려고 했던 것이다"(1989:126)라고 하여, 범계에 대한 법장의 견해를 설명하고 있다. 또한 앞의 연구와 같이 법장은 '효'를 중시하였으나, 그 설명에는 일체중생이 나의 자식이었을 가능성에 대해서는 전혀 언급하지 않고, 나의 부모였던 것만을 강조해서 『범망경』을 중국 사회에 맞게 주석하여 정착시켰다고 설명한다.[10]

이상의 연구를 토대로 최원식과 김상현은 다음과 같이 원효와 법장의 영향관계를 설명한다. 우선 최원식은 『신라보살계사상사연구』(1999:95-100)에서, 교판에서의 『범망경』의 위치에 대해 법장은 모든 경전을 화교化教와 제교制教로 나누어, 『범망경』은 생활을 규제하는 제교에 속한다고 하여 『화엄경』과 『범망경』을 엄밀하게 구분해 『화엄경』의 우월성을 강조하고 있다. 이에 비해 원효는 사교판四教判에서 『범망경』을 일승교로 분류하여 일승만교인 『화엄경』과 같은 일승교로 분류한다. 그러나 두 사람은 유가계를 『범망경』보다 낮은 가르침으로 보는 점, 범망계의 정신성을 강조하는 점, 범계에 대한 무범의 판단 등에서는 같은 경향을 보인다. 결론

10　이시이 코우세이(1989:134)는 "인도 경론에서는 일체중생은 나의 부모였다고 설하는 것만이 아닌, 일체중생은 나의 자식이었다고도 설하는 것이 적지 않다. 무한의 윤회를 생각하면 당연히 이렇게 말하게 되는 것이지만, 법장은 승장과 달리 그러한 내용의 경론은 인용하지 않고 언급도 하지 않는다. 『범망경』의 해석으로서는 불필요하며, 그것을 강조하게 되면 중국의 최고 원리인 효가 흔들리게 되고, 또한 군신관계에 적용해도 위험하기 때문이다. 불교에 대한 비판을 일으킬 수 있는 해석은 될 수 있으면 피해야 했고, 효심이 두터웠던 법장의 경우는 그러한 (저자추가: 인도식 효에 대한) 실감이 없었는지도 모른다"고 설명한다.

적으로 교판의 차이에 의해 원효와 법장의 사이에는 『범망경』에 대한 근본적 시각의 차이가 있기에 원효가 법장의 주석에 이렇다 할 영향을 미치지 못한 것으로 보아야 한다고 주장한다.[11]

　다음으로 김상현은 『원효연구』(2000:179-180)에서, 일본 남도반야사南都般若寺 진원眞圓의 『보살계본지범요기조람집菩薩戒本持犯要記助覽集』 2권(1282년 찬술, 이하 『조람집』)에 법장의 『본소』가 8번 인용되어 있는 것에서 법장에게 원효의 영향이 있었던 것을 논하고 있다. 특히 전술의 요시즈 요시히데의 설을 인용하여 법장이 십중계의 제7자찬훼타계를 주석하며 원효의 『요기』의 '경중문'을 인용한 것을 지적한다. 또한 법장은 『요기』의 자찬훼타의 사종차별[12]을 거의 그대로 참조하여 『본소』에 채용하였는데, 법장은 어디에도 그 전거를 밝히지 않았다고 주장한다.

11　또한 최원식은 법장의 『본소』에 원효의 영향을 받은 예를 선뜻 꼬집어 낼 수 없다고 주장한다.
최원식(1999:100): "중국 華嚴宗의 法藏 역시 범망경에 관한 주석서를 지었는데 원효를 인용하거나 원효의 영향을 받은 예를 선뜻 꼬집어 낼 수 없다. … 兩者間에는 범망경을 바라보는 시각이 근본적으로 차이가 있었다고 해야 할 듯하다. 그러므로 원효는 법장의 범망경 주석에 이렇다 할 영향을 미치지 못한 것으로 보아야 할 듯하다."

12　『요기』에 설해져 있는 자찬훼타의 사종차별은 다음과 같다.
於一讚毀, 有四差別. 若爲令彼赴信心故, 自讚毀他, 是福非犯. 若由放逸無記心故, 自讚毀他, 是犯非染. 若於他人, 有愛恚心, 自讚毀他, 是染非重. 若爲貪求利養恭敬, 自讚毀他, 是重非輕. (T45.918c08)
하나의 찬훼에는 네 가지 차별이 있다. 만약 상대에게 신심을 일으키기 위해서 자찬훼타를 한다면, 이는 복이지 범계가 아니다. 만약 방일이나 무기심에 의해 자찬훼타한다면, 이는 범계이나 (번뇌에) 물든 것은 아니다. 만약 다른 사람에 대해 좋아하거나 미워하는 마음이 있어서 자찬훼타를 한다면, 이는 (번뇌에) 물든 것이나 중죄가 아니다. 만약 이양과 공경을 받기 위해서 자찬훼타를 한다면, 이는 중죄이지 경죄가 아니다.

3.3. 계율관의 비교

3.3.1. 원효의 계율관

본 장에서는 원효와 법장의 계율관과 계체론을 비교하여 두 사람이 어떠한 관점에서 『범망경』을 주석했는가를 확인하겠다. 우선 원효의 『요기』와 『사기』에 나타난 계율관을 확인하고,[13] 이어서 법장의 계율관과 비교하여 두 사람의 관계성을 밝히겠다.

3.3.1.1. 『요기』의 계율관

원효는 『요기』의 서분에서 "보살계란 흐름을 되돌려 근원으로 건너가는 나루터이며, 삿된 것을 멀리하고 바른 길로 나아가는 중요한 문이다"[14]라고 보살계를 정의한다. 보살계를 근원으로 되돌아가기 위한 나루터라고 정의하고 있듯이, 계는 깨달음에 이르기 위한 방편에 지나지 않는다. 그렇기에 그 계의 상에 집착해서는 안 되며, 계의 유무에도 집착해서는 안 되는 것이다. 그러나 한편으로 원효는 '구경지범문究竟持犯門'에서 계의 존재성에 대해서 적극적으로 설명한다.

---

[13] 본 장의 내용은 법장과의 비교를 위해 제2장의 '2.3.2. 원효의 계체론'의 내용을 간략하게 정리한 것이다.

[14] 菩薩戒者, 返流歸源之大津, 去邪就正之要門也. (T45.918b06)

戒不自生, 必託衆緣. 故決無自相. 即緣非戒, 離緣無戒. …而託
衆緣, 亦不無戒. 非如兎角, 無因緣故. (T45.921a13)

계는 스스로 생겨나지 않는다. 반드시 많은 인연에 의지한
다. 그렇기 때문에 결코 스스로의 모습이 없다. 즉 인연이 계
가 아니지만, 인연을 떠나면 계는 존재하지 않는다. … 그러
나 많은 인연에 의하면 또한 계가 없는 것도 아니다. 토끼뿔
과 같이 인연조차 없는 것이 아니기 때문이다.

계란 그 계목이 제정된 인연에 의해 존재성이 확립되는 것으로,
그 인연으로부터 멀어지면 계는 존재성을 잃게 된다. 원효는 이러
한 계의 존재성을 '토끼뿔(兎角)'에 비유하며 계는 성립인연조차 없
는 것은 아니라고 한다.

이는 중생이 계의 유무에 집착하는 것을 방지하기 위한 설명으
로, 만약 계를 유무로 나누어 계가 없다고 한다면 계의 작용의 모
습(事相)을 부정하여 계 그 자체가 없는 것이 되기에 계는 어기지 않
지만 영원히 계를 잃게 된다. 그리고 계가 있다고 한다면 계를 지
니는 것이기는 하지만, 계의 모습(戒相)에 집착하는 것이 되기에 계
의 참된 모습(實相)에 반하는 것이 된다.[15] 이처럼 계는 그 모습(相)이

---

15 若於此中, 依不是有, 見都無者, 雖謂無犯, 而永失戒. 誹撥戒之唯事相故. 又於此中, 依其不無, 計是
有者, 雖曰能持, 持即是犯. 違逆戒之如實相故. (T45.921a17)
만약 이 중에 있는 것이 아니라는 것에 의해 모든 것이 없는 것이라고 생각한다면, 어긴 것이 없더
라도 영원히 계를 잃는다. 단순히 계의 작용의 모습(事相)만을 비방하기 때문이다. 또한 이 중에 없
는 것이 아니라는 것에 의해 있는 것이라고 생각한다면, 계를 잘 지니고 있다고 하더라도 지니는

있는 것도 없는 것도 아닌 인연에 의해 성립된 중도묘유의 방편상인 것이다. 그리고 원효는 이러한 계의 참된 모습을 이해했을 때 비로소 '계바라밀戒波羅蜜'을 구족하게 된다고 설명한다.[16]

이상의 내용과 같이 원효가 『요기』에서 설하고 있는 계는 모든 불보살의 본원이면서도 어떠한 형태로 존재하는 것이 아닌 유무를 떠난 중도이고 인연에 의해 생겨나는 묘유의 상태이다. 그렇기에 그 참된 모습을 바르게 이해하고 그것에 집착하지 않으며 자리이타의 보살행을 행했을 때 비로소 보살은 계바라밀을 구족하게 되는 것이다.

3.3.1.2. 『사기』의 계율관

『범망경』 하권의 주석서인 『사기』에서는 삼취정계를 보다 적극적으로 도입하여 『범망경』의 보살계를 설명한다. 우선 원효는 삼취정계의 삼덕목三德目의 구족에 의해 삼덕과三德果를 얻고, 그 삼덕과에 의하여 정각보리과正覺菩提果에 이르게 된다고 설명한다.[17] 즉,

---

것이 곧 어기는 것이 된다. 계의 여실한 모습에 어긋나기 때문이다.

[16] 由是巧便深智方便, 永忘三輪, 不墮二邊, 方趣具足戒波羅蜜. 如經言, 罪非罪不可得故, 應具足戒波羅蜜. (T45.921a24)
이 오묘하고 깊은 지혜의 방편에 의해 영원히 삼륜(身口意)을 여의고 이변에 떨어지지 않으며 비로소 계바라밀의 구족을 이룬다. 『대품반야경(大品般若經)』에서 설하듯 죄와 죄가 아님을 얻을 수 없기 때문에 응당 계바라밀을 구족하는 것이다.

[17] 此三聚戒者, 律儀戒者, 爲斷德目, 攝正法戒者, 爲智德目, 攝衆生戒者, 爲恩德目. 此三目故得成三德

삼취정계의 구족에 의해 불보살의 과에 이르게 되는 것이다.

이러한 삼취정계에 의한 원효의 설명은 『범망경』 본문의 주석에
도 나타나 있다. 원효는 '작불作佛'과 '성불成佛'을 지계에 의해 성취
하는 것이라고 설명하며, 삼취정계를 『범망경』과 같은 것으로 인
식하여 지계를 보살의 불도수행의 근본(因)으로 보았다.

> 汝是當作佛者, 由持戒故, 能有成佛之因故, 因定果故, 名當作
> 佛. 我是已成佛者, 示我由三聚戒故旣得成佛也. (X38.277b19)

'그대는 마땅히 부처가 된다(作佛)'는 것은, 지계에 의해 성
불의 원인이 있기 때문에 원인이 결과를 정하여 마땅히 부
처가 된다고 한 것이다. '나는 이미 부처가 되었다(成佛)'고 하
는 것은, 내가 삼취계에 의해 이미 성불을 이룬 것을 나타내
는 것이다.

그리고 『범망경』은 마음인 불성을 정인正因으로 하는 것으로, 원
효는 '일체유심자一切有心者'의 주석에서[18] 『열반경』의 '일체중생실

果. 故言由此成正覺. 合三德而爲正覺菩提果故. (X38.277a05)
이 삼취계에서 율의계는 단(斷)의 덕목이고, 섭정법계는 지(智)의 덕목이며, 섭중생계는 은(恩)의 덕
목이다. 이 삼덕목에 의해 삼덕과를 이룰 수 있다. 그렇기 때문에 이것에 의해 정각을 이룬다고 하
는 것이다. 세 가지의 덕을 합쳐 정각보리과라고 하는 것이다.

[18] 初言一切有心者, 論佛性正因. 謂如涅槃經云, 一切衆生凡有心者, 當得阿耨多羅三藐三菩提故. 凡
有心者, 有二種心. 謂一者眞如心. …二者心生滅心. …衆生皆有如是二種心, 故名一切有心者.
(X38.277c03)
처음에 말한 '일체유심자'란 불성이 정인인 것을 논한다. 『열반경』에서 "일체의 중생, 무릇 마음이
있는 것은 마땅히 아뇩다라삼먁삼보리를 얻는다. 무릇 마음이 있는 것에는 이종심이 있다. 첫째는

유불성'에 진여심과 생멸심의 이종심을 사용하여 자신의 성불론을 설명한다. 그에 따르면, 중생에게는 청정한 진여심이 본래 내재되어 있는 한편, 생멸심도 동시에 내재되어 있기 때문에 불성을 발견해 현현하지 못하는 것이다. 그렇기에 신심과 지계의 원인을 통해 생멸심을 제거하여 진여심을 현현시키지 않으면 성불의 결과에 이를 수 없다. 그리고 계는 불성인 마음이지만, 지계를 하기 위해서는 수계에 의해 계를 현현시키지 않으면 안 된다. 이는 중생이 진여심만을 의지하여 방일에 떨어지는 것을 방지하지 위한 설명인 것이다.

그리고 원효는 『범망경』의 수계자에 대한 '화인化人'의 설명에서 천, 용, 신과 무색계인까지도 포함시켜서 대승에서의 일체인의 수계를 허용하고 있다.[19] 또한 소승인이 대승으로 귀의한 경우에 대해서는 『유가론』을 인용하여, 보살성인은 십신十信에 들어가면 불퇴전위不退轉位를 얻지만, 소승인은 십해十解에 이르러 불퇴전위를 얻을 수 있다고 설명한다.[20] 소승인에 대해서는 다소의 제한을 두

진여심 … 둘째는 생멸심이다. … 중생에게는 모두 이와 같은 이종심이 있기에 '일체유심자'라고 이름한다"고 말한다.

19 化人者, 天龍神等及化來受菩薩戒人等. 問無色界人者, 何以故非列耶. 答亦得言変化. 以攝許上. 皆大乘中得受戒. 若小乘遮難所攝. (X38.279c22)
화인이란 천, 용, 신 등과 또한 변화하여 보살계를 받은 사람 등이다. 묻기를, 무색계인은 어찌하여 포함되어 있지 않은가? 대답하길, 역시 변화인이라고 할 수 있다. 위의 예에 포함된다. 모두 대승 속에서 계를 받을 수 있다. 만약 소승이라면 포함되기 어렵다.

20 若依瑜伽論, 通此文者. 若菩薩性人入十信者, 始入第一信時即得不退. 若二乘性人迴小入大者, 十信位中未入不退位. 亦未入於三僧祇數. 到於十解位, 方得入不退位. 亦得入於三僧祇數. (X38.278c15)
만약 『유가론』에 의하면 이 내용이 통한다. 만약 보살성인이 십신에 들어간다면 처음의 제1신에 들어갔을 때 바로 불퇴전위를 얻는다. 만약 이승성인이 소승에서 대승으로 들어온다면 십신위 중

고 있지만, 원효는 『범망경』의 수계자를 변화인과 소승인까지도 포함한 일체인이라고 정의한다.

그리고 '차방석가서此方釋迦序'의 '비색비심非色非心'에서 다음과 같이 계는 물질(色)에 의한 것도 마음(心)에 의한 것도 아니라고 설명한다.

> 非色非心者, 以防非止惡義爲戒故. 此戒者雖從色生而非爲色, 雖從心生而非爲心. 故言非色非心. (X38.279a14)

'비색비심'이란 방비지악의 의미(義)를 계로 삼는 것이다. 이 계는 물질(色)에 의해 생겼으나 물질이 되는 것이 아니고, 마음(心)에 의해 생겼으나 마음이 되는 것이 아니다. 따라서 '비색비심'이라고 한다.

계는 그것을 제정한 인연에 의해 생기는 것이다. 그러나 그 제정 인연도 단지 인연일 뿐 그 인연과 계가 하나가 되어 어떤 존재로서 자성을 갖는 것이 아니다. 즉 『요기』의 설명과 같이 계는 인연에 의해 생기지만, 그 인연으로부터 멀어지면 계라는 존재성도 사라지는 묘유의 상태로 존재하는 것이다. 이러한 설명은 '비유비무非有非無'에서 보다 상세하게 논해진다.

에서는 아직 불퇴전위에 들어가지 못한다. 또한 삼아승지겁에도 들어가지 못한다. 십해위에 이르렀을 때 비로소 불퇴전위를 얻을 수 있다. 또한 삼아승지겁에도 들어갈 수 있다.

非有非無者, 現戒離邊中道. 論戒體者, 從因緣生故. 推求於因
緣戒自性, 不可得, 故非有. 從因緣生戒雖非有, 而不同於兔角無.
故言非無. (X38.279b07)

'비유비무'란 계가 양변을 떠난 중도인 것을 나타낸다. 계체를 논하면 인연에 따라서 생긴 것이다. 그러나 인연에서 계의 자성을 찾아도 얻을 수 없기에 '비유'라고 한다. 인연에 의해 생긴 계는 있는 것은 아니지만 토끼뿔이 없는 것과는 같지 않다. 그러므로 '비무'라고 한 것이다.

유무의 양변을 떠난 계는 중도의 상태로서 어떠한 자성도 지니고 있지 않은 것이다. 그러나 이는 토끼뿔과 같이 처음부터 인연조차 없는 것은 아니다. 이 비유는 『요기』에서도 인용된 것으로, 원효가 대승의 계체론에서 계의 자성을 부정함과 동시에 인연에 의해 성립되는 점을 강조할 때 사용되는 논리이다.

그리고 계를 유무로 나누어 집착하는 것은 『요기』의 설명과 같이 양쪽 다 잘못된 이해로서 어느 쪽이든 계를 어기고 잃게 된다.[21]

---

[21] 大品經云, 罪不罪不可得故, 是名具之尸羅波羅蜜故. 若有人執非無門而爲有者, 雖戒不失, 而不知戒實相, 故即成犯. 若有人執非有門而爲計無者, 戒因果法誹機故, 即成失戒. 爲欲離此二邊, 契會中道. 故言非有非無也. (X38.279b13)
『대품경』에서 "죄와 죄가 아닌 것을 얻을 수 없기에 이를 시라바라밀을 갖추었다고 말하는 것이다"라고 한다. 만약 어떤 이가 계는 없는 것이 아니기에 있는 것이라고 집착한다면, 비록 계를 잃지는 않지만 계의 참된 모습을 모르기 때문에 계를 범한 것이 된다. 만약 어떤 이가 계는 있는 것이 아니기에 없다고 생각해 집착한다면, 계의 인과법을 어긴 것이기에 즉 계를 잃게 된다. 이 양변을 멀리하기 위해 중도에 합치한다. 그렇기에 '비유비무'라고 하는 것이다.

이러한 계는 유무를 떠난 중도이며, 인연에 의해 성립된 묘유이다. 그리고 계는 공덕으로서 불과佛果를 낳는 것이기에 불과를 얻기 위해서는 지계를 해야만 한다.[22] 즉 원효에게 있어서 계는 존재성의 유무를 떠난 중도이고, 인연에 의해 생겨난 묘유의 상태로 작용하여 불과를 낳는 것이다.

그리고 원효는 『범망경』의 계는 체를 종자로 하여 나타나지만 체에 가립한 것이 아닌 종자와 하나가 되어 체를 받치고 있는 본래 체와 다른 것이 아니라고 설명한다.[23] 즉 원효는 계를 어떠한 실체도 없는 단순한 가립의 것이 아닌 실제로 존재성을 지니고 있는 것으로 인식하였다. 그러나 그 계는 인연에 의해 생겨나 유무의 양변을 떠난 중도묘유의 존재이다. 또한 '일득영불실'로서 체를 잃더라도 본래 체와 다른 것이 아니기에 영원히 존속하는 것이다.

---

22 能生佛果者, 是戒家中功德義. 能防非者, 是功德家中戒義. 是故戒家功德義, 方得能生佛果. 是因果義. (X38.279b21)
능히 불과를 낳을 수 있다는 것은 계 속의 공덕의 의미이다. 능히 바르지 않음(非)을 막는 것은 공덕 속의 계의 의미이다. 이와 같이 계와 공덕의 의미가 바야흐로 능히 불과를 낳는 것이다. 이것이 인과의 의미이다.

23 問, 種子家中防非義爲戒者, 種子以上假立耶, 不爾. 答, 種子上不假立. 擧體爲種子, 亦擧體爲戒. 問, 若爾者, 失戒時生後種子亦失耶. 答, 雖體無異, 而種子家中戒門全滅, 戒家種子門擧體不滅. 譬如水與浪, 雖元異體, 而風息時, 浪門以全滅, 而水門者全不滅. (X38.279b24)
묻기를, 종자 속에 바르지 않은 것(非)을 막는 의미가 계가 된다는 것은, 종자의 위에 가립한 것인가, 그렇지 않은 것인가? 대답하길, 종자의 위에 가립한 것이 아니다. 체를 들어 종자가 되고, 또한 체를 들어 계가 된다. 묻기를, 만약 그렇다면 계를 잃을 때에 뒤에 생긴 종자도 또한 잃는 것인가? 대답하길, 체가 다른 것이 아니기에 종자 속에서는 모두 멸하지만, 계 속에서는 종자가 체를 들고 있기에 멸하지 않는다. 예를 들면 바닷물과 파도와 같이 본래 체가 다른 것이지만 바람이 그칠 때에 파도는 멸하나 바닷물은 전혀 멸하지 않는 것과 같다.

3.3.2. 법장의 계율관

법장은 『본소』의 '시본행^{示本行}'에서, 계는 일체제불의 본원이며 보살도의 근본이라고 정의하고, 이 계법이 없다면 보살은 성불할 수 없다고 한다.

> 一切諸佛之本源, 行菩薩道之根本. 又云, 一切菩薩已學今學當學. 解云, 若無此戒法無一菩薩得成佛道. (T40.602c07)
>
> 일체제불의 본원이며 보살도를 행하는 근본이다. 다시 말하길 "일체보살이 이미 배웠고, 지금 배우며, 마땅히 배울 것"이라고 한다. 해석하면, 만약 이 계법이 없다면 한 명의 보살도 불도를 이룰 수 없다.

계는 부처가 대보리심을 일으킨 사람을 위해 보살학처를 제정하여 수행의 길을 나타낸 것이다. 그렇기에 보살은 이 계를 수행의 지침으로 삼아 깨달음에 이르기 위한 수행을 해야만 한다.[24] 그리고 법장은 보살이 이 계를 버렸다면 어떤 수행을 하였더라도 그것

---

[24] 謂如來出世, 若不顯此菩薩毘尼, 諸有情初發大菩提心者而未能知, 何等應作, 何等不應作, 而進行無依. 是故要當制立菩薩學處, 令知進修. (T40.602c09)
여래가 세간에 나오시며, 만약 이 보살의 비니(계율)를 나타내지 않았다면 모든 유정 중에서 처음으로 대보리심을 일으킨 이는 무엇을 해야 하는지, 무엇을 해서는 안 되는지를 모르는 채로 의지처도 없이 나아가게 된다. 이런 까닭에 반드시 보살학처를 제정하여 (그것을) 알고 나서 수행에 나아가야 한다.

은 짐승(禽獸)과 다를 것이 없다고 하여 보살의 수행에서의 계의 중요성을 강조한다.

> 智論十三云, 譬如無足欲行, 無翅欲飛, 無船求渡, 是不可得. 若無戒欲求好果, 亦復如是, 若人棄捨此戒, 雖居山苦行食果服藥, 與禽獸無異. (T40.602c13)

『대지도론』 권13에서 말하길 "예를 들어 발 없이 가려고 하거나, 날개 없이 날려고 하거나, 배 없이 건너려고 하는 것은 불가능한 것이다. 만약 계 없이 좋은 결과를 구하려는 것도 또한 이러한 것으로 만일 사람이 이 계를 버렸다면 산에 살면서 고행하고 과일만을 먹고 (불로불사의) 약을 복용하였다 하더라도 금수와 다름이 없는 것이다"라고 한다.

즉 법장에게 있어서 계는 대보리심을 일으킨 보살이 반드시 지녀야 할 근본이며, 성불에 이르기 위한 절대조건이다. 따라서 보살이 지계를 하지 않거나 계를 버렸다면 보살로서의 자격을 잃은 것이 되어 결코 성불할 수 없는 것이다.

그리고 법장은 "십계의 하나하나가 모두 삼취정계를 갖춘다"(T40. 609c09)[25]고 하여, 『범망경』의 십중계가 삼취정계라고 정의한다. 또한 『본소』의 '종취宗趣'의 설명에서 삼취정계는 깨달음의

---

25 是故十戒一一皆具三聚. (T40.609c09)

원인(因)이며 『범망경』의 근본(宗)으로서 일체제불은 이 삼취정계에 의해 세간에 출현하게 된다고 설명한다.

此菩薩三聚淨戒, 旣爲道場直路種覺圓因. 是故一切諸佛出興 于世利樂衆生, 皆依古法. 法爾初時結於菩薩波羅提木叉爲宗本 之要. (T40.602b26)

이 보살의 삼취정계는 이미 도량의 곧은 길이고 일체종지 의 원만한 원인이다. 이런 까닭에 일체제불이 세간에 출현하 여 중생을 이익되고 즐겁게 하는 것은 모두 옛 법에 의지하 였다. 법에 따라 처음에 보살의 바라제목차를 결집하여 근본 토대의 요체로 하였다.

또한 보살은 삼취정계에 의해 대서원을 일으키고 그 서원을 성 취해야 한다고 설명한다. 그러한 삼취정계에 대해 보살의 바라밀 행은 모두 삼취정계를 구족하고 있고, 이 삼취정계에 의해 회향심 을 일으키게 되는 것이기에 보살만행의 근본(宗)이라고 논한다.

創起大誓要期三聚, 建志成就. (T40.604a21)

처음으로 대서원을 일으킬 때 삼취정계를 목표로 하여 뜻 을 세우고 성취해야 한다.

諸菩薩波羅蜜行莫不具足三聚. 所謂發三聚心, 修三種行, 成三

迴向. 菩薩萬行莫過於此. 故以爲宗. (T40.604b05)

　　모든 보살의 바라밀행은 삼취정계를 구족하지 않은 것이 없다. 이른바 삼취정계의 마음을 일으켜 세 가지의 행(계, 정, 혜)을 닦아 세 가지 회향(보리, 중생, 실제)을 성취한다. 보살의 만행에 이것보다 뛰어난 것이 없다. 그렇기에 근본(宗)이라고 한다.

持此三戒增長三學, 成就三賢十聖等位, 究竟令得三德三身無礙佛果. 是意趣也. 謂一律儀離過顯斷德法身, 二攝善修萬行善以成智德報身, 三以攝衆生戒成恩德化身故也. (T40.604b08)

　　이 세 가지 계를 수지하여 삼학을 증장하여 삼현십성 등의 지위를 성취하고, 구경에 세 가지 덕(단, 지, 은)과 세 가지 몸(법신, 보신, 화신)의 무애한 불과를 얻게 한다. 이것이 뜻의 취지이다. 즉 첫째로 섭율의계는 허물을 멀리하여 단덕의 법신을 나타낸다. 둘째로 섭선법계는 만행의 선을 닦아서 지덕의 보신을 이룬다. 셋째로 섭중생계로 인해 은덕의 화신을 이루기 때문이다.

　　이처럼 법장은 보살이 삼취정계로 인해 보리심을 일으키고, 그것을 토대로 보살행을 닦아 서원을 성취하면 불과에 이르게 된다고 한다. 이러한 설명은 『범망경』의 계체가 발심에 의해 나타나는 것임을 설명하는 것이기도 하다. 법장은 불성의 존재를 믿기 때문에 당래에 성불할 수 있으며, 이 믿음을 일으키는 것에 의해 보리심을 발현하게 되고, 그것이 계를 얻는 것이라고 한다.

 (T40.607a08)

자신에게 불성의 법이 있는 것을 믿기에 이것은 곧 반드시 당래에 성불한다는 의미이다. … 이 믿음을 일으키면 곧 진리에 들어가는 보리심을 일으키게 된다. 이 때문에 이 마음이 곧 계를 얻는다. 그렇기에 『무구칭경』에서 "보리심을 일으키면 즉 이것이 출가이며, 이것이 바로 비구의 성품을 구족하게 되는 것이다"라고 한다.

법장은 발보리심에 의해 마음에 계가 얻어진다고 설명한다. 즉 심법계체와 같이 마음이 즉 계인 것이 아니라 별개의 계가 있어서 그것이 마음에 얻어진다는 설명이다.

그러나 『범망경』의 수계자에 대한 설명에서 '일체중생실유불성'을 통해 마음이 있는 자는 누구라도 불성이 있기에 계를 받을 수 있다고 한다. 즉 계는 불성에 의해 생겨나는 것이고, 불성은 마음이기 때문에 『범망경』은 즉 불성계가 되는 것이다.

凡諸有心皆有佛性. 有佛性故堪爲道器. 故云攝佛戒也. 又前
是當成之佛, 據佛性體也. 此明有心之者皆攝佛戒, 是佛性用也.

(T40.607a16)

　무릇 모든 마음이 있는 이는 모두 불성이 있다. 불성이 있기 때문에 보살도의 그릇이 될 수 있다. 그렇기에 "불계를 받으라"고 하는 것이다. 또한 앞에서 '당래에 이룰 부처'라고 한 것은 불성의 체에 의한 것이다. 여기서 "마음이 있는 이는 모두 불계를 받는다"고 한 것은 불성의 작용을 밝힌 것이다.

　그러나 법장은 다음과 같이 계의 자성에 대해 계는 무자성이며 인연에 의해 생겨난다고 설명한다. 즉 계는 자성이 없지만 보리심의 발심을 인연으로 하여 생겨나는 묘유의 상태이다.

> 明戒無自性起藉因緣. 謂此戒法既從因緣必無自性. 無自性戒名爲戒光. 以佛說爲緣, 機感爲因. 或師授爲緣, 菩提心爲因, 無自性戒方得發起. 故云有緣非無因也. (T40.607c19)

　계는 무자성으로 인연에 의해 일어나는 것을 밝힌다. 이 계법은 이미 인연을 따르고 있기에 반드시 자성이 없는 것이다. 무자성의 계를 이름하여 '계광'이라고 한다. 부처님의 말씀을 연으로 하고 근기의 감응을 인으로 한다. 혹은 스승의 가르침을 연으로 하고 보리심을 인으로 하여 무자성의 계가 비로소 일어날 수 있는 것이다. 그렇기에 '유연비무인(연이 있고 인이 없지 않다)'이라고 하는 것이다.

이처럼 계는 인연에 의해 성립되는 것으로 본래 있는 것이 아니며 그 인연이 없으면 없는 것이 된다. 즉 계는 묘유의 상태로서 있는 것도 없는 것도 아니다. 따라서 법장은 다음과 같이 '토끼뿔(兎角)'의 비유를 통해 유무의 양변을 떠난 계의 존재성을 설명한다.

離有無者, 謂緣起之戒便無自相. 即緣非戒, 離緣無戒. 除即除離不得中間. 如是求戒永不是有無. 然此不無此不有之戒, 以不同菟角無因緣故, 是故此戒俱絶有無. 又可非所執故不有, 從緣起故非無. 又從緣起故不有, 非所執故不無. 故云非有非無也. (T40.608a01)

'유무를 떠난다'는 것은, 연기의 계는 즉 자상이 없는 것을 말한다. 연에 즉하면 계가 아니고, 연을 떠나면 계는 없다. '즉'과 '이'를 제외하고 중간을 얻을 수 없다. 이처럼 계를 구해도 영원히 있는 것도 없는 것도 아니다. 그러나 이 없지도 않고 있지도 않은 계는 토끼뿔과 같이 인연조차 없는 것과는 같지 않다. 이 때문에 이 계는 유무를 모두 끊었다. 또한 집착하는 것이 아니기에 있는 것이 아니고, 연을 따라서 일어나기에 없는 것이 아니다. 또한 연을 따라 일어나기에 있는 것이 아니고, 집착하는 것이 아니기에 없는 것이 아니다. 그렇기에 '비유비무'라고 하는 것이다.

즉 계는 토끼뿔과 같이 본래 성립인연조차 없는 것이 아니라 보리심의 발심에 의해 인연과 만나고 그 인연에 의해 생겨나 수계자를 열반으로 이끄는 원동력이 되는 것이다. 이 '토끼뿔'의 비유는 법장 이전의 『범망경』 주석에서는 원효의 『요기』와 『사기』에 나타나 있다.[26] 두 사람은 대승보살계에서의 계의 자성을 부정하는 것과 동시에 그 계의 인연생因緣生을 강조할 때 똑같이 토끼뿔의 비유를 사용하고 있다.

그리고 발심과 서원이 계의 토대이기에, 계는 생각(思)의 종자를 '체'로 하는 '비색非色'의 계체인 것이다. 그러나 이 계는 '체'인 생각의 종자에 가립하고 있는 것이기에 또한 '비심非心'의 계체이기도 하다고 설명한다.

離色心者, 謂此眞戒性非質礙, 又非緣慮. 故云非色心. 又釋, 戒於思種而建立, 故用思種爲體. 故云非靑等色也. 於思種上假立爲色. 故云非心也. (T40.607c26)

'색심을 떠난다'는 것은, 이 참다운 계의 성품은 질애도 아니고 또한 연려도 아니다. 그렇기 때문에 '비색심(색심이 아니

<hr>

26 원효와 법장의 '토끼뿔'의 예는 그 문장이 완전히 일치하고 있지는 않지만, 그 인용의 사용법이나 계의 인연생의 강조 등을 생각해 보면 두 사람의 영향관계를 밝히는 데 중요한 증거의 하나라고 생각된다. 두 사람의 문장을 비교하면 다음과 같다.

元曉	『要記』 (T45.921a15)	而託衆緣, 亦不無戒. 非如兔角, 無因緣故. 그러나 많은 인연에 의하면 또한 계가 없는 것도 아니다. 토끼뿔과 같이 인연조차 없는 것이 아니기 때문이다.
	『私記』 (X38.279b09)	從因緣生戒雖非有, 而不同於兔角無. 故言非無. 인연에 의해 생긴 계는 있는 것은 아니지만 토끼뿔이 없는 것과는 같지 않다. 그러므로 '비무'라고 한 것이다.
法藏	『本疏』 (T40.608a02)	然此不無此不有之戒, 以不同兔角無因緣故, 是故此戒俱絶有無. 그러나 이 없지도 않고 있지도 않은 계는 토끼뿔과 같이 인연조차 없는 것과는 같지 않다. 이 때문에 이 계는 유무를 모두 끊었다.

다)’이라고 한 것이다. 다시 해석하면, 계는 생각의 종자에 건
립하기에 생각의 종자를 ‘체’로 삼는다. 그렇기에 청색 등의 색
이 아니라고 하는 것이다. 생각의 종자 위에 가립하여 색을 삼
는다. 그렇기 때문에 ‘비심(마음이 아니다)’이라고 하는 것이다.

그리고 인연에 의해 생겨난 계는 유무를 떠난 묘유의 상태로서 목
숨을 다해도 계체는 사라지지 않는 ‘일득영불실’이라고 설명한다.

若依小乘, 不犯夷. 以彼未命終, 未成罪故. 命終已後, 戒已失
故. 菩薩戒旣經生不失, 故還得夷. (T40.612c23)

만약 소승에 의하면 바라이죄를 범한 것이 아니다. (죽임을 당
하는) 그의 목숨이 아직 끝나지 않았으면 아직 죄가 성립되지
않기 때문이다. (죽인 사람의) 목숨이 이미 끝난 뒤에는 이미 계
를 잃었기 때문이다. 그러나 보살계는 이미 목숨이 끝났어도
(계를) 잃지 않기 때문에 오히려 바라이죄를 얻는 것이다.

즉 법장이 『본소』에서 설명하고 있는 보살계는 불성계이면서도
발심과 서원을 토대로 하는 ‘비색비심’의 계체를 지닌 것이다. 그
러나 이 계는 인연생에 의한 묘유의 상태로 마음에 가립하고 있는
것이라는 점에 주의해야 한다.[27]

27　법장의 계체나 기근에 대해 요시즈 요시히데는 “다른 사람들이 기근의 면에서는 대부분 보살로

　이상의 내용과 같이 원효와 법장은 계율관에 있어서 유사점을 보이고 있다.

　우선 두 사람은 계란 모든 불보살의 본원이며, 깨달음에 이르기 위한 수행의 근본이라고 정의한다. 또한 이 계는 보살의 대보리심의 발심에 의해 나타나 삼취정계의 보살행을 통해 깨달음에 이르게 된다고 설명한다. 그리고 두 사람은 『범망경』의 수계자를 보살인만으로 한정하지 않고, 원효는 변화인과 소승인까지 포함시켜 일체중생의 수계를 허용하고 있다. 법장도 일체의 마음이 있는 이는 모두 계를 받을 수 있다고 하여 일체인의 수계를 허용하고 있다. 이것은 원효 이전의 주석인 지의의 『의소』에서 보살인만으로 한정하여 수계를 허용하고 있는 것과 대조되는 것으로[28] 『범망경』의 활발한 유통을 위해 수계자의 범위를 보다 넓힌 주석이라고 생

한정하고 있으나, 법장은 일체중생이라는 범위까지 넓히고 있는 것도 특색의 하나일 것이다. … '누구라도의 계율(誰でもの戒律)'은 매우 실천타협의 자세가 되기 쉽기에 사분율종의 사람들로부터는 물론 허용될 수 없고, 내용을 중시하는 승장이나 천태로부터도 비판받았을 것이다. … 본소는 한편으로 '누구라도의 계율'이라는 넓은 자세를 보이면서도, 다른 면에서는 불성계로 매우 한정시키고 있다"(1991:622-623)라고 하여, 『본소』에 일체중생의 수계와 더불어 불성계라는 이면성이 있다고 설명한다. 한편 이시이 코우세이는 "법장은 계체에 대해서 설명할 때 비색비심과 함께 종자계체설을 말하는 등 도선의 설을 따르고 있는 부분이 적지 않다"(1984:401)라고 하여, 법장이 계체에 대해서 두 종류의 설을 말하고 있다고 하며 그것은 남산도선의 영향에 의한 것이라고 한다.

28 수계자에 대해서는 앞서 살펴본 바와 같이 요시즈 요시히데(1991:568)도 언급하고 있는 내용으로, 원효, 법장과는 달리 지의의 경우는 『범망경』의 가르침을 받을 수 있는 대상을 보살인만으로 한정하고 있다.

於三敎中即是頓敎, 明佛性常住一乘妙旨. 所被之人, 唯爲大士, 不爲二乘. 華嚴云, 二乘在座, 不知不覺. 以大士階位非二乘所行, 制戒輕重非小乘所學. (T40.569b18)

삼교 중에서 즉 이것은 돈교로서 불성의 상주와 일승의 묘지를 밝힌다. 이 가르침을 받을 수 있는 사람은 오직 대사(보살)만이며 이승이 아니다. 『화엄경』에서 말하는 이승은 자리에 머물러도 알 수 없고 깨달을 수 없다. 대사의 계위는 이승이 행하는 것이 아니다. 제계의 경중은 소승이 배우는 것이 아니기 때문이다.

각된다. 이는 보살계를 대승보살의 본원이며, 깨달음에의 필수조건이라고 인식한 원효와 법장에게 있어서는 당연한 주석이라고 생각된다.

그리고 두 사람은 『범망경』을 불성계로 보지만, 그 존재성은 인연생에 의한 무자상이며 무자성이라고 설명한다. 계는 인연에 의해 생겨나지만, 그 인연으로부터 멀어지면 존재성을 잃게 되는 것이다. 또한 인연에 의해 생겨난 계는 있는 것은 아니지만, 인연에 의해 생겨났기에 없는 것도 아니라고 한다. 여기서 원효와 법장은 똑같이 토끼뿔의 비유를 사용하며 계는 토끼뿔과 같이 성립인연조차 없는 것은 아니라고 하여 계의 인연생을 강조한다.

그러나 원효와 법장은 이러한 묘유의 계와 그 '체'의 설명에서 차이가 있다. 원효는 계는 '체'를 종자로 하여 나타나지만, 그 '체'에 가립하고 있는 것이 아닌 본래 '체'와 다른 것이 아니라고 설명한다. 한편 법장은 계는 '체'를 종자로 하여 나타나지만, 그 종자(체)에 가립하고 있는 것이라고 한다. 두 사람은 계를 마음이 '체'인 불성계로 보지만, 그 '체'와의 관계에 있어서는 차이가 있다. 즉 법장은 묘유의 계는 마음에 있어서도 유무를 떠나 있지 않으면 안 된다고 인식하고 있었기 때문에, 그 계의 '체'도 '비색비심'으로 파악한 것이라고 생각된다. 그러나 두 사람은 이러한 차이에도 불구하고 계는 목숨이 다해도 사라지지 않고 다음 생으로 이어진다고 하여 심법계체의 '일득영불실'을 설명한다.

이처럼 원효와 법장은 계율관에 매우 유사한 주석을 보이는 한편,

계체론에는 정의를 다르게 하고 있다. 이는 법장이 원효의 주석을 참고로 하면서도 자신의 계율관을 더해『범망경』을 주석했기 때문이다.

3.4. 범계에 대한 무범의 분석

원효와 법장은『범망경』의 죄의 경중에 대해 죄의 원인인 마음(원인)의 상태를 중심으로 판단한다. 특히 보살의 중생제도를 위한 범계행에 대해 두 사람은 각각 독자의 개념을 사용하여 그러한 범계행은 무범이며 복이 된다고 설명한다. 본 장에서는 이러한 원효와 법장의 주석에 나타난 범계의 판단을 비교하여 두 사람의 영향관계를 확인하겠다.

3.4.1. 원효의 범계판단 [29]

우선 원효는『사기』의 각 계목의 소결인 '거비결과擧非結過'에서 범계를 일으킨 마음의 상태에 따라 일향복비죄一向福非罪, 비죄비복非罪非福, 유경비중唯輕非重, 유중비경唯重非輕으로 나누어 판단한다. 특

---

[29] 본 장의 내용은 법장과의 비교를 위해 제2장의 '2.5.『의소』와『사기』의 주석비교'의 내용을 부분적으로 인용한 것이다.

히 일향복비죄에서는 '달기보살達機菩薩'이라는 개념을 사용하여, 보살의 모든 행은 중생제도의 이타행이기에 비록 범계이더라도 죄가 아니며 복이 된다고 한다. 또한 무기심과 같은 상태에서의 범계는 죄에 대한 의식이 없는 상태이기에 복도 죄도 아니라고 한다. 십중계의 제4망어계의 일향복비죄와 비죄비복의 내용은 다음과 같다.

一者唯福非罪. 謂達機菩薩以妄語度衆生等. 二者非罪非福. 謂狂亂心中說等. (X38.284c03)

첫째는 오직 복이고 죄가 아니다. 이른바 달기보살이 거짓말로 중생을 제도하는 것 등이다. 둘째는 죄도 복도 아니다. 이른바 광란심의 상태로 거짓말을 하는 것 등이다.

'달기보살'은 중생의 근기를 관하여 선근으로 제도행을 하기에 비록 그것이 범계행이더라도 그 본질에 의해 죄가 아닌 복이 되는 것이다. 이러한 범계판단은 원효의 계율관과도 관련된 것으로, 앞에서 논한 바와 같이 원효에게 있어 계는 깨달음에 이르기 위한 하나의 방편에 지나지 않는다. 그러므로 계를 지키기 위해 중생제도를 하지 않는 것이야말로 계의 근본을 어긴 범계가 되는 것이다. 또한 원효는 『요기』에서 다음과 같이 보살이 홀로 청정하게 계를 지키는 것도 죄가 된다고 설명한다.

바른 계율을 지키는 것이 어째서 반드시 죄가 되는 것인가? 그 이유는 다음과 같은 한 부류가 있기 때문이다. 안으로는 모든 얽매임이 없어서 다른 사람이 하는 것과 하지 않는 것을 보지 않는다. 오직 자신의 마음만을 관찰하여 홀로 바른 계를 지킬 뿐이다. 이러한 보살이 어째서 (계를) 어긴 것이 되는가? 대답하길, 만약 오염된 마음이 없다면 앞의 내용에 해당하지 않는다. 그러나 이 사람도 또한 마땅히 확인해 보아야 한다. 만약 홀로 청정하기에 모든 세간의 사람들로부터 (자신 이외의) 승려들은 복전이 아니라고 생각하게 만들어 이양과 존중이 자신에게만 치우쳐 돌아오게 하기 때문이다.

보살이 자신의 수행만을 집중하여 다른 사람을 보지 않고, 또한 그러한 수행과 계행으로 자신만이 청정하다고 하여 다른 승려들을 수행이 부족한 것처럼 보이게 하는 것도 보살로서 해서는 안 되는 행이다. 이처럼 보살에게 있어 무엇보다 중요한 것은 이타행이며 이것이야말로 삼취정계의 실천행인 것이다.

그리고 십중계의 제1살생계의 '비죄비복'의 설명에서는 오해하여 어긴 범계행은 어디까지나 죄가 없을 뿐이지 그 업은 있다고 한다.

或有煞人而非罪非福. 謂誤及迷煞等. 唯有業道故, 無犯戒罪故.
(X38.282a17)

혹은 살인을 했으나 죄도 복도 아닌 것이다. 오해하거나 미혹하여 저지른 살인 등을 말한다. 오직 업도만이 있는 것이며 범계의 죄는 없기 때문이다.

원효는 범계의 원인인 마음의 상태를 통해 죄의 경중을 판단한다.[30] 그러나 이는 범계행에 대한 '죄'의 판단이지 그 행에 대한

---

30 원효의 『사기』의 십중계 중 '구연성업(具緣成業)'에서 각 계목에서의 업을 만드는 '緣, 因, 業, 法'을 설명한다. 특히 원효는 네 가지 구성요소 중 '인'이 빠져 있으면 무범(무죄)이 된다고 한다. 십중계의 각 계목의 구연성업은 다음과 같다.

第一 不殺戒	緣	人境, 人想	第六 意心說 同法人過戒	緣	同戒七衆同法, 同戒同法者想, 意是有想, 向人說
	因	發殺人心		因	有嗔垢心
	業	發方便		業	言詞了了, 所人已解
	法	斷命根		法	七逆十重重過
第二 偸盜戒	緣	人物, 人物想	第七 自讚毁他戒	緣	七衆同法, 同戒同法人想
	因	發盜心		因	共淨利
	業	起方便		業	言詞了了, 前人聞知
	法	重物, 離本處		法	向人自說
第三 不婬戒	緣	正道	第八 慳惜加毁戒	緣	貧苦衆生, 貧苦想
	因	有染心		因	慳惜心
	業	起方便		業	不與財法乃至一錢一句, 毁辱
	法	合境		法	自有財珍
第四 妄語戒	緣	對成人, 人想, 前人已解	第九 瞋打結恨戒	緣	人, 人想
	因	起顚誑心		因	起瞋恚
	業	說得得人法, 言業了了		業	不受懺謝, 結恨不捨
	法	自知未得		法	出麤語, 手杖打拍
第五 酤酒戒	緣	與人, 人想, 彼人飮	第十 謗三寶戒	緣	人境, 人想
	因	發酤酒想		因	有內邪解
	業	與彼人, 取價		業	言詞了了, 前人領解
	法	眞酒		法	說邪法, 建立滿通

'업'의 판단은 아니다. 즉 무기심이나 오해 등으로 인한 범계행은 죄도 복도 아니지만 그 업은 있기에 후에 그 과보를 받게 되는 것이다. 이러한 죄와 업의 관계는 『요기』의 '삼연사인三緣四因'의 설명에서 보다 상세하게 논해진다.

> 有犯者, 謂由四因, 所犯諸事. 無違犯者, 謂由三緣, 所作諸事. 三緣是何. 謂若彼心增上誑亂, 若重苦受之所逼切, 若未曾受淨戒律儀. 此三無犯, 通一切戒. 別論無犯. 如文廣說. 於有犯中, 有其二聚. 重內應知, 奩中上品. 輕中當識, 是染非染. 通而論之, 四因中, 若由無知, 及由放逸, 所犯衆罪, 是不染汚. 若煩悩盛, 及由輕慢, 所犯衆罪, 是其染汚. 別論染不染者. (T45.918b28)

유범이란, 네 가지 원인에 의해 여러 가지 일을 어기는 것을 말한다. 무위범이란, 세 가지 인연에 의해 여러 가지 일을 행하는 것을 말한다. 세 가지 인연이란 무엇인가? 그 마음이 심각하게 광란해지는 것, 깊은 고통을 받아 핍박되는 것, 일찍이 청정한 계와 율의를 받은 적이 없는 것을 말한다. 이 세 가지의 어김이 없다면 일체계에 통한다. 별도로 무범을 논한다면 경문에서 널리 설한 것과 같다. 유범 중에는 두 종류가 있다. 무거운 것 안에 연·중·상의 품이 있다는 것은 마땅히 알 것이다. 가벼운 것 중에 물든 것과 물들지 않은 것이 있는 것을 마땅히 알 것이다. 정리하면, 네 가지 인연 중에 만약 무지하거나 방일에 의한 것이라면 어긴 것의 대부분의 죄가 염오(물들고 오염됨)된 것은 아니다. 만약 번뇌가 치성하거나 또는 가벼운 교만에 의한 것이라면 어긴 것의 대부분의 죄는 염오된 것이다. 나누어 말하면 물든 것과 물들지 않은 것이다.

범계에 대해 무범의 삼연과 유범의 사인으로 나누고, 유범을 다시 번뇌에 물들었는가 물들지 않았는가로 나누어 죄에 의한 번뇌의 유무를 상세히 설명한다. 이처럼 원효는 단순히 범계에 의한 죄의 유무만을 설명한 것이 아니라 범계의 행에 의한 번뇌의 유무까지도 다루어 각 범계행의 판단기준을 상세하게 논한다.

3.4.2. 법장의 범계판단

법장은 『본소』에서 '통국通局(塞)'[31]이라는 독자적 개념을 사용하여 각 계목에서의 범계를 설명한다. 특히 '통국'의 '통'에 대해서는

---

[31] '통국'은 계목에 따라 그 표기에 차이가 있다. 그러나 그 의미는 동일하다. 『본소』의 십중계의 각 계목에 나온 ' 通局(塞)'의 차이는 아래와 같다.

계목	명칭	계목	명칭
第一殺戒	通塞	第六說四衆過戒	通局
第二盜戒	通局	第七自讚毀他戒	通局
第三婬戒	通塞	第八故慳戒	通局
第四妄語戒	通局	第九故瞋戒	通局
第五酤酒戒	通局	第十謗三寶戒	通塞

"통이란, 혹은 살생을 했더라도 범계가 아니며 많은 공덕이 생긴다"(T40.612a07)[32]라고 하여, 『사기』의 '거비결과'의 '일향복비죄'와 같이 보살이 중생을 위해 선심으로 행한 범계는 무범이라고 설명한다.[33]

> 如是菩薩意樂, 思惟於彼衆生或以善心或無記心, 知此事已爲當來故深生慚愧, 以憐愍心而斷彼命. 由是因緣於菩薩戒無所違犯, 生多功德故也. (T40.612a13)

이처럼 보살은 좋은 마음을 내어, 저 중생에 대한 선심이나 무기심으로 사유하고 이 일을 미리 알고서 당래를 위해 깊이 참괴심을 내고 연민심으로서 그의 목숨을 끊는다. 이 인연으로 인해 보살계에서는 위범하는 것이 없고 많은 공덕이 생긴다고 한 것이다.

보살의 모든 행은 중생의 이익을 위한 것이고, 그 범계행조차도

---

32 通者, 或有殺生而不犯戒, 生多功德. (T40.612a07)

33 『본소』에서의 무범의 판단에 대해서 이시이 코우세이는 "나쁘게 말하면, 법장은 일반적인 불교 신자에 대해 이러이러한 경우에는 계를 지키지 않아도 괜찮다고 하는 보증을 주려 한 것이라고도 보일 수 있다"(1984:401)고 하여, 앞서 살펴본 최원식과 동일한 설명을 하고 있다. 그러나 「법장의 『범망경보살계본소』에 보이는 생명관」에서는 "승장 등에게는 공덕의 면만이 앞에 나오고 있고, 살생을 '허용'한다는 면이 지나치게 부각되어 있는 것처럼 법장에게는 생각되었던 것이다"(1989:127)라고 하여, 법장이 중생제도행에서의 자기희생을 강조한 이유를 설명하고 있다. 이에 대해서는 이시이 코우세이의 견해에 동의하지만, 법장이 『본소』에서 가장 염려했던 것은 무범에 대한 확대해석이나 잘못된 이해였을 것이라고 생각된다. 그렇기에 법장이 업의 설명이나 중생제도행에서의 자기희생 등을 사용해 범계에 대한 결과를 보다 상세하게 논하여 보살의 제도행을 설명한 것이라고 생각된다.

중생을 위한 이타행인 것이다. 그렇기에 보살이 자신의 청정계율을 위해 범계를 두려워하여 중생을 제도하지 않는다면, 그것은 보살계의 본질을 어긴 것이기에 오히려 범계가 되는 것이다. 이러한 범계에 대한 무범의 판단은 보살의 범계행에는 악심의 인因이 없고 한결같이 선심과 자비심으로만 행하기에 가능한 것이다. 그러나 법장은 이러한 범계행의 전제조건으로 참괴(부끄럽고 괴로워함)하지 않으면 안 된다고 한다. 이는 그 범계행이 비록 중생을 위한 제도행이었어도 범계의 행동 자체에 대한 참회심을 지녀야 하는 것을 말한다. 그리고 법장은 무기심에 의한 범계에 대해서는 비록 무죄이기는 하나 그 업은 있다고 설명한다.

無記心者, 或不成犯. 以無記不成業故. 或亦有業, 以還得報故.
…此卽於戒雖爲不犯. 然殺業如玆不亡故不可輕也. (T40.611b13)

무기심이란, 혹은 범한 것이 되지 않는다. 무기는 업을 만들지 않기 때문이다. 혹은 업이 있기도 한데, 다시 과보를 받기 때문이다. … 이는 즉 계에 있어서는 비록 범한 것이 아니어도, 살생의 업은 이처럼 없어지는 것이 아니기 때문에 가벼울 수가 없다.

무기 자체는 업을 만들 수 없기에 범계는 무범이 되지만, 그 무기심에 의한 행동은 과보를 받기 때문에 업은 있다고 한 것이다. 그렇기에 보살은 이러한 범계행에 따른 업을 항상 주의해야 한다. 법장의 업에 관한 설명은 십중계 제1살계의 '제의^{制意}'에서도 나오고 있다.

初制意者, 略由十意. 一由斷生命業道重故, 負此重業不堪入道.
(T40.609c15)

처음의 제정한 뜻은 간략히 열 가지 뜻에 의한다. 첫째는 (중생의) 생명을 끊으면 업도가 무거워지기에 이 무거운 업을 짊어지고는 도에 들어갈 수 없다.

범망계의 제지의 의미는 업에 의한 것으로, 업이 무거우면 깨달음의 길에 들어갈 수 없다고 한다. 보살은 자리와 이타를 함께 수행하여 열반에 들어가는 것이 목표이다. 그러나 업이 무거우면 열반의 길에 들어갈 수가 없어서 결국 보살로서의 자격을 잃게 되는 것이다.[34] 그렇다면 보살은 어떻게 하면 업을 만들지 않고 중생을 위한 제도행을 할 수 있는가. 이에 대해서 법장은 "오직 대비심을 갖고 저 극한의 고통을 받고 있는 중생을 구제하기 위해 자신의 고통을 피하지 않는다면 또한 무범이 된다"(T40.611a01)[35]고 하여, 중생을 위해서는 보살 자신의 고통도 피해서는 안 된다고 역설한다. 또한 『유가론』을 인용하여 보살은 중생을 대신하여 고통을 받겠다

---

34 이에 대해서 이시이 코우세이는 "법장은 살계의 성립 이유에 대해서 다음과 같이 말하고 있다. … 그 제1의 이유는 살생은 업이 무겁다는 것이다. 가장 중요한 것은 업을 두려워하는 것이다"(1989:128-129)라고 하여, 법장은 『범망경』의 주석에서 무엇보다 업을 중시하였다고 설명한다.

35 但以大悲, 救彼極苦不避自苦故亦無犯.

는 선심을 가져야 한다고 한다.

如瑜伽戒品云, 謂如菩薩見劫盜賊, 爲貪財故欲殺多生, 或復欲
害大德聲聞獨覺菩薩, 或復欲造多無間業. 見是事已起心思惟, 我
若斷彼惡衆生命, 當墮地獄, 如其不斷彼命, 無間業成當受大苦.
我寧殺彼墮於那落迦, 終不令其人受無間苦. (T40.612a07)

『유가론』의 「계품」에서 "만약 보살은 겁발하는 도석이 재
물을 탐하기 위해 많은 생명을 죽이려고 하거나, 혹은 다시
대덕인 성문, 독각, 보살을 해치려고 하거나, 혹은 다시 많은
무간업을 지으려고 하는 것을 본다. 이런 일을 보고 이미 마
음을 일으켜 사유하며, 내가 만약 저 악한 중생의 목숨을 끊
는다면 분명 지옥에 떨어질 것이다. 만약 그의 목숨을 끊지
않는다면 그는 무간업을 지어서 분명 큰 고통을 받게 될 것
이다. 내가 차라리 그를 죽이고 나락가(지옥)에 떨어지더라도
끝내 그 사람이 무간의 고통을 받지 않게 하겠다"고 말한 것
과 같다.

즉 보살이 중생을 위해서 어떠한 희생이나 범계도 두려워하지
않고 제도행을 했을 때 비로소 무범이 되는 것이다. 그러나 법장은
사십팔경계의 제20불능구생계不能救生戒의 '궐연闕緣'과 '통국'에서
제도행은 자신에게 힘이 있고 상대에게 이익을 줄 수 있는 경우에
한해서 행해야 한다고 하여, 보살의 불필요한 희생과 무분별한 제

도행을 제지시킨다.[36]

王力自在, 救不得故, 無罪也. …若自重病, 若無勢力, 徒自殞
命, 終無有益, 准應無犯. 反上皆犯. (T40.643b11)

왕의 힘은 자재하기에 구하려고 해도 할 수 없기에 무죄이다.
… 만일 자신이 중병에 걸렸거나 또는 세력이 없거나 하여 헛되
게 자신의 목숨을 잃고 끝내 어떤 이익도 없다면 준하여 마땅히
무범인 것이다. 위의 내용에 반하는 것은 전부 범함이다.

법장에게 있어 상대에게 이익을 줄 수 없는 제도행은 바른 이타
행이 아니고, 자신에게 힘이 없는 경우의 희생은 결국 헛된 희생이
되기에 보살의 사려 깊은 분별에 따른 제도행을 권하고 있는 것이
다. 이는 앞선 이시이 코우세이의 설명과 같이 법장의 현실주의적
인 경향이 나타나 있는 부분이라고 생각된다. 그러나 이는 당시의
권력자들을 의식한 주석이라기보다는, 현실적으로 제도행을 할 수
있는 범위와 조건 등을 제시하기 위한 주석이었을 것이라고 생각
된다.

36　이 내용에 대해서 이시이 코우세이는 "이러한 현실주의적인 경향이야말로 본 서의 최대 특징이라
　고 할 수 있다"(1984:401)고 말한다. 그리고 법장은 『본소』를 저술할 때, "출가나 행도(行道) 혹은 조
　상(造像)이나 경의 판매 등을 국가가 금지하는 것을 인정하고 있다. 이러한 부분이나 '왕력자재(王
　力自在)'를 강조한 부분 등을 볼 때 법장이 시대의 권력자들을 의식하며 본서를 저술했던 것이 추
　측된다"(1984:402)고 설명한다.

이상의 검토와 같이 원효와 법장 사이에는 범계판단에 상당한
유사점이 있다. 우선 원효는 앞선 내용과 같이 각 계목의 '거비결
과'에서 '달기보살'이라는 개념을 사용해 보살의 이타행에 의한 범
계행은 복이며 무범이라고 설명한다. 법장도 '통국'의 '통'에서 선
심의 범계행은 공덕이며 위범이 아니라고 하여 원효와 동일한 주
석을 보인다. 이는 지의 이후『범망경』의 주석에 나타난 특징으로,
특히 원효의『사기』에서 강조되고 있는 범계판단이다. 또한 원효
와 법장은 무기심에 의한 범계는 죄가 아니지만, 그 행위에 대한
업은 있다고 한다. 무기 자체는 업을 만들지 않으나, 무기심에 의
한 행동은 그것과는 별개의 것이기에 당연히 과보를 받게 된다. 이
는 범계판단에 대한 잘못된 이해나 확대해석에 의한 무분별한 범
계행을 규제하기 위한 것이라고 생각된다. 그리고 범계행이 무범
이 되는 것은 반드시 보살이 중생에 대한 자비심을 갖고 자신의 희
생이나 파계조차도 두려워하지 않고 제도행을 했을 때라고 한다.
이것도 또한 보살의 잘못된 범계행을 규제하기 위한 것이라고 생
각된다.

그러나 법장은 이러한 보살의 제도행에 대해서 자신이 힘이 부
족하거나, 중생에게 이익을 줄 수 없는 경우에는 제도행을 하지 않
아도 무범이라고 한다. 또한 보살의 헛된 희생을 제지하고 실천 가
능한 범위에서 제도행을 할 수 있도록 보다 현실적인 주석을 하고
있다.

이처럼 법장의 범계에 관한 주석에서는 원효와 상당히 유사한

범계판단과 이타행에 대한 정의를 확인할 수 있다. 이는 원효와 법장이 계를 수행의 방편으로 보고 자신의 희생조차도 두려워하지 않는 선심의 범계행이야말로 진정한 보살행이라는 인식을 갖고 있기에 가능한 주석이라고 생각된다.

3.5. 교판과 유가계의 인용

본 장에서는 선행연구를 토대로 원효와 법장의 교판에 나타난 『범망경』의 위치와 유가계의 인용에 대해 검토하여 두 사람이 『범망경』을 어떤 입장에서 다루었는가를 확인하겠다.

우선 원효와 법장은 『범망경』에 대한 교판에 큰 차이가 있다. 원효의 교판에 대해서 법장은 『탐현기』에서 다음과 같이 소개한다.

唐朝海東新羅國元曉法師造此經疏, 亦立四教. 一三乘別教, 謂如四諦教緣起經等. 二三乘通教, 謂如般若經深密經等. 三一乘分教, 如瓔珞經及梵網等. 四一乘滿教, 謂華嚴經普賢教. 釋此四別如彼疏中. (T35.111a26)

당조해동신라국의 원효법사는 이 경의 소를 만들 때 다시 네 가지 가르침을 세웠다. 첫째는 삼승별교, 이른바 사제교와 『연기경』 등과 같은 것이다. 둘째는 삼승통교, 이른바 반야경과 심밀경 등과 같은 것이다. 셋째는 일승분교, 영락경

및 범망(경) 등과 같은 것이다. 넷째는 일승만교, 이른바 화엄
경과 보현경이다. 이 네 가지 구별을 해석하는 것은 그의 소
에 나온 내용과 같다.

　법장의 이해에 따르면, 원효는 『범망경』을 『화엄경』과 같은 일
승교로 분류하고 있으나, 그 가르침에 대해서는 만교와 분교의 차
이를 두어 『범망경』의 가르침이 『화엄경』에 미치지 못하는 것이라
고 설명한다. 이에 대해 요시즈 요시히데는 "이는 원효의 『화엄경
소』에 나오고 있는 것으로, 현재는 서문과 권3의 일부분만이 잔존
하고 있다. 이 한 문장으로 인해, 우선 제1로 『화엄경』이 일승만교,
일승이 충분히 가득한 가르침이라고 하는 것에 비해, 『영락경』이
나 『범망경』은 일승분교, 일승이 부분적으로 인정되는 가르침으로
위치되어 있는 것을 알 수 있다"(1991:573)고 하여, 『범망경』은 일승
교이지만 부분적으로 인정된 것이라고 설명한다. 그 이전에 채인
환도 "일승교는 『영락본업경』, 『범망경』의 여래장교와 『화엄경』
의 보현교를 말하는 것이지만, 이 중 여래장교는 아직 보법普法이
철저히 갖추어지지 않았기에 수분교隨分敎이고, 『화엄경』만이 보법
을 철저하고 분명하게 갖추고 있기에, 이것을 원만교圓滿敎라고 말
하는 것이라고 한다. 여기에 원효의 교상판석과 이에 따른 불교사
상평가의 기본경향을 알 수 있다."(1977:288)고 하여, 요시즈 요시히
데의 설명과 같이 원효는 『범망경』을 일승교로 분류하지만, 가르
침에 있어서는 『화엄경』이 『범망경』보다 뛰어나다고 설명한다. 이

처럼 원효는 교판에 있어서 보살계경전인 『범망경』과 『영락경』을 『화엄경』과 같이 중시하여 일승교로 분류하고 있으나, 앞의 설명과 같이 계는 열반에 이르기 위한 방편에 지나지 않기에 일승교의 가르침에서 『화엄경』에 미치지 못한다는 교판을 했을 것이다.

또한 법장의 교판에 대해 요시즈 요시히데는 "법장은 일체의 성교聖敎를 화교化敎와 제교制敎의 이교로 나누고 『범망경』은 제교에 해당된다고 한다. 화교란 불타가 경전의 형태로 교화한 것이고, 제교란 계율의 형태로 생활을 규제하는 것을 말한다"(1991:609)고 설명한다. 그러나 법장은 『범망경』을 원효처럼 일승교로 분류하지 않지만, 스승인 지엄과 같이 삼승교로도 분류하지 않는다. 이에 대해서는 "지엄이 『화엄경』은 일승, 『범망경』이나 『본업경』은 삼승이라고 한 입장을 계승하고 있는 것은 틀림없으나, 법장은 『범망경』을 삼승이라고는 말하지 않는다. 이것은 앞 장에서 보았듯이 그가 본경에 상응하는 기근을 오성五性 전체에까지 허용하여 삼승으로 한정할 수 없었던 것이다"(1991:614)라고 하여, 법장은 『범망경』의 수계자를 일체중생이라고 규정한 것으로 인해, 교판을 삼승으로도 분류할 수 없게 되었다고 설명한다. 이러한 교판의 이유는 법장이 『화엄경』과 함께 『범망경』을 무엇보다 중시하여,[37] 열반에

---

[37] 이시이 코우세이는 "화엄종의 조사 중 지엄(智儼)에게는 화엄과 섭론(攝論)이, 다음으로 징관(澄觀)과 종밀(宗密)에게는 화엄과 선이 두 개의 기둥이 되어 그들의 교학이나 수행을 지탱해 주었다. 그에 비해 법장의 경우는 화엄과 보살계의 탐구를 생애의 목적으로 하였다고 생각된다"(1984:400)고 하여, 법장이 『화엄경』과 『범망경』을 중시하였던 것을 설명하고 있다.

이르기 위한 필수조건으로 인식하고 있었기 때문이다. 그러나 이에 대해 이시이 코우세이는 "법장의 스승인 지엄이『화엄경』은 일승,『범망경』은 설상이 비슷한 것만으로 삼승의 경전이라고 명확히 밝힌 것은 잘 알려져 있지만, 법장도 기본적으로는 그 입장을 이어받고 있기 때문에『화엄경』과『범망경』을 동일시하지 않으며 차이도 언급하고 있다"(1989:127)고 하여, 요시즈 요시히데와는 견해에 다소 차이를 보이고 있다. 그러나 결과적으로 법장은『화엄경』의 우월성을 강조하고,『범망경』을『화엄경』보다 부족한 가르침으로 인정하였다고 하여,[38] 요시즈 요시히데와 같은 견해를 보이고 있다.

이처럼 원효와 법장은 교판에 차이가 있다. 원효는『범망경』을 일승분교로 분류하지만, 법장은『화엄경』만을 일승교로 보고『범망경』에 대해서는 언급하지 않는다. 그러나 두 사람은 똑같이『범망경』을 수행의 방편으로 보고 참다운 깨달음에 이르기 위해서는『화엄경』의 가르침에 따라야 한다는 입장이다. 그렇기에 원효는『범망경』을 일승교로 분류하고 있지만 분교라는 제약을 두어『화엄경』과의 차이를 설명한 것이다.

다음으로 원효와 법장은『범망경』의 주석에서 유가계의 삼취정

---

38 이시이 코우세이(1989:128) "그 정도로 보살계를 존중하면서도, 법장은『범망경』자체에 대해서는
『화엄경』보다 부족한 것이라고 보았고, 또한 한편 유가계를 선양하는 풍조에 대해서는 범망계를
내세웠으며, 그리고 국왕과 재속의 신자, 혹은 국왕과 불교교단의 사이에서 때에 따라 각각의 입
장에 맞추어 대립을 조정하려고 한 것이다."

계를 적극적으로 사용하지만 유가계 자체는 중시하지 않는다. 우선 원효는 『요기』에서 계를 '다라계본(범망계), 달마계본(유가계), 별해탈계경(구족계)'의 세 종류로 나누고 『범망경』에 삼취정계를 사용하여 일체계를 포섭시키고 있다.[39] 즉 삼취정계의 섭율의계를 통해 유가계와 비구계까지도 『범망경』에 포함시키며 『범망경』에 의한 일체계의 수계를 설명하고 있다. 또한 『사기』에서는 『영락경』과 삼취정계를 통해 대승의 계상戒相을 논하고 있으나 『유가론』의 인용은 2회밖에 없으며, 범계판단에서도 유가계 계통의 경전은 거의 인용하고 있지 않다.[40] 이는 『범망경』과 『영락경』을 일승분교로 보았던 원효에게는 당연한 것으로, 일승교의 설명에 삼승교를 사용할 수가 없기 때문인 것이다.

법장은 『범망경』을 『화엄경』보다 낮은 가르침으로 보지만, 유가계에 관해서는 『범망경』을 우위에 놓고 있다.[41] 이에 대해 요시즈 요시히데는 "여기서 『범망경』은 실교이고 『유가론』은 권교라고 명확히 말하고 있기 때문에, 구체적인 해석에 들어가서도 권교

---

39 『요기』에 나타난 『범망경』과 다른 계경의 관계에 대해 키무라 센쇼우는 "'다라계본'과 '달마계본'의 관계는 그가 말하는 일승교와 삼승교, 은밀문(隱密門)과 현료문(顯了門) 등의 관계와 같이 앞의 '다라계본'을 보다 높은 차원의 것으로 보고 뒤의 것들을 포섭한다고 생각한다. 구체적으로 말하면 범망의 정신적인 계목을 유가의 법상에 의해 논리적으로 정리하려고 한다고도 말할 수 있다. 이것은 그의 저술인 '이장의(二障義)'가 신역 유가의 단혹설(斷惑說)과 구역 기신론의 단혹설을 현료문과 은밀문으로 융합조직한 것과 같은 형태의 설명이다. 요약하자면 '다라'와 '달마'의 두 계본은 모든 계본의 차이를 회통융화하는 것을 목적으로 하는 원효 독자의 범주였다"(1981:436)고 한다. 즉 원효는 높은 차원인 『범망경』을 중심으로 유가계 등을 융합하여 계율에 관한 논쟁을 해결하였다. 그것과 동시에 『범망경』에 다른 계본을 포섭시키는 것에 의해 그 우월성을 선양한 것이다.
40 최원식(1999:72)
41 각주39를 참조

인 『유가론』의 계율, 즉 유가계를 인용하지 않는 것은 당연한 것이다"(1991:617)라고 하여, 법장은 유가계를 권교로 보기 때문에 실교의 설명에 사용할 수가 없다고 설명한다.

『범망경』과 유가계에 대해 일승과 삼승, 실교와 권교라는 분류의 차이가 있으나, 원효와 법장은 똑같이 유가계를 『범망경』보다 낮은 것으로 판단하여 그 내용을 『범망경』의 주석에 거의 인용하지 않는다. 그러나 두 사람은 유가계의 삼취정계만은 적극적으로 사용하여 그것을 통해 당대를 대표하던 두 개의 보살계를 융합하였다. 그러나 이 융합의 자세는 어디까지나 『범망경』을 우위에 둔 것으로, 실제로는 유가계가 『범망경』 안에 흡수된 형태이다. 또한 삼취정계의 도입으로 인해 유가계뿐만 아니라 구족계까지도 포함한 일체계를 『범망경』에 포섭시키는 주석을 한 것이다.

3.6. 소결

이상의 내용과 같이 원효와 법장은 『범망경』의 주석에 몇 가지 유사점이 있다.

우선 원효와 법장은 『범망경』의 계율관에 대해 계는 보살의 근본이며 깨달음에 이르기 위한 수행의 방편이라고 설명한다. 이러한 계는 대보리심의 발심에 의해 생겨나며 삼취정계의 행을 통해 깨달음에 이르게 되는 것이다. 그러나 계는 마음을 토대로 하는 불성계로 인연에 의해 생겨나는 것이기에 그 인연으로부터 멀어지면 존재성을 잃게 된다. 그렇기에 이처럼 유무를 떠난 계의 형상에 집착해서는 안 된다. 또한 유무를 떠난 계이지만, 인연에 의해 생겨나기에 계가 없는 것도 아니다. 이러한 계의 존재성에 대해 원효와 법장은 '토끼뿔'의 비유를 사용해 계는 인연조차 없는 것이 아니라고 하며 계가 비유비무의 묘유라는 점을 강조한다. 이처럼 두 사람은 계의 인연생에 대해 같은 견해를 갖고 있으나, 그 계의 '체'에 관해서는 차이가 있다. 원효는 '체'를 종자로 하여 계가 나타나지만 그 '체'에 가립한 것이 아닌 본래 '체'와 다른 것이 아니라고 설명한다. 한편 법장은 '체'를 종자로 하여 나타나지만 '체'에 가립한 것이라고 설명한다. 이는 법장이 묘유의 계는 '체'에 있어서도 비유비무가 아니면 안 되기에 계체를 '비색비심'으로 설명한 것이라고 생각된다. 계체론에 차이가 있으나 두 사람은 다시 계의 연속성에 대해서 심법계체의 '일득영불실'을 사용하여 계는 목숨을 다해도 사라지지 않고 다음 생에까지 이어진다고 설명한다.

　다음으로 보살의 범계에 대해 원효는 '달기보살', 법장은 '통'이라는 개념을 사용하여 중생을 위한 보살의 범계행은 무범이며 오히려 공덕이 된다고 설명한다. 그러나 이러한 무범의 범계행은 반드시 보살이 중생에 대한 자비심을 갖고 자신의 희생도 두려워하지 않는 상황에서 행해야만 한다. 그리고 두 사람은 무기심의 범계는 무범이지만 그 행위에 따른 업은 있다고 한다. 이는 잘못된 이해나 확대해석 등에 의한 범계행을 구제하기 위한 주석이라고 생각된다. 그리고 법장은 이러한 범계판단과 더불어 보살 자신이 힘이 부족하고 중생에게 이익을 줄 수 없는 경우에는 제도행을 행하지 않더라도 무범이라고 설명한다. 이는 보살의 헛된 희생을 막고 보다 현실적으로 계를 실천할 수 있도록 주석한 것이다.

그리고 원효와 법장은 『범망경』의 교판에 차이가 있다. 원효는 『범망경』을 『화엄경』과 같은 일승교로 분류하지만, 법장은 『화엄경』만을 일승으로 본다. 그러나 원효는 『화엄경』을 일승만교, 『범망경』을 일승분교로 분류하여, 같은 일승교라도 『범망경』은 일승이 부분적으로 인정된 가르침이라고 하는 견해를 갖고 있다. 이처럼 두 사람은 『범망경』의 가르침을 『화엄경』보다 낮은 것으로 보고 원융무애의 깨달음에 이르기 위해서는 반드시 『화엄경』의 가르침에 의지해야 한다는 공통의 견해를 갖고 있다. 또한 두 사람은 당시 『범망경』과 함께 보살계를 대표하던 유가계를 『범망경』보다 낮은 가르침으로 보았다. 원효는 유가계를 삼승계로 분류하고, 법장은 『범망경』을 실교, 유가계를 권교로 분류하여 『범망경』의 주석에 유가계를 거의 인용하지 않았다.

이상의 내용과 같이 법장은 원효와 상당히 유사한 계율관을 갖고 『범망경』을 주석하였다. 특히 계의 정의와 범계판단에 관해서는 원효와 거의 같은 견해를 보인다. 이는 법장이 『본소』를 저술하며 원효의 주석서를 참고로 하였기에 나타난 특징이라고 생각된다.

그리고 법장은 『범망경』에 대한 교판과 계체론에 관해서는 위의 내용과 같이 원효와 다른 견해를 보이지만, 이것도 두 사람이 『화엄경』을 중시하고 계를 방편으로 인식하고 있다는 점에서 전혀 다르다고는 할 수 없다. 이처럼 원효와 법장은 유사한 계율관을 갖고 『범망경』을 주석하였고, 법장은 원효로부터 상당한 영향을 받아 『본소』를 저술하였다.

제4장

태현의 『범망경고적기』에 관한 고찰

4.1. 서론

신라 경덕왕(742-765) 시대의 승려인 태현(생몰미상)은 원효의 뒤를 잇는 뛰어난 저술가이며 사상가이다. 태현의 『범망경』 주석서인 『범망경고적기梵網經古迹記』(이하『고적기』)는 처음으로 『범망경』 상하권을 주석한 주석서로, 그 영향관계에 관한 종래의 연구에서는 승장·의적의 영향과 원효·법장의 영향이라는 두 계통이 논해지고 있다.[1] 본 장에서는 태현의 『고적기』에 나타난 계체론과 삼취정계의 도입 등에 중점을 두고 원효·법장과의 영향관계를 밝히겠다.

태현의 저술 중에는 '고적기'라는 명칭이 많은데,[2] 이는 하나의

---

1 태현의 『고적기』에 나타난 두 계통의 영향관계에 대해 채인환과 최원식은 승장·의적의 영향을 주장한다. 우선 채인환(1977:391-436)은, 태현이 『고적기』에서 성·상의 경론을 화회시키고 있으며, 『유가론』에 입각한 부분에서 볼 때 태현의 『범망경』의 고적은 승장·의적이라고 한다. 그리고 최원식(1999:185-216)은, 태현은 승장과 의적처럼 『유가론』의 인용이 가장 많으며, 또한 『유가론』의 '무위범'을 자주 사용하고 있는 점을 볼 때 같은 유식학자로서 유가계를 중심으로 범망계를 해명하였다고 하여 승장·의적의 영향을 주장한다.

그러나 요시즈 요시히데는 "천태소와 승장기가 계의 내용을 중시하고 있는 것에 비해, 원효소와 의적소는 계의 정신의 거양을 중시하고 있는 것을 지적했다. 그리고 법장소도 원효소와 의적소와 같은 부류이다. 따라서 태현이 전체적으로 이 세 명을 중시한 것은 그도 또한 『범망경』의 계의 고매함을 주장하려고 했던 것이 된다. 그것은 『범망경』의 상권까지도 주석하여 그것을 『화엄경』의 내용과 동일시한 것에서도 알 수 있다"(1991:663-664)라고 하여, 『고적기』에서의 원효·법장의 영향을 주장한다. 그리고 요시즈 요시히데(1991:658-664)는 태현이 일심관에 의해 『범망경』 상하권을 주석한 것은 『범망경』을 『화엄경』과 같은 레벨로 취급한 것임과 동시에, 원효와 법장의 주석을 『고적기』 안에서 융합하고 있는 것이라고 주장한다.

2 조명기(1962:195)의 조사에 따르면, 태현은 대승경전에 관한 주소(注疏)가 23부, 대승론에 관한 주소가 32부, 총 55부의 저서가 있었다고 한다. 그러나 이 내용에 근거하여 다시금 태현의 저서를 조사한 채인환에 따르면, 조명기의 조사 내용에는 12종의 다른 이름으로 되어 있는 같은 것이 있어서 (1977:383), 현재 목록 등에 보이는 태현의 저서는 43부라고 설명한다. 또한 "대승경전 20부 중의 18부, 대승론 23부 중 19부가 고적기이며, 혹은 고적기라는 별칭을 사용하고 있는데, 태현의 저서에는 그 대부분이 고적기라는 명칭이 붙어 있는 것이 특징이다"(1977:390)라고 하여, 태현의 저서에 나타난 '고적기'라는 명칭을 밝히고 있다.

경전에 대해 선학들의 주석을 정리한 뒤 자신의 사상을 더해 해석한 저술을 가리키는 것이다.[3] 태현은 화엄학을 배운 뒤 다시 유식학을 수학한 법상종法相宗의 사람이다. 즉 '성종性宗'과 '상종相宗'을 겸수한 인물로서 그의 저술은 어떠한 경전이나 사상에도 치우쳐 있지 않다.[4] 이러한 태현의 화쟁, 회통사상(이하 '화회사상')은 원효의 일심관으로부터 영향을 받은 것으로, 태현은 많은 저술에서 원효의 일심관과 화회사상을 기반으로 보다 발전된 사상체계를 보이고 있다.[5]

법흥왕 15년(528년)에 국교로 수용된 신라의 불교는 삼국통일 이전(7세기 중반 이전)에는 교단이나 승려의 규범을 정착시키기 위해 자장(慈藏, 590-658)을 비롯한 율사들이 불교교단의 중심이었다. 그러나 통일신라가 된 후부터는 『범망경』이 성행하게 된다. 특히 이 사

---

3 태현의 여러 고적에서의 영향관계에 대해 채인환은 "태현의 고적은 주로 어느 선학들의 자취를 계승한 것일까. 유식은 원측, 도증의 자취를 잇고, 성종은 법장, 원효의 자취를 따르고, 잡집(雜集)은 현범(玄範)의 자취를 따르고, 범망은 의적, 승장의 자취를 따르고 있는 것이 그 각 고적기에 나타나 있다"(1977:391)고 한다. 본 연구에서도 다른 영향관계에 관해서는 동의하지만, "범망은 의적, 승장의 자취를 따르고 있다"고 설명된 부분에 대해서는 이견이 있다. 이에 대해서는 뒤에 다루겠다.

4 태현의 성·상이종에 대해 채인환은 "대현이 고적기를 저술할 적에 성·상이종의 어느 쪽에 의지했는지는 후대 사람들의 견해에 따라 이론이 있다. 일본의 남도 학자들은 대현이 본래는 화엄을 수학한 성종의 사람이었으나, 후에 법상에 들어가 유식을 전공하였던 것으로 법상종소의의 논을 모두 해석하고 있는 태현의 다른 해석들을 보아도 법상적인 해석이 많다. 비록 성종의 원용 도리를 인용하고 있더라도 성·상이 서로 의지하는 의문(義門)이기에 그 근본은 상종이라는 견해를 보인다. 그러나 한편으로 대현은 어디까지나 성종이어서 법상종으로 귀의한 것은 아니다. 그 석의(釋義)에서는 일심, 여래장 등의 성종의 깊은 뜻이 충분히 보이고 있으며, 또한 삼제원용의 법문 등은 모두 성종의 오의이거만, 어째서 상종의 승려라고 말할 수 있는가라고 반론하고 있다"(1977:391-392)고 한다.

5 태현의 『고적기』에 나온 원효의 일심관의 영향에 대해 요시즈 요시히데는 "인용에서는 법장이나 의적의 것이 많지만, 근본적으로는 원효에서 유래한 일심관을 기반으로 하고 있다고 생각된다. … 태현은 원효의 일심관에 의거해 법장소나 유가계를 적극적으로 활용하였다고 말할 수 있다"(1991:663)고 하여, 태현의 근본사상에 원효의 일심관이 있는 것을 밝히고 있다.

분율에서 『범망경』으로의 전환에는 원효의 영향이 매우 컸다고 한다.[6] 이러한 변화의 흐름 속에 승장을 비롯한 의적이나 태현 등의 많은 유식학자들도 『범망경』을 주석하였다.

태현의 보살계 주석서로는 『고적기』와 『보살계본종요菩薩戒本宗要』(이하 『종요』)가 현존한다. 『종요』는 태현이 『범망경』의 주석에 앞서[7] 자신의 보살계관을 정리한 저술로, 삼취정계를 통해 성종과 상종을 융합하여 대소승의 계율을 회통한 저술이다.

태현 이전까지의 『범망경』 주석서는 일반적으로 『범망경』 하권에서부터 주석하였던 것에 비해, 『고적기』는 『범망경』 상하권을 전부 주석했다. 태현은 『고적기』에서 원효와 같이 『범망경』과 『화엄경』을 동일시하여 『범망경』을 일승교로 취급한다. 그리고 범망계와 삼취정계의 섭율의계를 같은 것으로 보고 『범망경』 속에 칠중계와 유가계를 포함시킨다. 이는 사상뿐만 아니라 보살계관에서도 원효의 일심관과 화회사상이 잘 반영되어 있는 것을 나타내는 것이다.

본 장에서는 이러한 태현의 『고적기』를 중심으로 그 안에 나타난 원효와 법장의 영향을 확인하여 태현이 그들의 주석을 어떻게 사용하고 발전시켰는가를 밝히겠다.

---

6 최원식(1999:36-41)

7 『고적기』에 『종요』가 여섯 차례 인용되어 있는 것에서 태현이 『고적기』에 앞서 『종요』를 저술한 것이 확실해진다. 『고적기』에 『종요』가 인용된 부분은 'T40.701a25, 703a10, 703b04, 706c09, 708a16, 708b16'이다.

4.2. 선행연구

본 장에서는 태현의 보살계에 관한 선행연구를 검토하여 태현 저술의 영향관계를 확인하겠다.

우선 채인환은 『신라불교계율사상연구』에서, 태현의 이름에 대해 논하고 있다. 많은 저술에서 태현은 '太賢(태현), 大賢(대현), 靑丘沙門(청구사문)' 등의 여러 명칭으로 기록되어 있다. 예를 들어 『삼국유사』에서는 '瑜伽祖 大德大賢(유가조 대덕대현)'(T49.1009c25), 『종요』에서는 '靑丘沙門 大賢撰(청구사문 대현찬)'(T45.915b15)으로 되어 있으나, 『고적기』에서는 '靑丘沙門 太賢集(청구사문 태현집)'(T40.689b11)이라고 되어 있다. 같은 태현의 저술임에도 명칭이 다르게 되어 있는 것이다. 그러나 이는 단순히 기록의 명칭만이 다르게 되어 있는 것으로, 저술의 진위 등의 문제와는 관계없다. 이에 대해 채인환은 "일본대장경에 수록되어 있는 『범망경고적기』에 관한 각 주석서는 전부 태현으로 되어 있다. 이와 같이 나누어 보면, 한국과 중국의 자료에서는 거의 전부 대현으로 되어 있는 것에 비해, 일본에서 볼 수 있는 자료의 대부분은 태현으로 기록되어 있다"(1977:371)고 하여, 나라에 따라 태현의 명칭이 다르게 되어 있다고 설명한다. 그리고 "일본에서 가장 많이 활용된 것이 『범망경고적기』이고, 우연히 이것이 태현으로 기록되어 있어서 다른 저술에도 혹시 사용된 것은 아닐까 생각된다"(1977:371)고 하여, 태현에 관한 연구가 가장 활발했던 일본, 특히 남도불교에 의해 '태현'이라는 이름이 보편적으로 알려지게 된 것이 아닐까라고 추측한다.

그리고 태현의 저술에 대해 조명기의 조사[8]에 근거하여 "대승의 각 경전에 관한 주소注疏 23부, 각 대승론에 관한 주소 32부, 합계 55부 122권이다. 서목書目의 번호는 55번까지이지만, 같은 조사표에는 제19번이 빠져 있기 때문에 실교는 54부가 기재되어 있다"(1977:378)고 하여, 조명기의 조사자료 중에 중복된 것과 현재 목록 등에서 확인할 수 있는 것 등을 정리하면 총 43부가 있다고 설명한다. 그러나 태현의 43부의 저술은 대부분 산실되어 현재는 5부 14권만이 남아 있다. 이러한 태현 저술에 관한 채인환의 주장은 최원식도 그대로 받아들여 자신의 저술에서 사용하고 있다.[9]

또한 채인환은 『고적기』에 인용된 경율론서를 조사해 태현이 『고적기』를 저술할 때 『유가론』(73회)과 법장의 『본소』(10회)를 가장 많이 인용한 점을 밝히고 있다.[10] 이로 인해 태현이 성상의 경론

8　각주2를 참조.

9　최원식(1999:185)

10　태현의 『고적기』에 인용된 경율론서에 대해 채인환은 "대현이 『범망경』을 소석(疏釋)하는 데 있어서 가장 많이 사용하고 있는 대승경전은 『열반경』 16회, 『문수문경(文殊問經)』 11회, 『화엄경』 10회, 그리고 『선계경』, 『본업경』, 『유교경(遺敎經)』이 각 7회이고, … 율은 신라에 『사분율』 유행의 추세로 인해 『사분율』의 인용이 7회로 가장 많고, 다음이 『오분율』 3회이다. 논은 『유가론』 73회, 『지도론(智度論)』 19회, 『십주비바사론(十住毘婆娑論)』 9회로 단연 『유가론』의 인용이 가장 많은데, … 여기에도 성상의 경론을 화회시키려고 하는 대현의 사상이 잘 나타나 있으며, 특히 『유가론』에 입각하고 있는 부분에 유가의 대덕으로서의 면목이 발휘되는 것이다. 또한, 이름을 거론하며 인용된 조사로서는 법장의 설이 10회, 의적의 설이 3회, 그리고 원효의 이름이 거론되고 있다. … 이처럼 대현은 범망계를 소석함에 있어서 우선 『보살계본종요』 1권을 제작하고, 그 계율사상을 확실하게 한 뒤에 『범망경고적기』를 제작한 것인데, 그 하권의 보살계를 해석하면서도 앞선 『종요』를 5회에 걸쳐 인용한 것이 확인된다"(1977:407-408)고 설명한다. 그러나 『종요』의 인용 횟수에 대해 5회로 되어 있으나, 그것은 『고적기』 하권에 한정한 인용의 횟수로, 『고적기』 상하권에 걸쳐서는 앞서 말한 총 6회 인용되어 있다. 그리고 조사(법장, 의적, 원효)의 인용 횟수에도 오류가 있다. 이에 대해서는 뒤에 다루겠다.

을 화회하고 『유가론』에 입각해 있다고 설명한다. 그리고 이러한 화회의 저술방식은 단지 태현만의 특징이 아닌 "신라의 불교학 대가들은 원효를 비롯해 모두가 자신의 소의 분야에 머물지 않고 불교 전체의 경론을 폭넓게 연구하여 많은 저술을 남기고 있는 것이 특색이다"(1977:425)라고 한다.

다음으로 요시즈 요시히데(吉津宜英)는 『화엄일승사상의 연구(華嚴一乘思想の硏究)』에서, 통상적인 『범망경』 주석(하권만의 주석)과는 다르게 태현이 『고적기』에서 상하권을 모두 주석한 이유에 대해 "내가 추측하기에 태현의 원효·법장 융합의 자세 그 자체가 상권의 화엄적 설상說相으로의 주석을 필요로 했을 것이다"(1991:658)라고 한다. 또한 상권을 주석한 것에서 태현이 『범망경』과 『화엄경』을 하나로 파악하고 있는 것을 알 수 있다고 설명한다.[11] 요시즈 요시히데도 태현의 일심관과 화회사상에 중점을 두고 『고적기』를 분석하고 있으나, 채인환의 성상이종의 융합과는 달리 원효·법장의 융합에 초점을 두고 있다. 이 원효·법장의 융합설은 『고적기』에 나타나 있는 일심관에 의한 것이다. 태현은 『고적기』에서 법장은 11회나 인용하고 있지만 원효는 1회밖에 인용하지 않는다.[12] 상대적으

---

11   요시즈 요시히데는 태현이 『범망경』과 『화엄경』을 일체시한 근거에 대해 "상권의 40위 수행단계나 하권 모두의 '십주' 등에 『화엄경』의 계위를 배치해 둔 것이나 『범망경』도 『화엄경』과 똑같이 성도 후 제27일의 설시로 하는 등의 부분에 두 경전을 일체시하는 자세가 나타나 있다."(1991:658)고 설명한다.

12   태현은 『고적기』에서 '법장사(法藏師)'라는 명칭으로 법장을 인용한다. 그 인용의 부분은 'T40.689b22, 690b11, 705c10, 709b28, 710c02, 713c29, 714a15, 714a20, 715b28, 716c09, 716c21'이다. 그리고 요시즈 요시히데에 따르면 "그 외에도 법장소의 문장을 스스로의 해석으로

로 법장의 인용이 훨씬 많지만, 어디까지나『고적기』는 원효의 일심관을 토대로 쓰여진 주석서로서, 이에 대해서 "이 일심관이라는 것이 설정되어 있기에 비로소 유가계와 유가계를 비판한 법장소가 함께 공존할 수 있다고 생각한다"(1991:662)고 설명한다. 즉 태현은 일심관을 토대로 화회의 주석을 전개한 것이다.

그리고 이러한 원효·법장 융합설은『범망경』의 일승교사상과도 관련이 있다. 원효는『범망경』을 일승교(일승분교)로 보았으나, 법장은 별교일승의 입장에서『범망경』을 삼승교로 보았다. 따라서 요시즈의 원효·법장 융합설은『범망경』과『화엄경』을 동일시하여『범망경』을 일승교로 취급한『고적기』에 그 정당성을 부여하는 주장이 된다고 생각된다.

최원식은『신라보살계사상사연구』(1999:185-216)에서,『고적기』에 나타난 유가계의 영향과 승장·의적의 상관관계를 설명한다. 특히 '십중사십팔경계'의 주석 중 32곳의 계목에서『유가론』을 인용하고 있는 점과,『유가론』의 '무위범(無違犯: 계를 범해도 죄가 아님)'을 사용하여 13곳의 계목[13]에서 범계판단을 하고 있는 점에 중점을 두고 분석하고 있다.

또한 최원식은 태현, 승장, 의적이 같은 신라의 유식학자이기에

<hr>

채용하고 있는 부분이 많다"(1991:662)고 한다. 이에 비해 원효는 '원효사(元曉師)'(T40.708b12)라는 명칭으로 1회밖에 인용하지 않는다.

13　최원식의 조사(1999:193)에 따르면, 태현은 십중계에서는 '제1, 2, 3, 4, 8중계', 사십팔경계에서는 '제1, 5, 7, 8, 9, 16, 19, 24경계'에서『유가론』의 무위범을 인용하고 있다.

서로에게 영향을 주었을 것이라고 주장한다.[14] 특히『유가론』의 무위범을 인용하고 있는 것은 법장의 영향도 있으나, 사십팔경계의 주석에서 승장, 의적과 유사한 인용을 하고 있는 점에서 법장보다 같은 신라의 유식학자인 승장, 의적의 영향이 더욱 컸을 것이라고 주장한다. 그리고『유가론』을 중심으로『범망경』을 이해하고 있는 점이 승장, 의적과 같은 경향을 보이고 있으며 지의, 원효, 법장과는 다르다고 설명한다. 그러나 태현에게는 유가계를 중심으로 범망계를 포섭하려는 의도가 보이지 않기에 승장과는 그 입장이 다르다고 해야 할 것이라고 설명한다.[15]

4.3. 태현의 보살계관

태현의『고적기』는 종래의 지의나 법장 등의 주석서와 비교해『범망경』을 보다 대승적으로 해석한 보살계관을 보인다. 우선 태

---

14 최원식(1999:194)

15 그러나 태현이『유가론』을 인용한 의도가 승장과 다르다면, 최원식이 주장하고 있는 내용은 모순이 된다. 인용의 의도가 다름에도 불구하고 단지 인용의 부분이나 내용이 비슷한 것만으로 그 영향관계를 설명하는 것은 논증이 부족하다고 생각된다.
"태현이 유가론의 無違犯의 경우를 이끌어 와서 범망계를 주석한 것은 법장의 영향도 있었지만, 같은 신라의 유식학승이었던 勝莊과 義寂의 영향이 컸다고 보아야 할 것이다. 특히 태현의 48경계 주석에 인용된 유가론의 무위범의 경우는 법장보다는 승장과 의적의 주석서에서 동일한 것을 쉽게 찾아볼 수 있기 때문이다. … 즉『유가론』에 바탕을 두고『梵網經』을 이해했다는 점에서는 태현과 승장·의적이 동일한 경향을 보이고 있다고 하겠다. 이는 법장이나 지의·원효 등과는 다른 점이 아닌가 한다. 그러나 태현과 의적에게서는 瑜伽戒를 중심으로 하여 梵網戒를 포섭하려는 의도는 볼 수 없으므로 勝莊과 그 입장이 다르다고 해야 할 것이다."(최원식1999:194)

현은 『보살영락본업경菩薩瓔珞本業經』(이하 『영락경』)을 인용하며, 『범망경』의 계체론을 '심법계체'로 말하고 보살계의 '일득영불실'을 설명한다.

如本業云, 一切菩薩凡聖戒盡心爲體. 其心若盡戒亦盡. 心無盡故戒亦無盡. 此中心者大乘心也. (T40.702a13)

『본업경』에서 이르길, 일체의 보살이나 범부나 성인의 계는 모두 마음을 체로 한다. 그 마음이 다하면 계도 또한 다한다. 마음이 다함이 없기에 계도 또한 다함이 없는 것이다. 이 중 마음이란 대승의 마음이다.

이 『영락경』의 구절은 지의 이후의 『범망경』 주석에서 보살계의 '심법계체'를 설명할 때 자주 사용되는 인용구이다. 태현도 이 구절을 인용해 『고적기』의 계체론을 '심법계체'로 설명한다. 게다가 이 마음은 대승의 마음이라고 역설하며 한층 대승보살계의 특징을 강조하고 있다.

그리고 일심은 여래성(불성)이라고 하고, 그 여래성을 계의 실성實性이라고 정의한다.

如來性者即眞如性. 如經寂滅者名爲一心. 一心者名如來藏. (T40.689c16)

여래성이 즉 진여성이다. 경에서 말하듯 적멸은 이름하여

  범망경 보살계의 흐름

일심이라고 한다. 일심은 여래장이라고 이름한다.

(T40.700a06)

인과의 만덕은 계를 처음으로 한다. 이름하여 본원이라고
한다. 아래의 광석과 같다. 불성종자는 계의 실성이다.

이처럼 태현은 계의 근본을 불성으로 보고『고적기』에서의 심법
계체설을 밝히고 있다. 또한 일심을 진여성이고 적멸이라고 설명
하기에 그것을 실성으로 하는 계는 불도수행의 시작임과 동시에
구경의 목표인 열반(적멸)이 되는 것이다. 즉 태현에게 있어 계는
불교의 근본이며 전부였다고 말해도 과언이 아니다.

그러나 이러한 계를 수계하기 위해서는 반드시 우선 대보리심의
발심을 해야 한다고 설명한다.

六道衆生但解師語, 要須先發大菩提心. 謂誓定取無上菩提窮
未來際利樂有情. (T40.700a28)

육도중생은 만일 스승의 말을 이해할 수 있다면, 반드시
우선 대보리심을 발해야 한다. 반드시 무상보리를 취해 미래
제가 다할 때까지 유정을 이익되고 즐겁게 하겠다는 서원을
세운다는 것이다.

대보리심의 발심은 보살의 근본으로서 그 발심에 의해 보살은 수계하여 불도에 들어 수행을 하게 되는 것이다. 그리고 보살은 언제나 마음속에 대보리심을 지니고 있기에 계는 다함없이 영원히 이어지는 것이라고 한다.

若不放捨無盡戒願, 無有盡犯, 無邊戒故. 由此轉生, 戒亦恒隨運運增長乃至成佛. 猶如河水日夜不停運運遷流自到大海. 唯除故捨大菩提心. 彼旣心盡戒亦盡故. (T40.701a13)

만일 다함없는 계의 서원을 놓아 버리지 않는다면 모두 다 범함이 없으니 끝이 없는 계이기 때문이다. 이로 인해 윤회하더라도 계도 또한 항상 저절로 옮겨와 증장하여 마침내 성불에 이르게 되는 것이다. 마치 강의 물이 밤낮으로 멈추지 않고 저절로 흘러내려 스스로 큰 바다에 이르는 것과 같다. 다만 일부러 대보리심을 버리는 것만은 제외한다. 그는 이미 마음이 다하여 계도 또한 다했기 때문이다.

이처럼 심법계체의 계는 보살의 대보리심의 발심에 의해 나타나며, 그 서원을 버리지 않는 한 영원히 이어지는 것이다. 그리고 대보리심의 계를 지니고 있기에 보살은 스스로 악의에 의한 범계행을 저지르지 않는다. 또한 이 계는 열반의 근본이기에 그것을 수지하고 보살행을 닦으면 반드시 열반에 이르게 된다. 이는 제3장에서 검토한 원효의 '달기보살'과 법장의 '통'과도 유사한 설명이라고 생각된다.[16] 원효와 법장의 개념도 보살이 계를 수지하고 있기에 그 모든 행이 범계가 되지 않는다는 것이다. 그리고 대보리심으로 인해 항상 중생의 이익과 즐거움을 위해 행동하기에 비록 보살이 범계와 같은 행동을 저질렀다고 하더라도 그 본질은 대비심에 의한 보살행이다. 따라서 대보리심에 의해 계를 수지한 보살은 계의 서원을 버리지 않는 한 어떤 범계도 저지르지 않는 것이다.

이러한 대보리심은 대승보살의 근본으로서 그 본성은 공空이다. 그렇기에 보살은 일체만물의 공성을 바르게 사유하고 모든 것에 집착하지 않으며 항상 중도를 관하여 어느 쪽에도 치우치지 않는 가르침으로 일체중생을 제도해야 한다. 만약 보살이 공성을 잃는다면 대승을 잃는 것이 되어 보살로서의 자격도 잃게 된다.

如瑜伽云, 眞如所緣緣種子故. 不失壞空名大乘故. 相似無漏中

---

16 제2, 3장에서 검토한 원효의 '달기보살'과 법장의 '통'의 내용을 다시 확인하면 다음과 같다.
원효의 '달기보살': 此中作四句簡持犯. 一者有雖犯婬而一向福非罪. 謂如文殊等. 達機菩薩故應現婬男身得度者. 即現婬男婬女身, 能令之度故. 如文殊師利巡行經中廣說, 大菩薩者無然故, 亦無不然故. 淨名經佛道品中云, 若菩薩行非道, 是菩薩通達佛道故. (X38.284a12)
: 이 중에 네 개의 구를 만들어 계의 지범을 설명한다. 첫째는 음계를 범했으나 한결같이 복이며 죄가 아니다. 이른바 문수보살 등과 같다. 달기보살이기에 마땅히 음란한 남성의 몸으로 나투어 제도할 수 있는 것이다. 즉 음남음녀의 몸으로 나투어 능히 중생을 제도시키기 때문이다. 『문수사리순행경』 중에서 널리 설하는 것과 같이 대보살은 그러한 것도 없기 때문이며, 또한 그러한 것이 아닌 것도 없기 때문이다. 『정명경』의 「불도품」 중에서 말하길 "만약 보살의 행이 비도라면 이 보살은 불도를 통달하였기 때문이다"라고 한다.
법장의 '통': 如是菩薩意樂, 思惟於彼衆生或以善心或無記心, 知此事已爲當來故深生慚愧, 以憐愍心而斷彼命. 由是因緣於菩薩戒無所違犯, 生多功德故也. (T40.612a13)
: 이처럼 보살은 좋은 마음을 내어, 저 중생에 대한 선심이나 무기심으로 사유하고, 이 일을 미리 알고서 당래를 위해 깊이 참괴심을 내고 연민심으로 그의 목숨을 끊는다. 이 인연으로 인해 보살계에서는 위범하는 것이 없고 많은 공덕이 생긴다고 한 것이다.

道一味觀而教化十方. 轉一切衆生者, 轉凡向聖也. (T40.694c08)

『유가론』에서 말하길, 진여는 소연과 연의 종자이기 때문이다. 공을 잃거나 부수지 않는다면 대승이라고 하기 때문이다. 무루에 상이하는 중도의 한결같은 맛을 관하면서 시방을 교화한다. 일체중생을 바꾼다는 것은 범부를 바꾸어 성인으로 향하게 한다는 것이다.

夫發大悲心者, 於空性中見一切法如實性. 若失壞空性則失一切大乘故. (T40.693a13)

무릇 대비심을 발한다는 것은 공성 가운데에서 일체법의 여실성을 보는 것이다. 만약 공성을 실괴한다면 즉 모든 대승을 잃기 때문이다.

이 구절에는 태현의 사상이 잘 나타나 있다. 태현은 대승의 핵인 진여(불성)조차도 공으로 보고 있다. 즉 대승보살이 되는 첫걸음인 대보리심의 발심이란, 무언가 실재하는 불성을 발견하여 그것이 서원에 의해 생겨나거나 하는 것이 아닌, 불성에 의해 일체가 공인 것을 여실히 관하고 그것을 인식하고 있는 불성도 또한 공인 것을 바르게 이해하여 일체법에 집착하지 않고 중도의 보살행을 하는 것이다.

이처럼 일체법의 공성을 관하여 대승의 보살이 되고 나면 보살로서 어떠한 행동을 하면 되는가. 이에 대해서 태현은 만행의 시작은 계라고 설명한다.

> 萬行之始以戒爲本. 萬行之終菩提爲果. 是故三際皆由戒成佛.
> 三聚如應成三德故. (T40.701c24)
>
> 만행의 시작은 계를 근본으로 한다. 만행의 끝은 보리를 과
> 로 한다. 이처럼 과거, 현재, 미래의 삼제는 모두 계로 인해 성불
> 한다. 삼취정계는 그것에 상응한 대로 각각의 삼덕을 이룬다.

삼세의 보살은 계를 근본으로 보살행을 행하고, 그것에 의해 구
경에는 보리에 이르러 성불하는 것이다. 이는 삼취정계의 삼덕목
이 삼덕과를 이루어 성불에 이르는 것과 동일한 설명으로,[17] 태현

---

[17] 태현의 삼취정계에 의한 보살의 성불론은 앞선 원효의 『사기』와 법장의 『본소』에서도 적극적으
로 설해진 내용이다. 원효는 삼취정계의 구족에 의해 성불의 원인이 생겨나고 그 결과로서 성불한
다고 설명한다. 그리고 법장은 모든 보살의 행은 전부 삼취정계이며 그것을 종으로 한다고 설명한
다.
원효 『사기』: 此三聚戒者, 律儀戒者, 爲斷德目, 攝正法戒者, 爲智德目, 攝衆生戒者, 爲恩德目. 此三
目故得成三德果. 故言由此成正覺. 合三德而爲正覺菩提果故. (X38.277a05)
: 이 삼취계에서 율의계는 단(斷)의 덕목이고, 섭정법계는 지(智)의 덕목이며, 섭중생계는 은(恩)의
덕목이다. 이 삼덕목에 의해 삼덕과를 이룰 수 있다. 그렇기 때문에 이것에 의해 정각을 이룬다고
하는 것이다. 세 가지의 덕을 합쳐서 정각보리과라고 하는 것이다.
汝是當作佛者, 由持戒故, 能有成佛之因故, 因定果故, 名當作佛. 我是已成佛者, 示我由三聚戒故旣得
成佛也. (X38.277b19)
: '그대는 마땅히 부처가 된다(作佛)'는 것은, 지계에 의해 성불의 원인이 있기 때문에 원인이 결과
를 정하여 마땅히 부처가 된다고 한 것이다. '나는 이미 부처가 되었다(成佛)'고 하는 것은, 내가 삼
취계에 의해 이미 성불을 이룬 것을 나타내는 것이다.
법장 『본소』: 諸菩薩波羅密行莫不具足三聚. 所謂發三聚心, 修三種行, 成三迴向. 菩薩萬行莫過於此.
故以爲宗. (T40.604b05)
: 모든 보살의 바라밀행은 삼취정계를 구족하지 않은 것이 없다. 이른바 삼취정계의 마음을 일으
켜 세 가지의 행(계, 정, 혜)을 닦아 세 가지 회향(보리, 중생, 실제)을 성취한다. 보살의 만행은 이것보다
뛰어난 것이 없다. 그렇기 때문에 근본(宗)이라고 한다.

도 『범망경』의 주석에 삼취정계를 적극적으로 도입하여 대승에서
의 보살의 필수조건으로 여기고 있다. 그리고 계의 정의에서 중생
제도의 근본이 되는 계를 보살계라고 하여 범망보살계를 삼취정계
와 같은 것으로 취급한다.

> 戒中之戒謂菩薩戒. 廣度衆生以理本故. 是故偏說菩薩戒經.
> (T40.712a25)
> 계 중의 계는 보살계라고 한다. 널리 중생을 제도하는데
> 이치를 근본으로 하기 때문이다. 이 때문에 한결같이 보살계
> 경을 설하는 것이다.

태현에게 있어 계는 오직 『범망경』의 보살계만으로, 그것에 의
해 대승에 들어가 성불이라는 구경의 목표를 달성하는 것이다. 또
한 삼취정계와 칠중계를 같은 것으로 인식하여 『범망경』의 '십중
사십팔경계'의 하나하나에 삼취정계가 구족되어 있다고 설명한다.
이로 인해 모든 범망계 속에 삼취정계가 포함되어 범망계는 일체
계를 포섭한 계가 되는 것이다.

此菩薩三聚淨戒, 旣爲道場直路種覺圓因. 是故一切諸佛出興于世利樂衆生, 皆依古法. 法爾初時結於
菩薩波羅提木叉爲宗本之要. (T40.602b26)
: 이 보살의 삼취정계는 이미 도량의 곧은 길이고 일체종지의 원만한 원인이다. 이런 까닭에 일체
제불이 세간에 출현하여 중생을 이익되고 즐겁게 하는 것은 모두 옛 법에 의지하였다. 법에 따라
처엄에 보살의 바라제목차를 결집하여 근본토대의 요체로 하였다.

此八戒等皆通聲聞菩薩戒也. 瑜伽論云, 攝律儀戒七衆戒故. 涅
槃經云, 爲無上道受八戒故. (T40.709c17)

이 팔계 등은 모두 성문계와 보살계에 통하는 것이다.『유가
론』에 "섭율의계는 칠중계다"라고 하기 때문이다.『열반경』에
"무상도를 위해서 팔계를 받는다"라고 하기 때문이다.

如此諸戒一一皆具三聚戒義. (T40.708c06)

이처럼 모든 계의 하나하나가 전부 삼취계의 이치를 구족
하고 있다.

태현의 이러한 삼취정계에 의한『범망경』의 일체계의 포섭은 지
의를 비롯한 원효, 법장의 주석에도 나타나 있다.[18] 그러나 종래의
주석에서는 단순히『범망경』에 삼취정계가 포함되어 있다고 설명
하거나,『범망경』의 십중계만으로 한정한 것에 비해, 태현은 그 범
위를 보다 확장하였다. 우선 삼취정계의 섭율의계가 칠중계라고
설명하고, 이어서『범망경』의 십중사십팔경계 전부가 삼취정계라

18　『범망경』과 삼취정계의 상관관계에 대해 우선 지의는『의소』와『마하지관』의 '십중계'의 설명에
　　서『범망경』은 '중도제일의제의 계'로 '제10구족계', 즉 일체계를 구족하고 있는 계라고 설명한다.
　　원효는『요기』에서 계를 다라계본(범망계), 달마계본(유가계), 별해탈계경(구족계)으로 나누어 다라계
　　본을 중심으로 다른 계본을 포섭하고 있다. 또한『사기』에서는『범망경』의 계를 삼취정계라고 설
　　명하지만, 태현과 같이 그 조건까지는 명확하게 논하지 않는다. 반면 법장은 '是故十戒一一皆具三
　　聚'(T40.609c09)라고 하여『범망경』의 십중계를 삼취정계라고 정의하며 그 범위를 명확하게 하고
　　있다. 이러한『범망경』주석의 발달사에서 태현은 종래의 주석을 종합하여『범망경』의 대승적 주
　　석을 완성했다고 하여도 과언이 아니다.

고 정의하여, 『범망경』에서의 삼취정계에 의한 일체계의 포섭을 한층 명확하게 하고 있다.

이상의 내용과 같이 태현의 보살계관은 『범망경』에 의한 출가를 염두한 주석이라고 생각된다. 삼취정계의 도입에 의해 『범망경』은 일체계를 포섭한 계본이 되었기에 『범망경』에 의한 출가는 정당성을 얻어 기존의 『사분율』 등의 출가계본과의 차이가 사라지게 된 것이다. 따라서 『범망경』을 수계하면 성문계도 동시에 수계하는 것이 되기에 태현은 대승보살의 성문계와 보살계의 중수重受를 부정한다.

必由律儀得後不共二菩薩戒. 故作是說. 未必菩薩先發小心.
(T40.703a02)

반드시 율의로 인해 뒤에 불공의 두 가지 보살계를 얻는다. 그렇기에 이 설을 만든 것이다. 반드시 보살이 먼저 소심을 발한다고는 한정할 수 없다.

이처럼 태현은 지의에 의해 도입되고, 원효와 법장을 거쳐 한층 강조된 '삼취정계' 사상을 이어받아서, 그것에 자신의 일심관과 화회사상을 추가하여 『범망경』을 보다 대승적으로 주석했다. 이러한 태현의 보살계관은 일본의 남도불교와 천태종의 사이쵸(最澄, 767-822) 등에게도 큰 영향을 주어 후에 '원돈계圓頓戒'라는 대승계본에

까지 이르게 된다고 한다.[19]

그리고 보살계의 수계법을 '일분수一分受'와 '전분수全分受'로 나누어, 수계자가 자신의 기근이나 상황 등에 맞춰 보살계를 받을 수 있도록 설명한다.

> 發此心已有二種受. 一者一分受, 隨其受者意樂所堪. 或受一戒, 或多皆得成戒名爲菩薩. 不同聲聞必總受持, 若其一分不名比丘. (T40.700b03)

이미 이 마음을 낸 뒤에는 두 가지의 (계를) 받는 법이 있다. 첫째는 일분수로서 그 수계자가 의요를 견딜 수 있는가에 따라서 하나의 계를 받거나 여러 계를 받기도 하는데 모두 계를 성취하기에 보살이라고 이름한다. 성문은 반드시 전부 수지해야 하는데, 만약 그 중 일부분만 받는다면 비구라

---

[19] 일본 남도불교와 사이쵸에 영향을 준 태현의 교학에 대해, 우선 요시즈 요시히데는 "나는 사이쵸의 원돈계가 그가 종으로 삼는 천태법화종의 교리에 의한 것임을 부정하는 것은 아니지만, 그가 『범망경』에 의한 계만으로 충분하다고 생각한 배경에는, 예를 들어 태현기 등에서 성립하여 아마도 동대사 건립에도 영향을 주었을 것으로 생각되는 『범망경』과 『화엄경』의 일체화라든가, 그러한 입장에서의 『범망경』 절대화의 상황이 있지 않았을까 생각한다. … 결국 사이쵸나 쿠카이(空海)의 연구에 있어서 특히 입당 이전의 취학기의 그들에게 있어 중국불교 이상으로 신라불교의 영향이 컸으며, 특히 원효로부터 태현에 이르는 전개에는 법장의 교학을 흡수하여 강한 일승의 이데아가 형성되어 있는 것은 무시할 수 없는 것이다"(1991:668)라고 한다.
다음으로 채인환은 당시의 계율연구의 경향에 대해 "남도와 북령(北嶺)의 사이에 다툼이 된 계율에 관한 논쟁이나 카마쿠라(鎌倉) 시기부터 일어난 계율부흥운동 등의 영향에 의해 범망보살계에 관한 주석서가 차례차례 저술되고, 게다가 이 주석서를 주석하는 말주도 상당수 만들어졌다. 이러한 경향은 당연히 범망계를 주석하는 데 있어서 『범망경고적기』 정도로 말주가 다양하고 다채로운 것은 다른 것과 비교해 찾아볼 수 없다고 할 정도여서, 이것만으로도 어느 정도로 태현의 고적기가 소중히 다뤄졌고 특히 일본의 계율연구자들에 의해 『범망경고적기』가 많이 연구되었는가를 말하는 것이다"(1977:419)라고 한다.

고 불릴 수 없는 것과는 같지 않다.

성문계와 같이 모든 계를 받아서 수계가 완성되는 것(비구가 되는 것, 전분수)이 아니라, 자신의 상황 등에 맞춰서 그 일부만을 수계해도(일분수) 대승의 보살이 되는 것이다. 이 '일분수'는 앞서 말한 것과 같이 『범망경』 전체에 일체계가 포함되어 있기에 가능한 설명이다. 태현은 '如此諸戒一一皆具三聚戒義'(T40.708c06)라고 설명하고 있듯이, 비록 『범망경』의 계목을 한 개밖에 받지 않더라도 그것에는 삼취정계가 포함되어 있고, 그 삼취정계의 섭율의계가 칠중계이기에, 그것에 의해 수계가 성립되어 대승보살이 되는 것이다. 그리고 그 '일분수'의 계는 단 한 개뿐일지라도 그 공덕은 성문계보다 수승하다고 하여 『범망경』 수계의 우월성을 강조한다.

但解師語發心皆得. 雖但解語, 唯受一戒, 猶勝二乘一切功德. 羅漢功德但爲自身, 於有情界無有恩分. 菩薩一戒爲度一切. 無一衆生不荷恩故. (T40.700b13)

오직 스승의 말만을 이해하여 발심한다면 모두 (계를) 얻는다. 오직 말만을 이해하여 오직 하나의 계만을 받아도 오히려 이승의 모든 공덕보다 수승하다. 나한의 공덕은 오직 자신만을 위한 것이라 유정의 세계에 은분이 없다. 보살은 하나의 계라도 모두를 제도한다. 한 명의 중생도 (그) 은혜를 받지 않은 이가 없기 때문이다.

태현의 이러한 『범망경』에 대한 계의 정의는 대승불교에서의 대승계(보살계)에 의한 출가의 정당성을 제시하여 누구라도 발심만 하면 대승의 보살이 되어 열반에 이를 수 있는 길을 열었다. 즉 태현은 『고적기』에서 단순히 『범망경』의 주석만을 한 것이 아니라, 종래의 주석서보다 한층 개방적인 주석을 통해 『범망경』의 활발한 유통과 실천, 그리고 기성 승단과는 다른 대승계에 의한 새로운 대승 승가의 성립 등도 염두하여 주석한 것이라고 생각된다.

4.4. 『범망경고적기』의 과문

태현은 『고적기』에서 『범망경』을 '시처時處, 기근機根, 장섭藏攝, 번역翻譯, 종취宗趣, 제명題名, 본문本文'의 칠문七門[20]으로 나누어 주석한다. 요시즈 요시히데는 태현의 칠문에는 법장(『본소』)의 십문十門[21]의 영향이 있다고 지적하며, 표1과 같이 태현의 칠문과 법장의 십문을 비교한다.[22]

---

[20]　將釋此經七門分別. 時處故. 機根故. 藏攝故. 翻譯故. 宗趣故. 題名故. 本文故. (T40.689b12)

[21]　將釋此經略作十門. 一教起所因. 二諸藏所攝. 三攝教分齊. 四顯所爲機. 五能詮敎體. 六所詮宗趣. 七釋經題目. 八敎起本末. 九部類傳譯. 十隨文解釋. (T40.602b18)

[22]　요시즈 요시히데(1991:660)

【표1】[23]

태현의 칠문	법장의 십문
第一時處	第一敎起所因
第二機根	第四顯所爲機
第三藏攝	第二諸藏所攝
第四翻譯	第八敎起本末
	第九部類傳譯
第五宗趣	第六所詮宗趣
第六題名	第七釋經題目
第七本文	第十隨文解釋
	第三攝敎分齊
	第五能詮敎體

그러나 표를 비교해 보면 법장의 '제3섭교분제'와 '제5능전교체'는 태현의 칠문에 상응하는 부분이 없다. 이에 대해 요시즈 요시히데는 태현의 칠문의 '제2기근'과 '제3장섭'을 인용해, 태현은 '일체중생실유불성'과 '삼취정계'를 통해 다른 부분을 포섭하고 있으며, 법장의 『본소』보다 『범망경』을 관대하게 규정하고 있다고 설명한다.[24] 그리고 이러한 태현의 『범망경』에 대한 관대한 규정은 『고적

---

23 비교의 편의상 태현의 칠문에 상응하는 부분에 법장의 십문을 맞춘 표이다.

24 태현의 칠문과의 비교에서 법장의 '제3섭교분제'와 '제5능전교체'의 결여에 대해서, 요시즈 요시히데는 '제3섭교분제'를 예로 들며 다음과 같이 설명한다.

"법장의 '섭교분제'에 상응하는 교판을 다루는 부분이 존재하지 않는다. 굳이 그것에 관계되는 곳을 찾는다면 '장섭'에 나오는 다음 한 문장이 될 것이다. "장섭이기 때문이라는 것은, 보살장에 통하고 비나야에 섭수된다.(大正四○·六八九中)" 삼승 중에서는 보살, 삼장 중에서는 비나야에 섭수된다고 한다. 매우 관대한 규정이다. 이 "보살장에 통한다"는 관대한 규정이 태현기의 내용의 성격을 잘 나타내고 있다. 그것은 기근의 다음과 같은 간단한 규정과도 상응한다. "기근이라는 것은 보살성이 있어서 발심을 얻은 자이다. 비방과 불신이 있다면 설하는 것을 얻을 수 없기 때문이다.(동일 페이지)" 법장과 같이 오종성 전체가 기근의 대상이라고 하여, 절대로 '누구라도의 계'와 같은 규정이 아닌 발심한 보살종성의 사람이라는 규정은 의적과 가깝다. 그러나 비방하는 사람과 불신자

기』에서 다수 인용되고 있는 『유가론』을 취급하는 모습에도 나타나 있는 것으로,[25] 태현은 『범망경』의 주석을 종래의 주석서보다 한층 포용적으로 주석하였다.[26]

다음으로 칠문의 '제5종취'는 『고적기』의 중심 부분으로, 태현은 여기서 자신의 계체론과 보살계관을 나타내고 있다. 우선 '종취'를 '종'과 '취'로 나누고, '종'은 『범망경』의 십중사십팔경계이고, '취'는 '종'이 돌아가야 할 곳인 '성상불이'의 열반이라고 설명한다. 즉 계(종)를 열반(취)에 이르기 위한 방편으로 인식한 것이다.

> 言宗趣者, 語之所表曰宗. 宗之所歸曰趣. 此經正以心行爲宗.
> 証覺利生以爲其趣. (T40.689c09)

종취라고 함은 언어가 나타내는 곳을 종이라 한다. 종이 돌아가야 할 곳을 취라고 한다. 이 경은 바로 심행을 종으로 한다. 증각과 이생을 그 취로 한다.

이와 같이 '종취'의 '종'은 '심행'이며, '취'는 '증각이생'이라고

만은 제외된다고 하는 기근론은 그 정도로 엄격하다고는 말할 수 없고, 오히려 앞선 장섭의 규정처럼 관대한 것이라고 말할 수 있다."(1991:660-661)

25 요시즈 요시히데(1991:661)

26 태현의 이러한 관대한 규정은 앞서 말한 바와 같이 『범망경』에 의한 대승보살의 출가를 염두한 주석이라고 생각된다. 그렇기에 『범망경』의 계본으로서의 범위를 보다 넓혀서 다른 계본에 의한 출가의 필요성을 없애고, 또한 대승에 대한 발심을 갖고 대승을 믿는 사람이라면 누구라도 보살이 될 수 있다는 주석을 한 것이다. 그리고 이는 지의, 원효, 법장에 이르는 『범망경』 주석의 변천에 나타난 삼취정계에 의한 일체계의 포섭과 '일체중생실유불성'에 의한 일체중생의 수계를 종합적으로 정리하여 활용한 결과라고 생각된다.

정의한다. 그리고 '종'의 '심행'을 다시 '교정행문'과 '계악행문'의 이문으로 나누어 보살의 행을 설명한다.

> 言心行者略有二門. 一敎正行門, 二誡惡行門. 敎正行者, 即經
> 初說三賢十聖內証之行. 誡惡行者, 即經後說十重四十八輕戒行.
> (T40.689c11)
>
> 심행이라 함은 요약하면 두 개의 문이 있다. 첫째는 교정
> 행문이고, 둘째는 계악행문이다. 교정행이란, 즉 경의 처음
> 에 설한 삼현십성의 내증의 행이다. 계악행이란, 즉 경의 뒤
> 에서 설한 십중사십팔경계의 행이다.

이 '심행'의 이문에 대한 설명에 태현이 『범망경』 상하권을 주석한 목적이 나타나 있다. '교정행문'은 『범망경』 상권에서 설하고 있는 삼현십성의 내증의 행으로서 대승보살이 닦아야 하는 행이다. '계악행문'은 『범망경』 하권에서 설하고 있는 십중사십팔경계로서 대승보살이 지켜야 하는 행이다. 즉 상권에 나타나 있는 『화엄경』의 보살위와 하권의 범망계를 '종'의 '심행'에서 융합하여 『범망경』을 『화엄경』과 같은 일승교로 보고, 거기에 두 경전의 가르침을 열반에 이르기 위한 방편으로 다루고 있는 것이다. 이러한 태현의 『범망경』을 일승교로 보는 견해는 원효의 『범망경』의 일승분교를 보다 발전시킨 형태라고 생각된다. 원효는 사교판에서 『범

망경』을 일승교로 분류하고,[27] 『화엄경』과 동일한 가르침으로 보았다. 그 『범망경』의 가르침은 일승분교로서 일승만교의 『화엄경』의 가르침과는 차이가 있으며, 같은 일승교라도 『범망경』은 일승이 부분적으로 인정된 가르침이라는 제한을 두고 있다. 그러나 태현은 『범망경』 상하권을 모두 주석하는 것으로 『범망경』을 『화엄경』과 완전히 동일한 가르침으로 다룰 수 있게 되었다. 그리고 두 경전의 가르침을 같은 곳에서 다루어 각각 열반에 이르기 위한 보살의 필수 수행법으로 설명하여 그 우열의 문제도 해결하였다고 생각된다. 또한 이 '심행'의 설명은 요시즈 요시히데가 주장한 '원효·법장 융합설'의 가장 중요한 근거가 된다고 생각된다.[28] 법장은 『화엄경』만을 일승교로 보기에 원효와는 분명히 차이가 있다. 그러나 이 설명으로 인해 태현 자신이 『범망경』의 고적으로 여긴 원효와 법장의 차이를 해결하여 『고적기』에서의 『범망경』의 위치를 명확하게 하였다고 생각된다.

다음으로 '취'의 '증각이생'을 다시 '여래성문'과 '발취상문'의 이문으로 나누어 열반에 있어서의 '성'과 '상'을 설명한다.

---

27 제3장의 '3.5. 교판과 유가계의 인용'을 참조
　　唐朝海東新羅國元曉法師造此經疏, 亦立四教. 一三乘別教, 謂如四諦教緣起經等. 二三乘通教, 謂如般若經深密經等. 三一乘分教, 如瓔珞經及梵網等. 四一乘滿教, 謂華嚴經普賢教. 釋此四別如彼疏中. (T35.111a26)

28 앞서 말한 바와 같이 요시즈 요시히데(1991:658)는 원효·법장 융합의 근거로 태현이 『범망경』 상권을 주석한 것을 예로 들고 있다. 그러나 그 근거가 될 만한 구체적인 부분은 논하지 않는다.

然色聲等唯如夢塵, 除心行相都無所得. 境旣卽心, 心如境空
也. 迷故生死, 悟故涅槃. 是以空性名如來藏. (T40.689c14)

돌아가야 할 곳인 취는 다시 이문이 있다. 첫째는 여래성
문이고, 둘째는 발취상문이다.

앞서 말한 바와 같이 태현에게 있어 여래성은 일심이며 진여성
이다.[29] 즉 이문의 '여래성문'은 일심의 진여성으로 어떤 분별이나
집착 등의 미혹이 없는 공성의 상태인 것이다.

然色聲等唯如夢塵, 除心行相都無所得. 境旣卽心, 心如境空
也. 迷故生死, 悟故涅槃. 是以空性名如來藏. (T40.689c26)

그러나 색성 등은 단지 꿈에서 보는 대상과 같은 것으로
심행의 상을 제거하면 무엇도 얻을 바가 없다. 경계는 이미
그대로 마음이기에 마음은 경계와 같이 공인 것이다. 미혹하
기에 생사이고 깨달았기 때문에 열반이다. 그렇기에 공성을
여래장이라고 한다.

다음으로 '발취상문'에서는 일체중생에게는 본래 여래성(불성)이
내재되어 있으나, 그것이 망념에 의해 전도되어 끝없이 윤회하는
것이라고 설명한다. 그러나 대보리심을 일으키면 고해에서 벗어날
수 있게 된다. 즉 대보리심을 일으키는 것은 중생이 자신 안에 존

---

29 如來性者卽眞如性. 如經寂滅者名爲一心. 一心者名如來藏. (T40.689c16)

재하는 불성을 발견하고 수계를 통해 불문에 들어가 대승보살이
되고, 그 발심의 서원을 의지처로 하여 수행하여 열반에 들어 윤회
의 굴레에서 벗어나는 것이다.

> 第二發趣門者, 如是內有如來性. 故聞諸有情同如來藏, 妄念所
> 飄苦輪無際. 生死大海誓爲舟楫, 不畏其中所受大苦, 發不可壞無
> 礙意樂, 謂大菩提. (T40.689c28)

제이발취문이란, 이처럼 안에 여래성이 존재한다. 그렇기
에 모든 유정은 여래장과 똑같지만, 망념에 의해 끝없는 고
해의 윤회에서 방랑한다고 듣게 되는 것이다. 생사의 대해에
서 배의 노가 되겠다고 서원하고, 그 속에서 받는 고통을 두
려워하지 않으며, 무너지지 않는 무애한 의요를 일으키니 그
것을 대보리라고 한다.

중생은 망념에 사로잡혀 자신에게 본래 내재되어 있는 진여성인
불성을 발견하지 못하고 항상 성상의 차별이나 집착을 한다. 그러
나 실은 성과 상은 본래 하나인 '성상불이性相不二'이다. 태현의 이
러한 설명은 원효의 진여심과 생멸심에 의한 불성의 설명[30]과 상
당히 유사하다. 원효도 중생에게는 진여심과 생멸심이 동시에 내

---

30 初言一切有心者, 論佛性正因. 謂如涅槃經云, 一切衆生凡有心者, 當得阿耨多羅三藐三菩提故. 凡
有心者, 有二種心. 謂一者眞如心. …二者心生滅心. …衆生皆有如是二種心, 故名一切有心者.
(X38.277c03)

재되어 있어서 그 생멸심에 의해 불성을 발견할 수가 없다고 한다. 그러나 원효는 생멸심을 제거하고 진여심을 현현하면 성불에 이르게 된다고 설명하지만, 태현은 상응하는 그 두 가지를 불이의 것으로 해석하여 일심관을 보다 강조한 주석을 나타낸다.

또한 이러한 성상불이의 상태는 여래성(불성)이 나타난 일심의 상태로 유무의 양변을 떠난 공空의 상태이다. 그리고 태현은 이 성상불이인 공의 상태도 실은 방편이며 공도 또한 공이기에 그 공에 의해 생겨난 무無도 존재하지 않는 무소득無所得의 상태라고 설명한다.

如瑜伽云, 於空性相有失壞者, 便爲失壞一切大乘. 是以菩薩行六度時, 皆無所得以爲方便. 無所得者卽不住道. 若唯空有便可得無. 而復空空故無所得. 無所得故三輪淸淨. 是名究竟修菩薩行. (T40.690a22)

『유가론』에서 "공의 성상에 실괴가 있으면 즉 일체의 대승을 실괴하는 것이 된다. 이러한 이유로 보살은 육도(육바라밀)를 행할 때 모두 무소득을 방편으로 한다"고 말한다. 무소득이란 즉 머무르지 않는 도이다. 만일 오직 공만이 있으면 즉 무를 얻을 수 있다. 그러나 다시 공이 공이기에 얻을 바가 없다. 얻을 바가 없기에 삼륜이 청정하다. 이것을 구경의 보살행을 닦는 것이라고 한다.

이상의 내용과 같이 태현은 '종취'에서 일심관에 의한 보살계관과 '성상불이'의 공관을 나타내고 있다. 이는『고적기』전체에 나타나 있는 일심관과 화회사상의 핵심으로, 태현은 일체가 일심이기에 유무나 성상 등을 구별할 필요가 없고, 그 근원인 공조차도 실은 공이라고 하여 일체가 공인 것을 역설한다.

이러한 태현의 주석 방식은 칠문의 '제6제명'에도 잘 나타나 있다. 태현은 여기서『범망경』상권에 나오는 보살의 '십발취十發趣, 십장양심十長養心, 십금강심十金剛心, 십지十地'의 계위에 대해서 상세히 설명한다. 이는 태현이『화엄경』과『범망경』을 융합시키기 위해 의도적으로 주석한 것이라고 생각된다.

이에 대해서 요시즈 요시히데는 앞선 내용과 같이 원효·법장의 융합을 주장하기 위해 상권을 주석하였다고 한다.[31] 요시즈 요시히데의 주장에 반대의견인 것은 아니지만, 태현이『고적기』에서 일심관과 화회사상에 의한 보살계관을 나타내기 위해서는『범망경』이 일승교가 아니면 안 된다. 그렇기에 태현은『범망경』상권의 주석을 통해『범망경』을『화엄경』과 같은 일승교에 포함시켜 자신의 보살계관을 확립시켰다고 생각된다. 그리고 이러한『화엄경』과『범망경』의 일체화도『고적기』에 나타난 화회적 주석의 일례이다.

다음으로 태현은『범망경』하권의 '십중사십팔경계'의 주석을 앞선 설명과 같이 '제5종취'의 '계악행문誡惡行門'에서 설명한다. 우선 표1과 같이 법장의 '제10수문해석'에 해당하는 '제7본문'에서

---

31   요시즈 요시히데(1991:658)

도 '십중사십팔경계'를 설명한다. 즉, 하권의 범망계가 '제5종취'의 '계악행문'에 들어가 있는 동시에, '제7본문'에도 들어가 있는 과문의 형태로서 '계악행문'이 그대로 '제7본문'의 역할을 하고 있는 것이다. 또한 그 '계악행문' 속에 『범망경』 하권의 '서분, 정설분, 유통분'이 설해지고 있는 독특한 형태의 과문을 보이고 있다.

大段第二誡惡行門. 於中有三. 開序故正說故流通故.
(T40.699c26)
큰 단락의 두 번째는 계악행문이다. 그 안에 세 가지가 있다. 서는 열기 위함이고, 정설하기 위함이고, 유통시키기 위함이다.

다음으로 태현은 십중계의 주석에서 우선 각 계목을 '현제의顯制意'와 '석경문釋經文'의 이문으로 나누고 각 계목에서의 제정이유와 범계판단을 논한다.

第二別誦. 此初十戒, 各二門說. 一顯制意, 二釋經文.
(T40.703b21)
제2는 별송이다. 여기에서 처음의 십계는 각각 이문으로 설명한다. 첫째는 제의를 나타내고, 둘째는 경문을 해석한다.

그리고 '석경문'을 다시 '위범상문違犯相門, 위범성문違犯性門, 경계사문境界事門, 결성죄문結成罪門'의 사문으로 나누어 각 계목에서의 죄의 성과 상을 확인하고, 다시 그 죄의 대상인 경계까지 파악하고 나서 범계에 대한 죄를 판단한다.

第二釋文者, 經有四門. 一違犯相門, 二違犯性門, 三境界事門, 四結成罪門. (T40.703b27)

제2의 석문은 경에 네 개의 문이 있다. 첫째는 위범상문, 둘째는 위범성문, 셋째는 경계사문, 넷째는 결성죄문이다.

다음으로 태현은 사십팔경계 전체를 '십계十戒·십계十戒·십계十戒· 구계九戒·구계九戒'의 다섯 항목으로 나누어 주석한다.

(第一不敬師長戒～第十畜殺生具戒)

初十有四門. 初二護自心念門. 於憍逸處制輕慢故, 於放逸處 斷酒過故. 次三護他心行門. 次三仰修佛法門. 後二救護衆生門. (T40.708c10)

처음의 십(계)에 사문이 있다. 처음의 두 개는 자신의 염을 지키는 문이다. 교만하고 방일한 곳에서 경만한 것을 제지하 기 때문이고, 방일한 곳에서 술의 허물을 끊기 때문이다. 다 음의 세 개는 다른 이의 마음의 행을 지키는 문이다. 다음의 세 개는 불법을 우러러보며 수행하는 문이다. 뒤의 두 개는 중생을 구호하는 문이다.

(第十一通國使命戒～第二十不救存亡戒)

自下十戒分爲二門. 初四護自善門, 後六護攝他門. (T40.710c19)

아래의 십계부터는 이문으로 나누어진다. 처음의 네 개는 자신의 선을 지키는 문이고, 뒤의 여섯 개는 다른 이를 포섭하고(타인을 이익되게 함) 지키는 문이다.

(第二一不忍違犯戒～第三十詐親害生戒)

自下十戒成六和敬. 謂十如次三一四二攝彼業見利戒同故. 初三各攝三業同故成六和敬. (T40.712a27)

아래의 십계부터는 육화경(身·口·意·戒·見·利和敬)을 이룬다. 열 개는 다음과 같이 셋, 하나, 넷, 둘인데, 그것들은 업業·견見·이利·계戒를 섭수하는 것이 똑같기 때문이다. 처음의 세 개가 각각 삼업을 섭수하는 것이 똑같기 때문에 육화경이 되는 것이다.

(第三一不救尊厄戒～第三九不行利樂戒)

自下九戒, 開正施故, 遮橫取故, 避邪緣故, 趣正乘故, 發願求故, 立誓厭故, 離難故, 無亂故, 利樂故. 所爲應知. (T40.713c22)

아래의 9계부터는 바른 보시를 열기 위함이고, 마음대로 취하는 것을 막기 위함이고, 삿된 인연을 피하기 위함이고, 바른 대승으로 나아가기 위함이고, 원을 내어 구제를 내기 위함이고, 서원을 세워 막기 위함이고, 난을 피하기 위함이고, 어지러움이 없기를 위함이고, 이익과 안락하기 위함이다. 거기에서의 설명을 마땅히 알아야 한다.

(第四十攝化漏失戒～第四八自破內法戒)

自下九戒初五以戒攝受. 後四以悲敎化. 初五如次, 攝器故, 簡非故, 外護故, 內護故, 恭敬故. 後四如次, 唱導故, 說化故, 遮惡故, 護正故. 所爲應知. (T40.716a16)

아래의 9계에서 처음의 5개는 계로 인해 섭수한다. 뒤의 4개는 자비로 인해 교화한다. 처음의 5개는 다음과 같이, 근기를 섭수하기 위함이고, 바르지 않은 것을 구분하기 위함이고, 외호하기 위함이고, 내호하기 위함이고, 공경하기 위함이다. 뒤의 4개는 다음과 같이, (가르침을) 제창하여 인도하기 위함이고, (가르침을) 설해서 교화하기 위함이고, 나쁜 것을 막기 위함이고, 바른 것을 지키기 위함이다. 그렇기에 마땅히 알아야 한다.

이처럼 태현은 사십팔경계를 각 계목이 제정된 이유와 그 계의 성격에 따라서 5항목으로 나눈 뒤 그 안의 각 계목을 다시 세분하여 범망계의 수계자의 이해를 돕고 있다. 이 사십팔경계의 분류는 『범망경』 본문에 의거해 나뉜 것이지만, 그 분류에 관한 설명에서 태현은 의적의 『보살계본소』와 상당히 유사한 설명을 보이고 있

다.[32] 이는 『고적기』에 인용된 소(疏: 법장 11회, 의적 5회, 원효 1회)[33]에서도

---

[32] 태현과 의적의 사십팔경계의 내용을 비교해 보면, 태현의 경구죄(第十一通國使命戒~第二十不救存亡戒, 第二一不忍違犯戒~第三十詐親害生戒, 第四十攝化漏失戒~第四八自破內法戒)에서의 설명이 의적과 거의 동일한 형태인 것을 확인할 수가 있다. 아래의 표는 의적의 사십팔경계의 분류와 본 연구에서 사용하고 있는 종래의 주석서의 내용을 비교한 것이다. 지의와 법장의 경우는 『범망경』 본문에 나오는 내용과 각 품에 관한 내용만을 주석하고 있으나, 의적은 그 분류를 한층 세분하여 설명을 추가하고 있다.(단, 원효의 경우는 『사기』 상권(십중계까지)만이 현존하기에 비교대상에서 제외한다.)

의적	第一敬事尊長戒~ 第十不畜殺具戒	如是已下總結勤持. 下六品者指廣本也. 或經云六六品, 應別有六六品也. (T40.674a07)
	第十一不通國使戒~ 第二十放救報恩戒	第二十戒中, 初四戒攝自行善, 後六攝化他善. (T40.674a08)
	第二一忍受違犯戒~ 第三十不作邪業戒	自下第三十戒明攝和敬之善. 和敬有六, 謂三業同, 及戒見利同. 於十戒中, 初三戒明三業同, 次一明見同, 次四明利同, 後二明戒同. (T40.677a29)
	第三一救贖危苦戒~ 第三九福慧攝人戒	此下兩九明攝衆生. 初九戒中大分爲二. 初一戒明以財攝生, 後八戒明以法攝生. (T40.680c16)
	第四十不擇堪受戒~ 第四八愛護正法戒	第二九戒中, 初五戒并以戒法攝受, 後四戒并以悲心教化. (T40.684c01)
지의	第一不敬師友戒~ 第十畜殺衆生具戒	此十戒總結, 如下六品所明也. (T40.575c23)
	第十一國使戒~ 第二十不行放救戒	如是下第三總結, 指滅罪品中廣明. (T40.576c17)
	第二一瞋打報仇戒~ 第三十不敬好時戒	如是十戒, 第三總結也. (T40.578a18)
	第三一不行救贖戒~ 第三九不修福慧戒	如是九戒下, 第四段總結, 梵壇品廣明也. (T40.579a06)
	第四十揀擇受戒~ 第四八破法戒	없음
법장	第一輕慢師長戒~ 第十畜諸殺具戒	如是十戒結上十種, 勤學令持. 下六品等指廣本. 以彼六品之中有開有釋. 如彼應知. (T40.639c01)
	第十一通國入軍戒~ 第二十不能救生戒	上來略顯十戒之相, 結勤修學. 如滅罪品下, 指彼品中一一廣明. 具如彼說(T40.643c05)
	第二一無慈酬怨戒~ 第三十違禁行非戒	自下結勸勤指廣. 謂此十戒, 彼大本經制戒品一一廣解. 今但略擧名相耳. (T40.648c01)
	第三一見厄不救戒~ 第三九應講不講戒	上來別釋九戒, 下明結勤指廣, 可知. 梵壇者, 此翻爲默擯. 良以非理違犯不受調伏故, 以此治之. 彼之中明此義. 故以爲名, 可知. (T40.652a06)
	第四十受戒非儀戒~ 第四八自壞內法戒	上來別辨九戒竟. 二是九戒下總結勤學, 可知. (T40.655a11)

[33] 『고적기』에 인용된 소의 횟수에 대해 최원식(1999:199)은 '법장9회, 의적5회, 원효1회'라고 주장하며, 채인환의 '법장8회, 의적3회, 원효1회'의 내용이 잘못되었다고 지적한다. 그러나 실제로 채인환(1977:406)이 주장하고 있는 인용 수를 확인해 보면, '법장10회(상권2회, 하권8회), 의적3회, 원효1회'로 되어 있어 앞서 말한 바와 같이 채인환 본인도 "이름을 들어 인용되어 있는 선사(先師)로서는 법장의 설이 10회, 의적의 설이 3회, 그리고 원효의 이름이 거론되고 있다"(1977:407)고 한다. 아마도 이것은 최원식이 채인환의 내용을 잘못 이해한 것이 아닐까 생각된다.
또한, 본 연구에서 다시금 『고적기』에 인용된 소의 횟수를 조사한 결과, 법장11회(T40.689b22, 690b11, 705c10, 709b28, 710c02, 713c29, 714a15, 714a20, 715b28, 716c09, 716c21), 의적5회(T40.705c11, 708b14, 715b10, 715c01, 716c22), 원효1회(T40.708b12)가 인용되어 있는 것을 확인했다. 그러나 법장과 의적의 인용이 겹쳐진 곳(藏師及寂師云:T40.716c21·22)이 있어서 여기서는 각 인용의 수에 포함시켰다.

알 수 있듯이, 태현이 어느 한 주석서나 사상만에 치우치지 않고, 일심관을 통해 종래의 범망계 중심의 주석서들을 종합정리하여 『고적기』를 저술한 것을 밝히는 일례라고 생각된다.

이상의 내용과 같이 태현은 『고적기』에서 『범망경』 전체를 우선 7문으로 나눈 뒤 범망계를 '제5종취'의 '계악행문'과 '제7본문'에 배치하는 독특한 과문을 보인다. 즉 범망계는 '제7본문'임과 동시에 '제5종취'에서의 하나의 문으로 되어 있는 형태인 것이다. 이는 '종취'에서의 설명과 같이 『범망경』이라는 경전의 가르침도 무소득의 열반에 들어가기 위한 수단이며, 계는 열반에 이르기 위한 방편이라는 것을 설명하고 있는 것이다.

4.5. 『범망경고적기』의 특징

4.5.1. 『유가론』의 인용

태현의 『고적기』는 『유가론』을 많은 곳에서 인용하여 『범망경』에서의 각 계목의 설명과 범계판단 등을 논하고 있다. 특히 십중사 십팔경계의 13곳의 계목에서[34] 다음과 같이 『유가론』의 '무위범無

---

34 『유가론』의 '무위범'을 인용한 『고적기』의 계목에 대해 최원식(1999:193)은 십중계의 5곳(제1, 2, 3,

違犯'을 인용하여 범계에 대한 무죄를 설명한다.

> 若爲救脫多有情故, 覆想正知而說妄語, 瑜伽論云, 無所違犯生
> 多功德. 不爾妄語犯他勝處. (T40.706a12)
>
> 만일 많은 유정을 구제하고 해탈하기 위해 바르게 알고 있
> 는 것을 숨기고 거짓을 말하는 것은 『유가론』에서 "위범한
> 것이 없고 많은 공덕이 생긴다. 그렇지 않은 망어는 타승처
> (바라이죄)를 범한다"고 한다.

'무위범'이란, 수계자가 계를 범했어도 그 원인이 중생제도를 위
한 이타행이라면 그것은 죄가 아니고 오히려 공덕이 된다고 판단
하는 것이다. 이는 범계를 저지른 행동의 결과에 따르는 것이 아니
라, 범계를 일으킨 원인을 통해 판단하는 것으로 보살의 중생제도
행의 범위를 한층 넓힌 설명이다.

그리고 태현은 범계판단뿐만 아니라 계목의 해석에서도 다음과
같이 『유가론』을 인용하여 설명의 근거로 삼는다.

> 釋文中, 言菩薩見一切貧窮人來乞者, 菩薩地云, 見有勝利而來
> 乞者, 方應施與. 欲以財攝易化導故. 若無利益, 設有安樂, 不應

4, 8중계), 사십팔경계의 8곳(제1, 5, 7, 8, 9, 16, 19, 24경계)으로 총 13곳에서 『유가론』의 '무위범'이 인
용되었다고 설명한다.

施與. 何以故, 若施彼時, 雖暫令彼於菩薩所心生歡喜, 而後令彼
廣作種種不饒益事. 謂因施故, 令彼多行憍逸惡行, 身壞已後墮惡
趣故. (T40.706c25)

　　경문의 해석 중에 "보살은 모든 가난한 사람이 구걸하러
오는 것을 보면"이라는 것은, 「보살지」에서 "구걸하는 이에
게 이익이 있다고 보일 때 비로소 보시를 주어야 한다. 재물
로써 섭수하려고 하면 쉽게 교화되기 때문이다. 만일 이익이
없다면 비록 안락이 있다고 하더라도 보시를 주어서는 안
된다. 왜냐하면 만일 그에게 보시하면 한동안은 그로 하여금
보살에게 환희하는 마음을 내게 하지만, 그러나 나중에 그로
인해 여러 이익되지 않는 일을 널리 짓게 하는 것이기 때문
이다. 이를테면 보시로 인하여 그가 많은 교만과 방일과 악
행을 저질러 죽고 난 뒤에 악취에 떨어지게 하기 때문이다"
라고 한다.

　이『유가론』에 근거한 설명은 앞서 살펴본 '무위범'의 설명과 같
은 성격의 인용으로, 수계자가 원만하게 중생제도를 행할 수 있도
록 그 근거를 밝혀서 판단기준을 보다 넓힌 것이다.
　『고적기』에 나타난『유가론』의 인용에 대해 최원식은 승장과 의
적의 비교를 통해 태현은 그들로부터 큰 영향을 받아『유가론』을

인용했다고 주장한다.[35] 최원식의 조사(1999:193)에 따르면, 승장의 『범망경술기』는 23곳, 의적의 『범망경본소』는 17곳의 계목에서 『유가론』을 인용하고 있다. 그리고 세 명은 총 10곳의 계목[36]에서 『유가론』의 동일한 부분을 인용하고 있다고 한다. 그러나 최원식은 다시, 태현은 『유가론』을 토대로 『범망경』을 해석하였으나 승장과 같이 유가계를 중심으로 범망계를 포섭하려는 의도는 보이지 않기에 승장과는 인용의 입장이 다르다고 한다.[37]

『고적기』에 인용된 『유가론』의 내용을 살펴보면, 최원식의 주장과 같이 승장과 의적의 영향을 생각해 볼 수 있다. 그러나 다음의 '제1쾌의살생계快意殺生戒'와 같이 태현은 승장, 의적과 같은 인용문을 사용하고 있으나, 『유가론』의 무위범을 부정하는 경우도 있다. 그렇기에 단순히 『유가론』의 인용문이 일치한다는 이유로 그 영향 관계를 결정하는 것은 상이점을 무시하는 것이 된다고 생각한다.

---

35 최원식(1999:194) "태현이 유가론의 無違犯의 경우를 이끌어 와서 범망계를 주석한 것은 법장의 영향도 있었지만, 같은 신라의 유식학승이었던 勝莊과 義寂의 영향이 컸다고 보아야 할 것이다. 특히 태현의 48경계 주석에 인용된 유가론의 무위범의 경우는 법장보다는 승장과 의적의 주석서에서 동일한 것을 찾아볼 수 있기 때문이다."

36 최원식은 태현, 승장, 의적이 십중계의 '第一快意殺生戒, 第二劫盜人物戒, 第三無慈行欲戒, 第四故心妄語戒, 第八慳生毀辱戒', 사십팔경계의 '第一不敬師長戒, 第七不能遊學戒, 第九不瞻病苦戒, 第十六貪財惜法戒, 第十九鬪諍兩頭戒'에서 완전히 동일한 『유가론』의 내용을 인용하고 있다고 설명한다.
"같은 무위범의 경우이지만 제5경계는 勝莊·義寂과 그 내용이 다르며 제8경계는 의적과 비슷하고 제24경계는 의적과 동일하다. 이 밖에 다른 계율 조목에 인용된 유가론의 무위범은 승장과 의적, 태현이 완전히 동일한 셈이다."(상게서)

37 최원식(상게서)

如瑜伽說, 菩薩若見欲作重罪, 發心思惟. 我若斷彼惡衆生命, 當墮地獄. 如其不斷彼罪, 業成當受大苦. 我寧殺彼墮那落迦, 終不令其受無間苦. 如是於彼, 或以善心或無記心, 知此事已, 爲當來故深生慚愧, 以憐愍心而斷彼命. 由此因緣, 於菩薩戒無所違犯, 生多功德. 此闕煩惱故無違犯. 意樂善故生多功德. 今解不然. 不成業道, 亦成犯故. 如諸有命皆犯重處, 雖想顛倒而犯重故. (T40.703c04)

『유가론』에서 설하는 바와 같이 "보살은 (어떤 사람이) 중죄를 저지르려는 것을 보면 발심하여 다음과 같이 사유한다. "내가 저 악한 중생의 생명을 끊으면 나는 장차 지옥에 떨어질 것이다. 만일 그의 죄를 자르지 않는다면 그는 업을 지어 장차 큰 고통을 받게 될 것이다. 내가 비록 그를 죽이고 나락가(지옥)에 떨어지더라도 끝내 그 사람이 무간의 고통을 받지 않게 하겠다." 이처럼 상대에 대해서 선심이나 무기심을 갖고, 그 일을 잘 알아서 당래(미래)를 위해서 깊은 참괴심을 내어 애민심을 갖고 그의 목숨을 끊는다. 이 인연에 의해 보살계에서는 위범하는 것이 없고 많은 공덕이 생긴다"고 한다. 이것은 번뇌가 결여되어 있기에 위범하는 것이 없고 서원이 선하기 때문에 많은 공덕이 생기는 것이다. 여기서 해석하면 그렇지 않다. 업을 이루지는 않지만, 역시 범계를 저지르기 때문이다. 모든 생명이 있는 것이라면 모두 중처(중죄)를 범한 것이고, 비록 생각이 전도되었다고 하더라도 중죄를 범한 것이기 때문이다.

또한 이 『유가론』의 내용은 법장, 승장, 의적 등에도 인용되어 있는 것으로 세 사람은 이 내용을 근거로 보살의 살생을 허용하고 있다. 그러나 태현은 그것을 부정하고 선심에 의한 살생뿐만 아니라 무기심이나 전도 등에 의한 살생도 제지하고 있다. 그리고 '불성업도不成業道, 역성범고亦成犯故'라고 하여 종래의 주석[38]과는 다른 설명을 하고 있다.

태현도 종래의 주석서와 같이 『고적기』의 많은 부분에서 『유가론』을 인용하여 『범망경』을 설명하였으나, 이 살생계에 한해서는 다른 주석을 하고 있다. 태현은 살생을 보살이 절대로 범해서는 안 되는 행위로 보고 아무리 중생제도를 위한 이타행이라고 하더라도 그것은 중죄가 된다고 판단한다.

이것은 '제1쾌의살생계'의 제정 이유와도 관련이 있다고 생각된다. 태현은 살생계의 제의에서 타인의 생명을 뺏는 것은 가장 나쁜 행위라고 한다. 보살이란 중생을 생사의 고통으로부터 구제하기 위한 행을 하는 존재이다. 따라서 비록 방편이라 하더라도 타인의

---

38 제3장에서 검토하였듯이, 법장은 살생계의 무범에 대해 죄는 없어도 그 업은 있기에 뒤에 과보를 받는다고 설명한다.
無記心者, 或不成犯. 以無記不成業故. 或亦有業, 以還得報故. …此即於戒雖爲不犯. 然殺業如玆不亡故不可輕也. (T40.611b13)
무기심이란, 혹은 범한 것이 되지 않는다. 무기는 업을 만들기 않기 때문이다. 혹은 업이 있기도 하는데, 다시 과보를 받기 때문이다. … 이는 즉 계에 있어서는 비록 범한 것이 아니어도, 살생의 업은 이처럼 없어지는 것이 아니기 때문에 가벼울 수가 없다.

생명을 끊어서는 안 되는 것이다.

初制意者, 世間所畏死苦爲窮, 損他之中無過奪命. (T40.703b22)

처음의 제정한 뜻이란, 세간에서 가장 두려워하는 것이 죽음의 고통이기에, 타인을 해치는 것 중에 생명을 뺏는 것보다 더한 것이 없다.

이러한 태현의 주석은 승가의 규제와 더불어 당시의 사회윤리적 부분도 반영된 것이라고 생각된다. 그리고 태현은 범계가 무위범이 되는 예 중에 승가의 제도를 지키기 위한 범계도 무위범이라고 설명한다.

瑜伽論云, 現有資財有來求者, 懷嫌恨心, 懷恚悩心, 不施染犯. 若怠放逸非染違犯. 無違犯者, 若無可施物, 若求不宜物, 若調伏彼, 若彼王所匪宜, 若護僧制. (T40.707b18)

『유가론』에서 말하길 "현재 재물이 있고 찾아와서 구걸하는 이가 있는데, 혐한심(싫어하는 마음)을 품고, 에뇌심(성내는 마음)을 품어서 보시하지 않는다면 염(위)범이다. 만일 나태하고 방일하다면 염위범이 아니다. 무위범이란, 보시할 것이 없거나, 부당한 것을 요구하거나, 그를 조복하기 위해서거나, 그것이 왕이 인정하지 않는 것이거나, 승가의 제도를 지키기 위한 것들이다"라고 한다.

瑜伽論云, 慢心嫌心恚心染犯. 懈怠忘念是犯非染. 無違犯者,
或病或狂或睡, 或自說法或與他語或自聽法, 或欲將護說法者心,
或爲將護多有情心, 或爲調伏或護僧制, 皆無違犯. (T40.709a02)

『유가론』에서 말하길 "교만한 마음과 혐오하는 마음과 성
내는 마음은 오염되어 범한 것이다. 해태와 망념은 오염되지
않고 범한 것이다. 무위범이란 병들었거나, 미쳤거나, 잠들
었거나, 자신이 설법을 하거나, 타인과 함께 이야기했거나,
자신이 청법하거나, 설법자의 마음을 지키려고 하거나, 많은
유정들의 마음을 지키려고 하거나, 조복하기 위해서거나, 승
가의 제도를 지키기 위해서라면 모두 무위범인 것이다"라고
한다.

이상의 내용과 같이 태현도 종래와 같은 형태로『고적기』에서
『유가론』을 인용하여 주석하였다. 그러나 그것을 단순히 답습하는
것이 아닌 '제1쾌의살생계'와 같이『유가론』의 내용이 자신의 견
해와 일치하지 않는 경우에는 종래와 달리 그것을 인용하면서도
그 내용을 부정한다. 이는 태현 이전의 주석서에서 설해진『범망
경』에 대한 내용을 당시의 시대배경에 맞추어 수정·보완한 내용이
라고 생각된다. 특히 살생에 관해서는 시대적으로도 가장 엄한 중
죄가 되는 것이기에 보살의 살생은 승가 운영에 큰 피해를 줄 수도
있는 것이다. 그렇기에『유가론』을 인용하면서도 그것만은 부정한
것이다. 그리고 이러한『유가론』의 인용은 단순히 계목에 관한 범

계판단을 용이하게 하기 위한 것뿐만 아니라, 『범망경』에 의한 승가의 제도화와 운용을 실현하기 위한 수단이었다고 생각된다. 태현은 통일신라시대의 인물로서 당시 계율학의 주류는 『범망경』이었다. 통일 이전의 신라는 원광(圓光, 555-638)과 자장을 중심으로 성문계의 연구가 활발한 시대였다. 그러나 통일을 전후로 원효의 등장에 의해 본격적으로 『범망경』이나 『영락경』 등의 대승보살계경전이 주석된다. 삼국통일 이후에는 승장, 의적, 태현 등의 유식학자를 중심으로 『범망경』이 계율의 주류가 되어 활발하게 연구되었다.[39]

이러한 시대적 변천을 거쳐 계율의 주류가 된 『범망경』이 통일신라의 사회윤리적 부분과 부합되지 않는다면 계율로서의 권위를 잃고 세간으로부터 비판적으로 보일 수 있는 위험성이 있기에 이러한 주석을 한 것이라고 생각된다.

『유가론』을 인용한 또 다른 이유는 『범망경』 속에 『유가론』을 포섭하여 보살계로서의 정당성을 부여하기 위해서였다. 이는 원효와 법장에게서도 나타나 있는 주석 방식으로, 『범망경』 이전의 보살계의 주류였던 『유가론』을 주석에 활용하여 수계자의 이해를 돕고 『범망경』을 주류로서 자리매김할 수 있게 한 것이다.

그리고 이러한 인용은 『범망경』의 삼취정계사상을 확립시키기 위한 중요한 역할을 한다. 지의에 의해 『범망경』의 주석에 삼취정

---

[39] 최원식(1999:35-47)

계가 사용되고, 원효를 거치며『범망경』주석의 기본과 같이 여겨
진다. 채인환[40]에 따르면, 삼취정계에는『화엄경』과『유가론』의 두
계통이 있어서 "『유가론』에서는 소승의 율장을 대승계에 포섭하
기 위해 삼취정계가 설해지고 있"(1977:432)는 것으로,『유가론』의
삼취정계에는 일체계가 포함되어 있다. 그렇기에 이러한『유가론』
의 인용으로 인해 저절로『범망경』속에도 일체계가 포함되게 된
다. 태현도 이러한 주석의 흐름을 이어받아『고적기』에서 활용하
였다. 즉, 태현은『유가론』의 인용을 통해『범망경』을 승가의 계율
로서 정당화시키고 있으며, 삼취정계사상을 확립시키는 화회의 주
석을 한 것이다. 이것은『범망경』과『화엄경』을 일심관에 의해 일
체화시켜『범망경』을 일승교로 인식한 것과 같이, 서로 다른 성격
의 범망계와 유가계를 일심관에 의해 융합하여『범망경』에 포섭시
킨 것이다. 이러한 주석 방식은 태현에게 일심관의 영향을 준 원효
의 주석에도 나타나 있다. 앞서 살펴본 바와 같이 원효는『요기』에
서 계를 '구족계, 유가계, 범망계'로 나누어 일심관과 삼취정계를
통해 융합하여 범망계 속에 포섭시켰다.[41] 즉 태현도 원효와 같이
일심관에 근거하여『범망경』과『유가론』을 융합하고『범망경』에
『유가론』을 포섭하는 화회의 주석을 한 것이다.

---

40   채인환(1977:432)

41   키무라 센쇼우(1980:817)

4.5.2. 범망계의 해석

태현은『고적기』에서 기존의 출가제도에 반발하며 대승불교의 수행자(보살)가 반드시 먼저 소승계를 받을 필요는 없다고 하여, 대승보살계에 의한 출가를 권하고 있다.[42] 이러한 종래의 주석서와는 다른 한층 파격적인 주석은 범망계의 해석에도 나타나 있다. 태현은 계를 단순히 수지하는 형식적인 면보다 수계의 계기가 된 서원의 실천에 중점을 두고 계의 '지범개차持犯開遮'를 중심으로 범망계를 해석한다.

우선 현재도 문제가 되고 있는 승려의 음주에 대해 사십팔경계의 '제2음주경계第二飮酒輕戒'에서 술을 마셔도 그 술로 인해 선함이 생긴다면 그 음주는 무범이라고 설명한다.

未曾有經制五戒云, 若有飮酒悅心生善, 飮不犯戒. 廣如彼說. 況菩薩戒有利無犯. 如維摩詰入諸酒肆能立其志. (T40.709a29)

『미증유경』에서 5계를 제정하며 말하길 "만일 술을 마셔서 마음을 즐겁게 하고 선을 생기게 한다면 (술을) 마셔도 계를 어기지 않는다. 자세한 내용은 그 경에 설해져 있다. 하물며 보살계는 이익이 있다면 무범이다. 유마힐이 모든 술집에

---

[42] 必由律儀得後不共二菩薩戒. 故作是說. 未必菩薩先發小心. (T40.703a02)
반드시 율의로 인해 뒤에 불공의 두 가지 보살계를 얻는다. 그렇기에 이 설을 만든 것이다. 반드시 보살이 먼저 소심을 발한다고는 한정할 수 없다.

들어가도 그 의지를 세울 수 있던 것과 같다"고 한다.

즉 보살은 이타행을 위해서라면 함께 술을 마셔도 범계가 되지
않는다는 해석으로, 종래의 음주의 금제와 비교해 한층 개방적으
로 해석한다.[43] 이러한 해석의 근거는 태현의 『고적기』에 설해지고
있는 대보리심의 발심과 삼취정계에 있다. 대보리심의 발심은 일
체중생을 제도하겠다는 보살의 서원, 즉 삼취정계의 발심이다. 보
살은 중생제도를 위해서라면 비록 범계행이더라도 무엇도 두려워
하지 않으며 보살행을 해야 한다. 이러한 범계행은 외견에서 볼 때
는 죄가 되어도 그 행위의 원인이 중생을 위한 이타행이기에 그 결
과는 공덕이 되는 것이다.

또한 사십팔경계의 '제3무자행욕계第三無慈行欲戒'에서는, 재가보
살이 방편으로서 음행을 범하여 교화할 수 있다면 그 음행도 무범
이라고 설명한다.

如菩薩地云, 在家菩薩見有母邑現無繫屬, 習婬欲法, 繼心菩薩
求非梵行, 菩薩見已作意思惟, 勿令彼恚多生非福. 若隨其欲便得

---

43 지의의 『의소』의 '제2음주계'에서는 보살의 음주에 대해 중병이나 허물이 되지 않을 때에 한해서
허락하고 있다. 또한 『미증유경』을 인용하여 예외의 경우(이익이 되는 경우)를 설하고 있으나, 그것
은 일반적인 예와는 다르다고 한다. 그러나 태현은 지의가 설한 예외의 경우를 일반적인 범례로
사용하여 음주계에 대한 범위를 넓히고 있다.
必重病宣藥, 及不爲過患悉許也. 未曾有經末利飮酒, 此見機爲益, 不同恒例也. (T40.575a15)
반드시 중병에 약으로 사용하거나, 허물이 되지 않으면 모두 허락한다. 『미증유경』에서 말리부인이
음주하였으나, 이것은 상황을 보고 이익이 되기 때문이었으니 일반적인 예와는 같지 않은 것이다.

自在. 方便安處種善捨惡住慈愍心行非梵行. 雖習如是穢染之法, 而無所犯多生功德. 出家不爾. 護聲聞故. (T40.705b24)

「보살지」에서 말하는 바와 같이, "재가보살은 어떤 여인(母邑)이 현재 누구에게도 속한 바가 없이 음욕의 법을 익혀서 마음으로 보살에게 계속해서 비범행을 요구하는 것을 본다면, 그녀에게 화를 내어 복이 아닌 것을 많이 생기지 않게 하겠다는 뜻을 내어 사유한다. 만약 그녀의 욕망에 따른다고 하더라도 자재로움에 의한 것이다. 방편을 써서 안락하게 지내게 하여 선을 쌓고 악을 버려서 자민심에 머물며 비범행을 행한다. 비록 이처럼 세속에 물든 법을 배운다고 하더라도 범한 것이 없고 많은 공덕이 생긴다. 출가자에게 그렇지 않은 것(허락하지 않는 것)은 성문을 지키기 위해서이다"라고 한다.

비록 비범행이더라도 그로 인해 중생을 교화하여 제도할 수 있다면 범계가 되지 않고 많은 공덕이 되는 것이다. 다만 출가자의 음행에 대해서는 태현도 일체 금지하고 있다. 이는 비구와 승가를 지키기 위한 것으로 앞서 살펴본 바와 같이 출가의 신분을 잃을 가능성이 있기에 금지한 것이다.

이러한 보살의 이타의 범계행은 '제4고심망어계第四故心妄語戒'에도 나타나 있다.

若爲救脫多有情故, 覆想正知而說妄語. 瑜伽論云, 無所違犯生

만일 많은 유정을 구제하고 해탈시키기 위해 바르게 알고
있는 것을 숨겨서 거짓말을 한다. 『유가론』에서 말하길 "위
범한 것이 없고 많은 공덕이 생긴다. 그렇지 않은 망어는 타
승처(바라이)를 범한다"고 한다.

앞선 예와 같이 망어계도 그것을 범하여 중생제도를 할 수 있다
면 그 범계는 공덕이 된다. 그러나 그 망어의 목적이 중생제도와
관계없는 것이라면 중죄가 된다고 한다. 태현은 『고적기』의 많은
계목에서 『유가론』을 인용하여 이타행에 의한 범계를 무위범으로
판단한다. 그러나 이 무위범의 판단은 중생제도라는 확실한 목적
에 의해 성립되고 그렇지 않은 범계행은 전부 중죄가 되는 것이다.
　이러한 태현의 범계판단은 원효와 법장과도 유사한 형태이다.
앞서 살펴본 바와 같이 범계판단에 원효는 '달기보살', 법장은 '통'
이라는 독특한 예를 두어 태현의 설명과 같이 보살의 이타행에 의
한 범계를 복이며 무범이라고 설명한다. 그러나 원효와 법장이 특
수한 예로 들고 있는 내용을 태현은 각 계목의 범계판단에서 전면
으로 내어 보다 일반적인 예로 무위범을 활용한다. 이는 대승보살
이 중생제도를 행할 때 그 계의 형상에 사로잡히지 않고 계의 본질
에 의거하여 보다 활발한 이타행을 행할 수 있도록 하기 위한 장치
였다고 생각된다.
　다음으로 태현은 보살의 이타행의 조건에 대해 반드시 누구에게

라도 베풀어야만 하는 것이 아니라, 대승을 믿는 자이며 그 보살
행에 의해 그에게 이익이 생길 때에 한해서 행해야 한다고 설명한
다.[44]

『유가론』 40권에서 이르길 "대승을 비방하는 이나 신심이
없는 이에게는 급작스럽게 깨달음을 펼쳐 보이지 말아야 한
다. 무슨 이유에서인가 하면, (그가) 듣고 나서 믿고 이해하지
못해 큰 무지에 뒤덮여 이내 비방을 하게 된다. 비방에 의해
보살이 정계율의에 머물며 무량한 대공덕장을 성취하듯이,
그 비방자도 또한 무량한 대죄업장이 뒤따르게 되기 때문이
다"라고 한다.

즉, 불법에 대한 신심이 없는 이에게 설법 등을 보시하여도 그는
그것을 믿지 않고, 불법을 비난하는 등의 교만한 악행을 하기에 오

---

44 앞선 내용과 같이 이타행의 기본인 보시행에 대해서도, 보시는 무조건으로 베푸는 것이 아니라,
상대에게 보시에 의한 이익이 있다고 판단될 때에 한해서 베풀어야 한다고 설명한다.
見有勝利而來乞者, 方應施與. 欲以財攝易化導故. 若無利益, 設有安樂, 不應施與. (T40.706c25)
구걸하는 이에게 이익이 있다고 보일 때 비로소 보시를 주어야 한다. 재물로 섭수하려고 하면 쉽게
교화되기 때문이다. 만일 이익이 없다면 비록 안락이 있다고 하더라도 보시를 주어서는 안 된다.

히려 그런 행은 그를 제도하는 것이 아니라 더욱 깊은 악취에 떨어지게 하는 것이다. 그렇기에 보살은 일체중생을 평등하게 대하지만, 제도행에 있어서는 불법을 믿는 자에 한해서 설법과 교화의 보시를 행해야 한다.

태현은 계의 해석과 더불어 『범망경』의 '자서수계自誓受戒'와 '호상好相'에 대해서도 보다 개방적인 해석을 보인다. 우선 '자서수계'는 보살계 수계의 특징으로, 종래에는 수계로서 인정하지만 하품의 수계라고 하였다.[45] 그러나 태현은 '자서수계'도 '종타수계從他受戒'도 모두 같은 마음으로 수계하기에 두 수계법의 복덕에는 어떠한 차별도 없다고 설명한다.

自受羯磨如菩薩地四十一說, 若千里內等者, 若爾自受功德劣耶. 不爾. 雖無現緣, 心猛利故. 如五十三云, 自受從他若等心受亦如是持. 福德無別. (T40.712c01)

스스로 갈마를 받는 것(자서수계)은 「보살지」 41권에서 "만일 천 리 이내 등은 만일 그렇다면 스스로 받는 공덕은 낮다는 것인가"라고 설한다. 그렇지 않다. 현재 인연이 없다고 하

---

45 제2장에서 검토하였듯이 지의는 '육종수계'의 '영락본'의 설명에서 '자서수계'를 하품의 수계라고 한다.
若眞佛菩薩前受者, 名上品戒. 若佛滅後, 千里內無佛菩薩, 從前受者爲師, 名中品戒. 若千里內無法師, 從佛菩薩像前自誓受者, 名下品戒也. (T40.569a04)
만약 진정한 불보살의 앞에서 수계한다면 상품의 계라고 한다. 만약 불멸 후에 천 리 이내에 불보살이 없어서 먼저 수계한 사람을 법사로 하여 수계한다면 중품의 계라고 한다. 만약 천 리 이내에 법사가 없어서 불보살상 앞에서 자서수계한다면 하품의 계라고 한다.

더라도 마음이 용맹하고 이롭기 때문이다. 『유가론』 53권에
서 "자서수계도 종타수계도 똑같은 마음으로 받고, 또한 이
처럼 지니면 복덕에 차별은 없다"고 한다.

다음으로 '호상'에 의한 참회에 대해서는, 범계를 3전(纏: 品)으로
나누어 상전의 중죄만은 '호상'을 보지 않으면 참회가 이루어지지
않는다고 한다.

> 言若無好相雖懺無益者, 此約上纏犯失者說. 非中下纏.
> (T40.716c12)

> 만일 호상이 없었다면 참회하였어도 이익이 없다는 것으
> 로, 이것은 상전을 범하고 잃은 자에 관한 것이다. 중·하전
> 에 대한 것이 아니다.

이러한 '자서수계'와 '호상'에 관한 설명은 『범망경』의 유통을
염두한 주석이라고 생각된다. 자서수계를 종타수계와 동일시하여
누구라도 발심만 한다면 정식으로 수계할 수 있도록 한 것이다. 또
한 종래에는 자서수계나 참회 등을 행할 때 반드시 호상을 봐야만
했다. 그러나 태현은 보다 관대하게 주석하여 상전의 참회에 한해
서 호상을 볼 필요가 있다고 설명한다. 이러한 태현의 주석은 많은
사람들이 『범망경』을 수계하여 대승보살이 되고, 범계에 의한 파
계 등을 막아 대승보살의 지위를 지키기 위한 주석이었다고 생각

된다.

태현의 이러한 개방적인 주석은 승가의 승병제도와 정치개입의 근거로도 사용되었다고 생각된다. 우선 태현은 사십팔경계의 '제10축살생구계第十畜殺生具戒'에서 정법을 지키기 위해서라면 무기의 소지를 허가하고 있다.

> 言犯輕垢罪者, 若護正法即無違犯. 涅槃經中在家護法聽持擇杖[46]故. (T40.710c17)

경구죄를 범한다는 것은 만일 정법을 지킨다면 즉 무위범이다. 『열반경』에서 재가는 법을 지킨다면 몽둥이(창)를 지니는 것을 허가하고 있기 때문이다.

그러나 이는 재가에 한해서 허가된 예외로서 출가에게는 허가하지 않는다.[47] 한편 보살이 삼보의 재물을 지키지 않는 것을 죄로 보

---

46 원문은 '伏'이나, 『열반경』의 인용 등의 의미상 '杖'이 맞다고 판단된다.

47 태현의 이러한 주석은 종래의 법장과 의적과도 유사한 내용이다.(지의와 승장은 불법수호를 위한 예외를 설하지 않는다.) 우선 법장은 "義准爲護佛法, 及調伏衆生等, 畜應不犯. (T40.639b05): 뜻에 의하면 불법을 지키거나, 또는 중생을 조복하는 등을 위해 (무기를) 놔둔다면 마땅히 범하지 않은 것이 된다"고 하여, '통'의 예외로서 보살의 무기 소지를 허가하고 있다. 한편 의적은 태현과 똑같이 『열반경』을 근거로 "又雖非貴人, 若欲護法備器杖, 防無害心者, 亦應開之. 涅槃經中在家人爲欲護法, 故聽持器杖. 但不得至殺. (T40.674a03): 다시 귀인이 아니어도 만일 법을 지키기 위해 무기(무기와 창)를 놔두고, 해치려는 마음을 막거나 (해치려는 마음이) 없는 이에게는 다시 마땅히 허가한다. 『열반경』 중에 재가인은 법을 지키기 위해서라면 무기와 창을 지니는 것을 허가한다. 다만 살생에 이르러서는 안 된다"고 하여 무기소지를 허가하지만, 그것이 살생이 되어서는 안 된다고 설명한다. 그러나 법장과 의적은 그것을 특수한 예외로 다루어 그 범위를 엄격하게 설명하는 것에 비해, 태현은 '제10축살생구계'의 경문 해석에서 전면에 내어 한층 관대한 주석을 한다.

며 승가의 수호를 중시한다.

今此戒中不守護邊得輕垢罪. 約所損物犯波羅夷. (T40.713a14)

지금 이 계 중에 (삼보를) 수호하지 않는 것에 대해서는 경
구죄를 받는다. 물건을 손상시킨 것이라면 바라이를 범한다.

이는 통일신라 이후의 호국불교사상의 승병제도를 정당화하는
주석으로,[48] 태현이 승가의 유지와 수호를 중시하며 『고적기』를 저
술했다는 것을 알 수 있는 부분이다. 이러한 성격의 주석은 사십팔
경계의 '제11통국사명계第十一通國使命戒'에도 나타나 있다.

菩薩理應和諸違諍. 而通國使命相殺害違菩薩道, 故今制也. 若
爲調伏止長相殺入國. 理應無犯. (T40.710c24)

보살이 이치로써 마땅히 모든 다툼과 논쟁을 화해시켜야
한다. 그러함에도 나라의 사신(국사명)이 되어 서로 살해시킨
다면 보살도에 어긋난다. 따라서 지금 제정한 것이다. 만일
조복하여 긴 기간 서로 죽이는 것을 멈추게 하기 위해 나라
에 들어간다면 도리로써 계를 범한 것이 되지 않는다.

48　태현의 이 구절은 법장의 『본소』를 그대로 인용한 내용이다.
　　此中據爲主不護邊得輕垢罪. 約所損財物, 皆犯夷罪. (T40.646a25)
　　이 중에 책임자(주인)가 되어 (삼보를) 지키지 않는 것에 대해서는 경구죄를 받는다. 재물을 손상시
　　킨 것이라면 전부 바라이죄를 범한다.

보살은 일체중생을 평등하게 대하여야 한다. 정치에 개입하여 어느 쪽인가를 돕는 것은 보살행에 어긋나는 행동인 것이다. 그러나 사신으로서 선심을 갖고 다툼 등을 멈추게 할 수 있다면 국가와 승가뿐만 아니라 살생까지도 막을 수 있는 좋은 행이기에, 이러한 목적으로서의 보살의 정치개입은 허가하고 있다.[49] 이는 당시의 국사제도와도 관련된 것으로 태현은 승가와 국가의 조화를 통해 불법을 지키고 호국불교사상을 선양하기 위한 주석을 한 것이라고 생각된다. 그리고 태현은 이러한 관계를 불법수호와 긴밀하게 조화시키고 있다.[50]

佛法付屬兩人. 一佛弟子以爲內護, 二諸國王以爲外護. (T40.717a29)

불법은 두 사람에게 부촉된다. 첫째로 불제자를 내호로 하고, 둘째로 모든 국왕을 외호로 한다.

당시 통일신라의 국교였던 불교를 융성시키기 위해서는 국가와의 친밀한 관계가 필요했을 것이다. 그렇기에 국가의 수장인 국왕을 불법의 외호자로 규정함으로써 자연스레 불교는 국가로부터 지

---

49 태현의 이 구절은 법장과 매우 유사한 내용이다.
若以善心爲調伏彼令其和穆, 入軍入國一切無犯. (T40.639c23)
만일 선심을 갖고 그를 조복하여 그것으로 하여금 화목하게 하기 위해 군에 들어가거나 나라에 들어간다면 모두 무범이다.

50 태현의 이 구절도 법장의 『본소』를 그대로 인용한 내용이다.
佛法付屬二人. 一佛弟子爲內護, 二國王爲外護. (T40.653b14)
불법은 두 사람에게 부촉된다. 첫째로 불제자를 내호로 하고, 둘째로 국왕을 외호로 한다.

켜지게 되고,[51] 또한 호국불교에 의한 승병과 국사제도에 정당성이 부여되어 승가와 국가의 관계를 친밀하게 유지할 수 있게 되었다고 생각된다.

이처럼 국가와의 관계를 중시한 태현의 주석은 법장의 『본소』로부터 영향을 받았을 것이다. 이시이 코우세이의 설명과 같이 "『범망경』은 법장에 의해 반국가적인 요소를 완전히 제거하여 이윽고 중국적인 경전이 된 것이다."(1984:402) 게다가 『본소』는 "국가의 권력자와 깊은 관계를 가졌던 시대의 저작이었던 것이 틀림없다"(1989:125)고 한다. 그리고 태현은 그러한 법장의 주석을 참고로 『고적기』를 주석하였다고 생각된다. 앞서 살펴본 바와 같이 태현은 많은 부분에서 법장의 내용을 인용하여 승가와 국가의 관계성을 중요하게 다룬다. 즉 태현도 법장과 같이 『범망경』을 국가와의 관계를 유지하기 위한 수단으로 활용하며 그에 따른 주석을 한 것이라고 생각된다.

4.6. 소결

이상의 내용과 같이 태현은 『고적기』에서 일심관과 화회사상을

---

[51] 최원식(1999:56-57)은 신라시대 왕들의 보살계 수계에 대해 실제로 진평왕(眞平王)과 경덕왕(景德王) 등이 보살계를 수계한 기록이 남겨져 있고, 고려시대에는 왕의 보살계 수계가 일반화되었다고 설명한다.

통해『범망경』을 한층 대승적으로 주석하였다.

우선『범망경』의 계체론을 '심법계체'로 보고 대보리심의 발심에 의해 수계할 수 있다고 설명한다. 그리고 이 계는 만행의 근본이며, 그것에 의해 열반에 이를 수 있다. 또한 태현은 대보리심의 발심에 의해 수계된 계를 보살계라고 정의하고, 이 '범망보살계'는 삼취정계의 수용으로 인해 십중사십팔경계 전체에 일체계가 포함된다. 즉 범망계를 수계하는 것은 일체계를 수계하는 것이 되는 것이다. 그렇기에 태현은『고적기』에서『범망경』에 의한 출가를 인정하며 종래의 성문계와 보살계의 중수重受를 부정한다.

이러한『고적기』의 기반에는 원효로부터 유래하는 일심관과 화회사상이 있다. 태현은『고적기』 전체에서 일심관에 근거한 화회의 주석을 보인다. 특히『범망경』 상권의 주석을 통해『범망경』을『화엄경』과 동일한 일승교로 취급하여 보살계로서의『범망경』의 지위를 상향시킨다. 그리고 계목의 주석에『유가론』을 인용하여 보살의 이타행에 의한 비범행은 범계이더라도 그 본질에 의해 무범이 된다고 설명한다. 즉, 대보리심의 발심과 삼취정계로 인해 보살은 중생제도를 위해서라면 어떠한 범계도 두려워하지 않고 자신을 희생할 수 있다. 따라서 그로 인해 계를 범했다고 하더라도 그것이야말로 참다운 보살행이기에 범계가 아니라 오히려 공덕이 된다는 해석이다. 이처럼 태현은『고적기』에서『범망경』에서의 보살의 범계를 관대하게 해석하여 보살행의 범위를 한층 넓혔다.

또한『유가론』의 포섭은『범망경』 속에 삼취정계사상을 정착시

　범망경 보살계의 흐름

킨 것을 의미하는 것으로, 그로 인해 『범망경』의 일체계 포섭뿐만 아니라 『범망경』의 보살계로서의 정당성도 확립되는 것이다. 이처럼 태현은 서로 상반된 경전이나 사상을 일심관에 근거하여 『고적기』 속에서 회통시켰다.

다음으로 태현은 『고적기』의 과문에서 법장의 십문으로부터 영향을 받아 칠문을 세웠다고 한다. 과문의 형식적인 면에서는 분명히 법장의 영향이 있으나, 그 안의 주석 방식이나 인용 등은 어느 한 주석서나 사상에 치우치지 않고 일심관과 화회사상에 의해 종래의 주석서를 종합정리하여 한층 포용적으로 『범망경』을 주석하였다.

또한 태현은 법장의 『본소』에 의거하여 승가와 국가가 관계를 맺을 수 있도록 『범망경』을 주석하였다. 즉, 승가를 수호하기 위해 무기의 소지를 허가하고, 승려가 국가의 사신이 되어 분쟁을 조정하는 것을 인정한다. 그리고 국왕을 재가보살로 규정하여 승가와의 관계를 한층 긴밀하게 유지시킨다. 이러한 주석의 근거로 법장의 『본소』와 같은 사상의 선례가 필요했을 것이라고 생각된다. 그렇기에 태현은 『고적기』에서 『범망경』 상하권의 주석을 통해 『범망경』을 일승교로 다루며, 원효와 법장 간에 있었던 교판의 대립을 해결하고 두 사람을 융합하여 『고적기』의 기반으로 한 것이다.

이처럼 태현은 『고적기』에서 일심관과 화회사상에 근거하여 『범망경』과 『화엄경』의 동일한 일승화, 원효와 법장의 융합, 유가계의 포섭 등을 하였다. 또한 그것들을 토대로 『범망경』에 의한 출가

와 이타행의 범계에 대한 무위범 등도 주장하였다. 그리고 이러한
『고적기』는 일본의 남도불교와 천태종의 사이쵸(最澄) 등에게 전해
지며 뒤에 대승계본에 의한 승단의 탄생에 이르게 된 것이라고 생
각된다.

【 결론 】

『범망경』의 보살계는 동아시아불교에서 『사분율』과 더불어 승가의 일원이 반드시 수지해야 하는 계율이다. 『사분율』은 출가승가로서의 권위와 운영을 유지하기 위한 것이며, 『범망경』은 대승불교의 수행자인 보살이 자신의 서원을 토대로 이타행을 하며 깨달음에 이르기 위해서 받는 대승불교 특유의 계율이다. 이 두 계율경전을 통한 수계작법은 남산율종의 도선에 의해 정착되었다고 하여, 특히 한국, 대만, 중국 등의 대승불교권에서는 현재도 이 두 계율경전을 통한 수계작법에 의해 비구, 비구니의 출가자를 배출하고 있다.

그러나 현대가 되면서부터 본래 다른 역할을 담당하던 『사분율』과 『범망경』의 경계가 모호해지며 승가 내부의 문제에까지 『범망경』을 적용하여 해결하려는 모습이 보인다. 과거 일본 천태종의 사이쵸가 주장했던 대승계에 의한 대승교단과 같이 변화되고 있다. 자리이타의 정신에 입각한 보살행을 하기 위해 그 규제의 범위를 넓혀서 중생제도에 진력한다면 특별히 반대하지는 않는다. 그러나 문제는 『범망경』을 중심으로 하는 것이 아니라 그 주석된 내용, 특히 대승적(파격적)으로 주석된 내용만을 뽑아서 자신들의 상황에 맞춰 사용하고 있는 것이다. 승려 개인의 문제로서는 음주나 육식이나 재산축적 등이 있고, 승가의 문제로는 자금운용이나 정치와의 결탁 등이 현대 대승승가에 일어나고 있는 문제이다. 이는 『범망경』의 주석이 잘못되어서 일어난 문제가 아니라, 그러한 (대승적)주석에 이르게 된 이유와 원인 등은 무시하고 그 주석에 나온 문장만을 근거로 악용하기에 생겨난 문제이다.

이러한 이유로 본 논문에서는 『범망경』 주석 중에서 가장 오래되었다고 불리는 지의의 『의소』부터 원효, 법장을 거쳐 일본 남도불교와 천태종에도 중요한 영향을 주었다고 하는 태현의 『고적기』까지의 각 주석서를 검토하여 어떠한 연유와 영향에 의해 『범망경』의 주석이 변화되어 왔는가를 고찰하였다. 그 결과 종래에는 논해지지 않았거나 문제 제기에 그쳤던 지의로부터 태현에 이르기까지의 영향관계의 흐름을 밝힐 수 있었다.

본 논문에서 4장에 걸쳐 진행하였던 전체적인 연구의 내용을 다시금 정리하겠다.

우선 제1장에서는 지의의 『의소』에 나온 '성무작가색性無作假色'이라는 독자적인 계체론을 지의의 불성관인 '삼인불성三因佛性'을 통해 파악하였다.

지의는 『의소』에서 『차제선문』, 『법화현의』, 『마하지관』 등의 주요 저술에서 설하고 있는 '심법계체心法戒體'와는 전혀 다른 계체론을 사용해 『범망경』을 주석했다. 그 『의소』의 계체론에 대해서 종래에는 '가색'이라는 용어에 의해 '색법계체色法戒體'로 논하거나, 천태학의 원융사상에 의해 '색심불이色心不二'의 계체로 논하였다. 그러나 『의소』의 계체는 '권실이교權實二敎'의 실교와 권교에 의해 '무작'의 유무가 나뉘는 독특한 형태를 보인다. 『의소』는 '이치(실교)'로서는 무작을 인정하지 않지만 '교리(권교)'로서는 무작을 인정한다. 즉 실교로서는 '심법계체'를 계체로 하지만, 『범망경』의 유통을 위해 '교문敎門'의 방편으로 '색법계체'를 사용하고 있는 형태인 것이다. 그리고 이 '색법계체'는 소승의 '색', '비색비심'의 의미와는 다른, 방편의 색법으로 실제로는 본래 구족하고 있는 불성인 심법을 발견하여 발심과 수계에 의해 나타나 열반에 이를 때까지 다함이 없는 '중도묘관中道妙觀'의 계체를 구족한다는 의미이다.

이러한 『의소』의 계체론은 지의의 불성론인 '삼인불성三因佛性'의 구조와 유사한 형태이다. 우선 '이불성理佛性'의 정인正因에 의해 '행불성行佛性'의 료인了因과 연인緣因이 생겨난다. 그리고 그 '행불성'에 의해 근원인 '이불성'의 존재가 분명해진다. 그러나 이 구조는 정인의 존재에 의해 성립되며 진정한 불성은 정인밖에 없는 것이다. 료인과 연인은 정인의 현현과 작용을 밝히기 위한 방편이다.

이처럼 『의소』의 계체론도 중생에게 '이치(실교)'의 '심법계체'를 현현시키기 위해 '교리(권교)'의 '색법계체'를 사용해 설명한다. 이는 중생에게 『범망경』의 수계와 수지의 중요성을 알려 주고, 방일에 떨어지는 것을 방지하기 위해 '교문'으로서 '성무작가색'을 사용한 것이다. 즉 『의소』의 계체론은 '실교'의 '심법계체'를 토대로 『범망경』의 유통을 위해 '권교'로서 '색법계체'를 사용한 것이다.

다음으로 제2장에서는 제1장에서 검토한 지의의 교설을 토대로 원효와 비교하여 그 영향관계를 확인하였다.

우선 지의에 의해 『범망경』의 해석에 유가계의 삼취정계가 도입

되어 『범망경』은 일체계를 포섭한 '중도제일의제中道第一義諦의 계'
가 된다. 원효는 이 삼취정계를 한층 적극적으로 도입하여 일체중
생의 수계와 범계판단에까지 적용한다.

또한 지의는 『의소』에서 '성무작가색'이라는 계체론으로 『범망
경』을 주석했다. 이는 '권교방편'의 '색법계체'로, 지의의 계체론은
실교로서는 '심법계체'이지만, 『범망경』의 유통을 위해 권교의 '색
법계체'를 사용하고 있는 것이다. 즉 '성무작가색'은 소승의 계체
론인 '색법'과 '비색비심'과는 다른 대승독자의 중도묘관의 계체
인 것이다.

한편 원효는 그러한 계의 존재성을 보다 강조한다. 계는 깨달음
의 근본임과 동시에 방편으로서 자성이 없는 인연생因緣生의 것이
라고 설명한다. 즉 계는 인연이 없으면 영원히 나타나지 않고 인연
으로부터 멀어지면 존재성을 잃게 된다. 그리고 그 계의 존재는 있
다고 하면 그 형태에 집착하는 것이 되고, 없다고 하면 그 법을 어
기는 것이 되어 어느 쪽이든 잘못되게 된다. 이처럼 원효는 계의
존재성을 보다 명확하게 설명하기 위해 유무의 양변을 떠난 중도
묘유中道妙有의 계체로 『범망경』을 주석하였다.

다음으로 과문에서 지의와 원효는 상당히 유사한 형태를 보인
다. 지의에 의해 삼단으로 나뉜 『범망경』의 과문을 원효는 거의 그
대로 『사기』에 적용하였다. 그러나 서분의 과문에서 지의는 게송
만을 나누지만, 원효는 서분 전체를 나눈다. 이는 계의 전수에 중
점을 둔 과문의 분류로서 이 점에서 원효는 『의소』를 그대로 답습

한 것이 아닌 『의소』를 토대로 자신의 사상과 계율관을 추가하여 『범망경』의 주석을 수정·보완한 것이다. 그리고 『사기』의 십중계에서도 원효는 지의와 유사한 형식으로 전체를 나눈 뒤 범계의 원인인 '마음'을 중심으로 범계판단을 세분하여 설명한다. 그 외에도 원효는 교판에서 『범망경』을 일승분교로 분류하여 일승만교인 『화엄경』과 같은 일승교로 보았다. 또한 수계자를 보살뿐만 아니라 일체중생에까지 넓혔다.

이처럼 『범망경』의 주석은 지의에 의해 계체론과 삼취정계의 도입과 과문 등의 형식이 갖추어지고, 원효가 그것을 이어받아 보다 적극적으로 활용하여 계의 존재성과 범계판단 등을 한층 대승적으로 주석한 것이다.

제3장에서는 지의와 더불어 『범망경』 주석에서 가장 중요시되는 법장의 『본소』를 원효의 주석서와 비교하여 두 사람의 유사점과 상이점을 검토하였다.

우선 원효와 법장은 계체론에 있어서 공통적으로 계는 보살의 근본이며 깨달음에 이르기 위한 수행의 방편이라고 설명한다. 또한 이러한 계는 대보리심의 발심에 의해 나타나, 삼취정계의 행을 통해 깨달음에 이르게 된다. 그러나 이 계는 마음을 토대로 하는 불성계이지만, 인연생의 것이기에 그 인연으로부터 멀어지면 존재성을 잃게 된다. 따라서 존재성의 유무를 떠난 계의 모습에 집착해서는 안 된다. 또한 유무를 떠난 계이지만, 인연에 의해 생기기에

계는 없는 것도 아닌 것이다. 이 계의 존재성에 대해서 원효와 법
장은 '토끼뿔(兎角)'의 비유를 사용해 계의 성립인연을 설하고 계가
비유비무의 묘유인 것을 강조한다.

　이처럼 두 사람은 계의 인연생에 대해서 같은 견해를 보이지만,
계의 '체體'에 대해서는 차이가 있다. 원효는, 계는 체를 종자로서
나타나지만, 그 체에 가립한 것이 아닌 본래 체와 다른 것이 아니
라고 설명한다. 한편 법장은, 계는 체를 종자로서 나타나지만, 체
에 가립한 것이라고 설명한다. 이는 법장이 묘유의 계는 체에 있어
서도 비유비무이어야 하기에 계체를 '비색비심'으로 설명한 것이
라고 생각된다.

　다음으로 범계판단에서 원효는 '달기보살達機菩薩', 법장은 '통通'
이라는 독자적인 개념들을 사용하여 이타행에 의한 범계행은 무범
이며 오히려 공덕이 된다고 설명한다. 그러나 이 무범의 범계행은
반드시 중생에 대한 자비심을 갖고 보살 자신의 희생조차도 두려
워하지 않는 상태에서 행해야만 하는 것이다. 또한 두 사람은 무기
심에 의한 범계는 무범이지만, 그 행위에 대한 업은 있다고 한다.
이는 범계에 대한 잘못된 이해나 확대해석 등에 의한 범계행을 규
제하기 위한 주석이다.

　그러나 원효와 법장은 『범망경』에 대한 교판에서 차이가 있다.
원효는 『범망경』을 『화엄경』과 같은 일승교로 보지만, 법장은 『화
엄경』만을 일승으로 본다. 그러나 원효는 『화엄경』을 일승만교,
『범망경』을 일승분교로 분류하여, 같은 일승교라도 『범망경』은 일

승이 부분적으로 인정된 가르침이라는 견해를 갖고 있다. 이처럼 두 사람은 『범망경』의 가르침을 『화엄경』보다 낮게 보며 원융무애한 깨달음에 이르기 위해서는 반드시 『화엄경』의 가르침에 의지해야 한다는 공통의 견해를 보인다. 그리고 두 사람은 유가계를 『범망경』보다 낮은 가르침으로 보았다. 원효는 유가계를 삼승계로 분류하고, 법장은 『범망경』을 실교, 유가계를 권교로 분류하여 『범망경』의 주석에 유가계를 거의 인용하지 않았다.

이상의 내용과 같이 법장은 원효와 상당히 유사한 계체론으로 『범망경』을 주석하였다. 특히 계의 정의와 범계판단에 있어서는 두 사람이 거의 동일한 견해를 보인다. 이는 법장이 『본소』를 저술할 때 원효의 주석서를 참고로 하였기에 나타난 특징이라고 생각된다. 그리고 교판과 계체론에 있어서 두 사람은 상이한 견해를 갖고 있으나, 이것도 두 사람이 『화엄경』을 중시하고 계를 방편으로 인식하였다는 점에서 전혀 다르다고는 할 수 없다.

마지막의 제4장에서는 『범망경』의 주석 중 가장 대승적인 해석을 보인다고 하는 태현의 『고적기』를 검토하고 그 사상의 영향관계를 파악하였다.

태현의 『고적기』는 『범망경』의 계체론을 '심법계체'로 보며, 계는 만행의 근본으로 대보리심의 발심에 의해 수계할 수 있다고 설한다. 그리고 삼취정계의 도입을 통해 『범망경』의 '십중사십팔경계' 전체에 일체계를 포함시켜서 범망계에 의한 일체계의 수계를 설명한다.

　이러한 『고적기』의 기반에는 원효에서 유래하는 일심관과 화회사상이 있다. 태현은 『고적기』 전체에서 일심관에 입각한 화회의 주석을 보인다. 특히 『범망경』 상권을 주석하여 『범망경』을 『화엄경』과 같은 일승교로 다루며 『범망경』의 지위를 향상시킨다. 그리고 계목의 주석에 『유가론』을 인용하여 이타행에 의한 보살의 비범행은 무범이라고 한다. 이는 삼취정계에 의한 것으로 보살은 중생을 위해서라면 어떠한 범계도 두려워하지 않고 자신을 희생한다. 따라서 그러한 진정한 보살행이기에 범계가 아니며 오히려 공덕이 되는 것이다. 이러한 『범망경』에 의한 『유가론』의 포섭은 삼취정계사상의 정착으로도 볼 수 있으며, 그로 인해 『범망경』의 일체계의 포섭뿐만 아니라 『범망경』의 보살계로서의 정당성도 확립된 것이다.

　다음으로 태현은 법장의 『본소』로부터 영향을 받아 과문의 7문을 세웠다고 한다. 그리고 태현은 법장의 『본소』를 인용하여 승가와 국가가 관계를 맺을 수 있도록 『범망경』을 주석하였다. 그로 인해 승려가 국가의 사신이 되어 분쟁을 조정하는 것을 인정하고, 왕을 재가보살로 규정하여 국가와의 관계를 유지하였다. 이러한 주석의 근거로서는 법장의 『본소』가 필요했던 것이다. 그렇기에 태현은 『고적기』에서 일심관과 회회사상을 통해 『범망경』 상하권을 주석하고 『범망경』을 일승교로 다루어 원효와 법장의 사이에 있었던 교판의 문제를 원만하게 해결하며 두 사람을 융합하여 『고적기』의 기반으로 한 것이다.

　이상으로 제1장에서 제4장에 이르는 연구에서 밝혀진 내용을 정리하면 다음과 같다. 『범망경』의 주석은 지의의 『의소』에 의해 삼취정계의 도입과 과문 등의 기본적인 형식이 갖추어진다. 그것을 원효가 『요기』와 『사기』에서 수용하여 삼취정계를 통해 『범망경』에 일체계를 포함시키고 수계자의 범위도 보다 넓힌다. 그리고 『사기』에서는 '달기보살'이라는 개념을 사용해 보살계의 이타행에 의한 범계를 무범으로 판단한다. 또한 원효는 전체적인 과문을 지의와 동일하게 나눈 뒤 그 내용을 보다 상세하게 나누어 설명한다. 법장은 『본소』에서 지의, 원효와는 다른 과문으로 주석하지만, 보살계관과 범계판단 등에 있어서는 원효와 거의 동일한 형태를 보인다. 예를 들면 『본소』의 '제7자찬훼타계'에서는 종래에 지적된 바와 같이 원효의 『요기』를 참조로 주석한다. 그리고 각 계목의 범계판단에서는 원효의 '달기보살'과 유사한 '통'이라는 개념을 사용해 보살의 범계를 무범으로 판단한다. 또한 원효와 법장은 경전의 가르침에 있어서 『화엄경』을 가장 우위에 두고 유가계를 『범망경』보다 낮은 가르침으로 본다. 이러한 원효와 법장의 주석은 태현에게 이어져 『고적기』의 기반이 된다. 태현은 『범망경』 상하권을 원효의 일심관에 입각해 주석하여 『범망경』과 『화엄경』을 동일한 일승교로 본다. 그리고 그것을 토대로 성·상을 융합하여 유가계를 『범망경』에 포섭시킨다. 또한 원효·법장과 같이 삼취정계를 통해 보살의 범계를 무범으로 판단한다. 게다가 법장의 『본소』를 인용하여 보살의 활동범위를 보다 넓혀서 승가와 국가의 관계를 원만하게 유지할 수 있도록 주석한 것이다.

이처럼 『범망경』의 주석은 지의 - 원효 - 법장 - 태현의 순으로 그 주석의 내용에 연속적인 관계성을 갖고 발달되어 왔다. 본 연구에서는 『범망경』을 중심으로 한 주석서의 검토에 중점을 두었다. 그러나 신라 승장처럼 유가계를 중심으로 『범망경』을 포섭하려는 주석도 존재하고, 후대가 되면서부터는 대승보살계에 의한 승단이 출현하는 등 『범망경』과 보살계를 둘러싼 다양한 전개가 생겨난다. 이러한 『범망경』의 변천에 관해서는 재고찰하고 깊이 연구해야 할 여지가 상당히 남아 있다. 후대의 『범망경』의 변천을 종래의 연구를 토대로 다양한 각도에서 접근하는 연구를 앞으로도 이어갈 것이다.

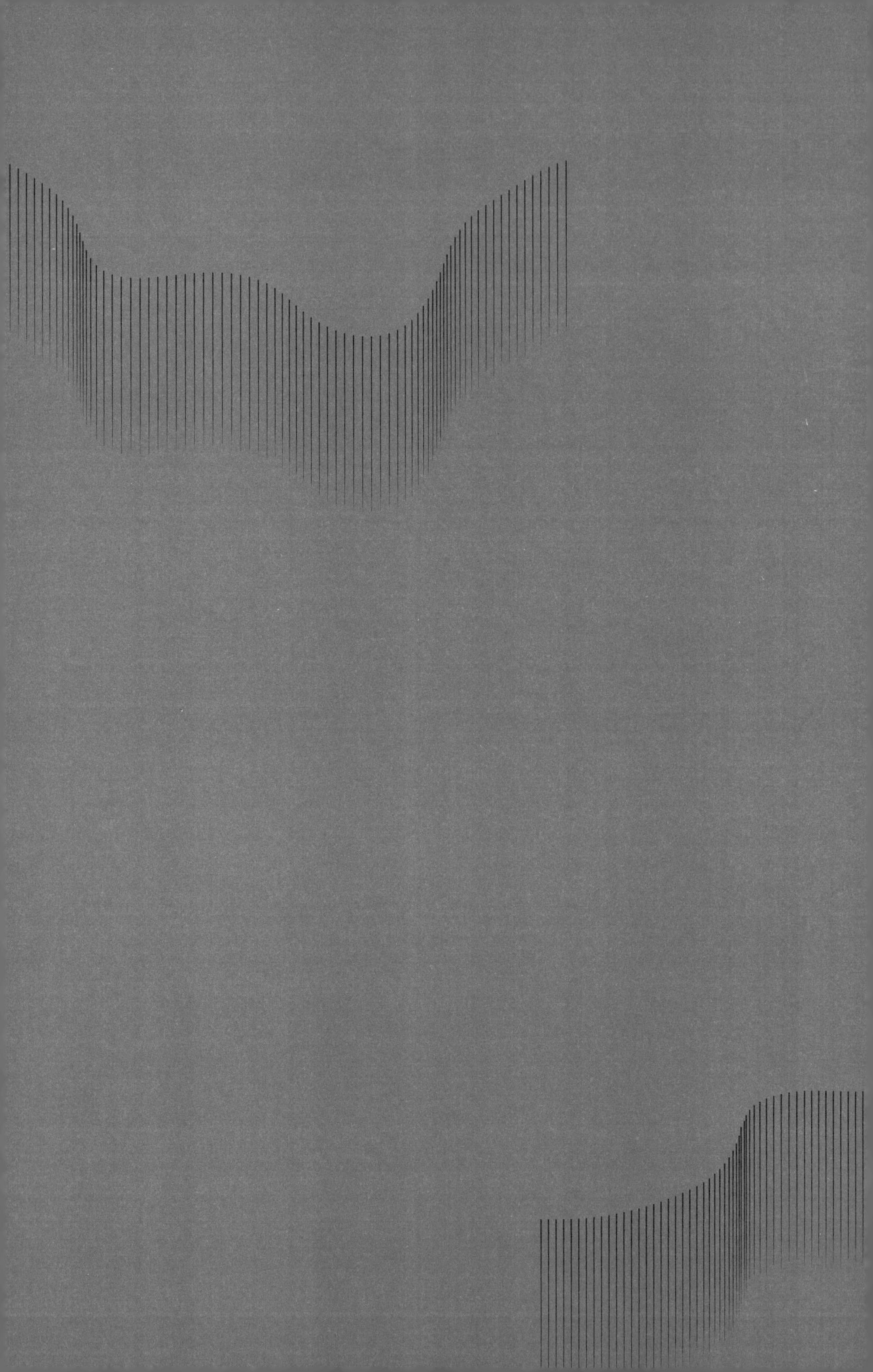

지의·원효·법장·태현의 『범망경』 십중계 해석의 비교

서론

부론에서는 지의·원효·법장·태현의 각 주석서에 나타난 『범망경』의 십중계에 관한 주석을 비교하여[1] 그 상이점과 유사점을 파악해서 네 사람의 영향관계를 확인하겠다.

십중계의 비교에 앞서 네 사람의 십중계에서의 과문을 검토하여 주석의 형식을 확인하겠다. 우선 지의는 『의소』 「정해경문正解經文」의 「정설분正說分」에서 십중사십팔경계를 설명한다. 십중계 전체를 '총표總標, 별해別解, 총결總結'의 3문三門으로 나누고, '총표'에서는 『범망경』의 수계와 수지를 권하고, '별해'에서는 십중계의 각 계목을 설명하고, '총결'에서는 내용의 요약과 보살계의 수지를 권유한다.

지의의 3문의 과문을 원효가 『사기』의 '도합정설度合正說'에서 이어받아 십중계 전체를 '총석권학總釋勸學[2], 별해제지別解制止, 총결중제總結重制'의 3문으로 나눈다. 그리고 처음의 '총석권학'을 '거수표명擧數標名, 권물송학勸物誦學, 총결권학總結勸學'으로 나누고, '권물송학'을 다시 '거비권송擧非勸誦, 거인권송擧人勸誦'으로 나누어 지의의

---

1   본 연구에서의 비교는 원효의 『사기』가 십중계까지만 현존하기에 다른 세 사람의 주석서도 십중계까지의 주석만을 비교하는 것에 그친다.

2   제2장에서 검토한 바와 같이 '總釋初學'(X38.280a15)은 다른 곳에서 '總釋勸學'(X38.287a20)으로도 기입되어 있다. 의미상 『범망경』을 배울 것을 권하고 있는 내용이기에 본 연구에서는 '總釋勸學'을 사용한다.

『의소』보다 한층 세분하여 주석한다. 이러한 과문을 정리하면 '총석권학{거수표명, 권물송학(거비권송, 거인권송), 총결권학}, 별해제지, 총결중제'가 된다.

법장은 『본소』「제10수문해석第十隨文解釋」의 「대연정설분對緣正說分」에서 십중계 전체를 지의와 원효와 동일하게 '거수권지擧數勸持(總誦), 입명변상立名辨相(別誦), 총결권지總結勸持(結勸)'의 3문으로 나누고, '거수권지'를 다시 '거수擧數, 권송기문勸誦其文, 권학기의勸學其義, 결설권지結說勸持'로 나누어 주석한다. 즉 원효의 과문과 동일하게 '거수권지' 전체를 4개로 나누었는데, 원효가 2개로 나눈 과문을 법장은 전면에 내어서 주석한다. 이러한 과문을 정리하면 '거수권지(거수, 권송기문, 권학기의, 결설권지), 입명변상, 총결권지'가 된다.

태현은 『고적기』「제5종취第五宗趣」의 「계악행문誡惡行門」에서 전체를 '총표문總標門, 별송문別誦門, 결성문結成門'의 3문으로 나누고, '총표문'을 '거수제지문擧數制持門, 시상권학문示相勸學門3'으로 나누어 주석한다. 이러한 과문을 정리하면 '총표문(거수제지문, 시상권학문), 별송문, 결성문'이 된다. 『고적기』의 과문은 법장의 『본소』와의 관련성이 논해지고 있다.4 특히 『고적기』에서의 범망계의 주석이 『본소』의 '제10수문해석'에 해당하는 '제7본문'이 아닌 '제5종

---

3 '示相勸學門'(T40.703a09)은 다른 곳에서 '示相勸持門'(T40.703b08)이라고도 표기되어 있다.
4 요시즈 요시히데(1991:660)

취'에서 설해지고 있는 점은 주목할 만하다.

이상의 지의, 원효, 법장, 태현의 각 주석서에서의 『범망경』 십중계의 과문을 비교하면 표1과 같다.

【표1】

지의『의소』	원효『사기』			법장『본소』		태현『고적기』	
總標	總釋勸學	學數標名		擧數勸持(總誦)	擧數	總標門	擧數制持門
		勸物誦學	擧非勸誦		勸誦其文		
			擧人勸誦		勸學其義		示相勸學門
		總結勸學			結說勸持		
別解	別解制止			立名辨相(別誦)		別誦門	
總結	總結重制			總結勸持(結勸)		結成門	

표의 '별해, 별송'은 네 사람이 십중사십팔경계의 각 계목을 설명한 부분이다. 여기서 네 사람은 『범망경』의 각 계목을 자신들의 보살계관과 사상을 통해 주석하였고, 그로 인해 각각의 주석서에는 계목의 명칭과 과문 등에서 약간의 차이가 생겨나게 된다. 네 사람의 각 주석서에 나타난 십중계의 명칭을 정리하면 표2와 같다. 계목의 과문에 대해서는 '제1살계'의 부분에서 검토하겠다. 같은 『범망경』의 십중계라도 그것을 주석한 저자의 계율관과 사상에 의해 명칭과 내용에 차이가 있다. 자세한 내용은 각 계목의 부분에서 다루겠다.

　　이상의 내용을 토대로 십중계의 각 계목에 나타난 지의, 원효, 법장, 태현의 주석을 비교해 나가겠다.

【표2】 [5]

지의『의소』	원효『사기』	법장『본소』	태현『고적기』
第一殺戒	第一不殺戒 [6] (殺戒)	第一殺戒	第一快意殺生戒
第二盜戒	第二偸盜戒 (盜戒)	第二盜戒	第二劫盜人物戒
第三婬戒	第三不婬戒 (婬戒)	第三淫戒	第三無慈行欲戒
第四妄語戒	第四不妄語戒 (妄語戒)	第四妄語戒	第四故心妄語戒
第五酤酒戒	第五不酤酒戒 (酤酒戒)	第五酤酒戒	第五酤酒生罪戒
第六說四衆過戒	第六意心說同法人過戒	第六說四衆過戒	第六談他過失戒
第七自讚毀他戒	第七自讚毀他戒 (利讚毀戒)	第七自讚毀他	第七自讚毀他戒
第八慳惜加毀戒	第八慳惜加毀戒	第八故慳戒	第八慳生毀辱戒
第九瞋心不受悔戒	第九瞋打結恨戒 (瞋不受悔戒)	第九故瞋戒	第九瞋不受謝戒
第十謗三寶戒 (謗菩薩法戒, 邪見邪說戒)	第十謗三寶戒	第十謗三寶戒	第十毀謗三寶戒

5　각 계목의 명칭은 저자가 명시한 것을 기준으로 하지만, 불확실한 경우에는 각 계목을 나타내는 용어나 문장에서 임의로 명칭을 가져왔다. 예: 원효『사기』의 第六意心說同法人過戒

6　원전에서는 '殺'이 아닌 '煞'로 되어 있다.(X38.280b08)

1. 제1살계 第一殺戒 [7]

『범망경』 '제1살계'의 본문은 다음과 같다.

佛言, 佛子, 若自殺, 敎人殺, 方便讚歎殺, 見作隨喜, 乃至呪殺. 殺因殺緣殺法殺業. 乃至一切有命者不得故殺. 是菩薩應起常住慈悲心孝順心, 方便救護一切衆生. 而反恣心快意殺生者, 是菩薩波羅夷罪. (T24.1004b16)

부처님께서 말씀하시길, "불자들이여, 만일 스스로 죽이거나, 사람을 가르쳐 죽게 하거나, 방편으로 죽이거나, 찬탄하여 죽이거나, (살인을) 저지르는 것을 보고 기뻐하거나, 내지 주문으로 죽인다면, 죽이는 인, 죽이는 연, 죽이는 법, 죽이는 업이 있다. 내지 모든 생명 있는 것을 고의로 죽여서는 안 된다. 이 보살은 마땅히 항상 머무는 자비심과 효순심을 일으켜 방편으로 일체중생을 구호하여야 한다. 그럼에도 오히려 방자한 마음과 (잘못을) 즐기는 마음으로 살생을 한다면 이는 보살의 바라이죄이다"라고 하신다.

이 『범망경』의 내용에 대해서 우선 지의의 『의소』는 십중사십팔

---

7 십중계의 각 계목의 명칭은 지의의 『의소』를 기준으로 한다.

경계의 각 계목을 '표인標人, 서사序事, 결죄명結罪名'의 3문으로 나누
어 설명한다. 처음의 '표인'은 각 계목의 대상을 말하고, '서사'는
그 내용이며, '결죄명'은 그 계를 어겼을 때의 죄명으로, 지의는 이
과문의 구조를 기준으로 삼는다. 그리고 '서사'는 다시 '불응不應,
응應, 결結'로 세분되어 계목에서의 '해서는 안 되는 것(불응)', '해야
하는 것(응)'과 죄업의 구성요소를 설한다. 『의소』에 나타난 '제1살
계'의 과문은 표3과 같다.

【표3】 지의 『의소』

第一殺戒	標人	若佛子			
	序事	不應	明殺事	自殺	
				教他	
				方便殺	
				讚歎殺	
				隨喜	
				呪殺	
			成業(成重)	衆生	上品
					中品
					下品
				衆生想	
				殺害	自身殺心
					教他殺心
				命斷	此生
					後生
			舉輕況重		
		應	常住慈悲心		
			孝順心		

		方便救護
	結	恣心
		快意
		殺生
	結罪名	波羅夷

　지의는 살계의 주석에서 우선 살생을 '자살自殺, 교인살敎人殺, 방편살方便殺, 찬탄살讚歎殺, 견작수희見作隨喜, 주살呪殺'의 6항목으로 나눈다. 이는 원효의 7항목과 법장의 4항목과는 다른 견해이다(뒤에 설명).

　다음으로 살생업을 이루는 요소인 '살인殺因, 살연殺緣, 살법殺法, 살업殺業'에 대해서, 지의는 '신, 구, 의'의 삼업이 살생을 이루고 그것들은 모두 업의 뜻(義)이라고 설한다.

　　三業成殺. 自動用者正身業也. 敎他及呪口業造身業. 心念欲殺,
　　鬼神自宣遂者. 意業造身業也. 三階於緣中造作, 皆是業義. 殺法
　　謂刀劍坑弿等. 皆有法體故稱爲法. (T40.571c08)

　삼업이 살생을 이룬다. 스스로를 움직이는 것이 바로 신업이다. 타인을 가르치거나, 또는 주술을 거는 것은 구업으로 신업을 짓는 것이다. 마음속으로 죽이겠다고 생각하여 귀신이 스스로 따라 붙어서 (죽이는 것은) 의업으로 신업을 짓는 것이다. 세 가지 계위의 연 속에서 조작하는데 이 모두가 업의 뜻이다. 죽이는 법을 말하면 칼과 검, 구덩이, 덫 등이다. 모두 법체가 있기에 법이라고 칭한다.

신, 구, 의에 의한 살생은 모두 살심을 인으로 하고, 그것이 연이 되어 직접적으로 몸으로 행동하기에 그 업이 갖춰지는 것이다. 그러나 '살법'에 대해서 칼이나 구덩이나 덫 등의 살생도구가 '법체'가 있기에 '법'이라고 한다. 즉 지의는 그 실체가 있는 도구를 사용해 살생할 수 있기에 그것들을 '법'으로 판단한 것이다. 지의의 이러한 견해에 대해서 뒤에 원효는 '명근命根'에 의해 살생이 성립하기에 '단명근斷命根'이 살법이라고 반론하며 지의의 설을 비판한다. 또한 법장도 『본소』에서 원효와 같은 견해를 보인다(뒤에 설명).

지의의 『의소』는 살생의 죄를 이루는 조건을 '중생衆生, 중생상衆生想, 살해殺害(殺心), 명단命斷(命根斷)'의 4항목으로 나누어 설명한다. 우선 '중생'을 상중하의 3품으로 나누어 그 대상에 의해 죄의 경중이 다르다고 논한다.

衆生者, 衆生雖多大爲三品. 一者上品. 謂諸佛聖人父母師僧. 害則犯逆. …中品即人天. 害心犯重. 三下品四趣也. 兩解. 一云同重. 大士防殺嚴重故. 文云一切有命不得殺. 即其証也. 二云但犯輕垢. 在重戒中兼制, 以非道器故. (T40.571c14)

중생이란, 중생은 (종류가) 많지만 대략 3품이 된다. 첫째는 상품이다. 모든 부처와 성인과 부모와 사승이다. 해하면 즉 역죄를 범한다. …중품은 즉 사람과 천이다. 해칠 마음이 있으면 중죄를 범한다. 셋째는 하품으로 4취중생(지옥, 아귀, 축생, 아수라)이다. 두 가지 해석이 있다. 첫째는 중죄와 똑같다. 보살(대사)이 살생을 막는 것은 엄중하기 때문이다. 경문에서 "모든 목숨 있는 것을 죽이면 안 된다"고 말한다. 즉 그 증거이다. 둘째는 오직 경구죄를 범한다. 중계 중에서 겸하여 제지하는데 도의 그릇이 아니기 때문이다.

중생을 3품으로 나누어 죄의 경중을 설명하는데 기본적으로 보살의 살생을 엄격하게 금지하고 있는 것을 확인할 수가 있다.

다음의 '명단근'에 대해서 지의는 차생(금생)과 후생으로 나누어 설명한다. 우선 차생에 대해서 성문과 같이 계를 버리면 범계판단의 대상에서 제외되는 것이 아닌 계가 없어졌어도 죄를 받는다고 설한다. 즉 지의가 『의소』에서 설한 계체론은 단순한 '색법계체'가 아닌 그 '색법'이라는 형태가 없어지더라도 '마음'이 계체이기에 범계판단의 대상으로 죄를 받는다는 것이다.

四命根斷有兩時. 一此生二後生. 此生有二句. 一有戒時犯重.
二無戒時斷當戒去時. 結不逐輕垢. 命斷時結罪同前. 聲聞臨終時
未結. 聲聞捨具戒作五戒等結也. (T40.572a07)

넷째 '명단근'에는 두 가지의 때가 있다. 첫째는 차생이고, 둘째는 후생이다. 차생에 두 구절이 있다. 첫째는 계가 있을 때의 범계는 무겁다. 둘째는 계가 없을 때에 (목숨을) 끊었을 경우로 계가 사라졌을 때이다. (목숨 끊는 것을) 이루지 못했다면 경구죄가 된다. 목숨이 끊어졌을 때에 받는 죄는 앞과 동일하다. 성문은 임종 때에는 죄가 되지 않는다. 성문은 구족계를 버렸다면 오계 등으로 죄를 판단한다.

다음으로 원효는 『사기』에서 '제1살계'를 '살계'와 '불살계'로 이름한다. 과문에서는 앞의 지의와 동일하게 전체를 '거인표체擧人表體, 열사명수列事明隨, 거비결과擧非結過'의 3문으로 나누지만, 내부를 한층 세분하여 죄의 구성요소와 성립조건 등까지 상세히 다룬다. '열사명수'에서는 지의의 '서사'와 같이 계목에서의 '불응(열비列非), 응(대치정행對治正行)'을 설한다. 원효 주석의 가장 중요한 특징인 '거비결과'에서는 범계를 일으킨 마음의 상태에 따라 '일향복비죄一向福非罪, 비죄비복非罪非福, 유경비중唯輕非重, 유중비경唯重非輕'의 4항목으로 나누어 죄를 판단한다. 특히 '일향복비죄'에서는 '달기보살'이라는 독자의 개념을 사용해 보살이 범계를 저질렀더라도 그것은 중생제도를 위한 이타행이기 때문에 범계가 아닌 무범이며 복이라고 설명한다. 또한 '비죄비복'에서는 무기심이나 광란심처럼 정상이 아닌 상태에서의 범계는 복도 죄도 아니라고 설명한다. 『사기』 '제1살계'의 과문은 표4와 같다.

<table>
<tr><td rowspan="18">第
一
殺
戒</td><td>擧人表體</td><td colspan="5">佛子</td></tr>
<tr><td rowspan="15">列事明隨</td><td rowspan="14">列非</td><td rowspan="13">重非</td><td rowspan="8">正非</td><td colspan="2">三品眾生</td></tr>
<tr><td rowspan="7">明斷命義</td><td>自殺</td></tr>
<tr><td>教人殺</td></tr>
<tr><td>方便殺</td></tr>
<tr><td>讚嘆殺</td></tr>
<tr><td>見作隨喜</td></tr>
<tr><td>瞋殺</td></tr>
<tr><td>呪殺</td></tr>
<tr><td rowspan="5">具緣成業</td><td colspan="2">人境(緣)</td></tr>
<tr><td colspan="2">人想(緣)</td></tr>
<tr><td colspan="2">發殺人心(因)</td></tr>
<tr><td colspan="2">發方便(業)</td></tr>
<tr><td colspan="2">斷命根(法)</td></tr>
<tr><td colspan="4">輕非</td></tr>
<tr><td colspan="5">對治正行</td></tr>
<tr><td rowspan="2">擧非結過</td><td colspan="5">自恣·決意·波羅夷</td></tr>
<tr><td colspan="5">一向福非罪·非罪非福·唯輕非重·唯重非輕</td></tr>
</table>

원효도 지의와 동일하게 살생의 대상을 3품중생으로 나누지만, 하품에 대해서 지의의 4취중생과는 다르게 축생만을 들고 있다. 그리고 원효는 여기서 '달기보살'이라는 개념을 사용해 이 보살의 범계는 '비죄유복無罪唯福'이라고 설명한다. 또한 새로 배우는 보살이 살생을 범한다면 경구죄가 되지만, 소승의 사람은 중죄가 된다고 하여 제도행에 대한 대승보살의 우월성을 나타낸다.

다음으로 원효는 살생의 종류를 '명단명의'에서 '자살, 교인살, 방편살, 찬탄살, 견작수희, 진살瞋殺, 주살'의 7항목으로 나눈다. 이는 앞선 지의의 6항목과는 다르게 『범망경』 본문의 '내지乃至'를 화를 내어 죽이는 것으로 정의하며 '진살瞋殺'을 추가한다.[8]

살생업을 이루는 요소(인, 연, 법, 업)에 대해서는 '구연성업具緣成業'이라고 하여 '발살인심(發殺人心:因), 인경(人境:緣), 인상(人想:緣), 단명근(斷命根:法), 발방편(發方便:業)'의 5항목으로 나누어, 만일 원인인 '발살인심'이 없는 살생이라면 무죄가 되며, 5항목 중에 하나라도 빠진다면 경구죄가 된다고 설명한다. 그러나 앞의 내용과 같이 지의는 살생의 법을 칼, 구덩이, 덫 등의 도구라고 설하지만, 여기서 원효는 지의의 설을 '소疏'라는 명칭으로 인용하며 살생의 법은 명근이라고 반론한다.

疏云, 以殺具刀杖等爲法. 然而無合於義. 若雖無刀杖等具, 而得殺故. 是故以命根爲法. (X38.281c05)

소에서 이르길 "살생도구인 칼이나 지팡이 등을 법으로 한다"고 한다. 그러나 그것은 뜻에 맞지 않는다. 만일 칼이나 지팡이 등의 도구가 없어도 (사람을) 죽일 수 있기 때문이다. 이렇기 때문에 명근을 법으로 한다.

이는 목숨이 끊어지면 죽게 되어 중죄이지만, 목숨이 끊어지지

---

8   乃至者取瞋殺. (X38.281b13)

않으면 (살인)미수가 되어 경구죄이기에 살생의 법은 '단명근'이라
고 설명하는 것이다.

> 五者斷命根. 若不斷命根者, 輕垢罪故. (X38.281c03)
> 다섯째는 단명근이다. 만일 명근이 끊어지지 않으면 경구
> 죄이기 때문이다.

그리고 앞서 살펴본 바와 같이 원효는 주석의 마지막 부분에서
'거비결과'라는 독자적 개념을 사용해『범망경』에서의 범계의 경
중을 설명한다. 이는 앞의 '구연성업'과도 관련된 것으로 원효는
보살의 범계를 그 범계행을 일으킨 '마음(원인)'에 중점을 두고 판
단하였다. 즉 보살, 특히 '달기보살'[9]이라는 대보살에게는 중생에
대한 자비심만이 있고 악심 등은 전혀 없기에 중생에 대한 어떤 행
동에도 죄가 되는 원인이 없는 것이다. 그리고 그 행동은 중생제도
를 위한 이타행이며, 비범행의 자기희생이기에 죄가 되지 않고 오

---

9 십중계의 각 계목에 나타난 '達機菩薩'의 명칭에 다소의 차이가 있다. 특히 '第六意心說同法人過
戒'에서는 '違機菩薩'이라고 되어 있는데, 이에 대해서『韓國佛敎全書』第1冊(KBZ1-601b, 元曉撰)에서
는 '違'자는 '達'의 잘못된 표기라고 한다. 전체의 내용상 본 연구에서는 '達機菩薩'을 사용한다.

『사기』의 십중계	명칭	『사기』의 십중계	명칭
第一殺戒	達輪機菩薩	第六意心說同法人過戒	違機菩薩
第二盜戒	達輪機菩薩	第七自讚毀他戒	達機菩薩
第三婬戒	達機菩薩	第八慳惜加毀戒	達機菩薩
第四妄語戒	達機菩薩	第九瞋打結恨戒	達機菩薩
第五酤酒戒	達機菩薩	第十謗三寶戒	達機菩薩

히려 복이 되는 것이다.

此戒中作四句, 略簡持犯. 一者有殺人而一向福非罪. 謂達輪機菩薩故, 能規機不戒[10]者, 不可度之機故, 殺者一向福非罪. … 二者或有殺人而非罪非福. 謂誤及迷殺等. 唯有業道故, 無犯戒罪故. 三者有唯輕非重. 謂此戒中兼立殺下品眾生等. 四者唯重非輕. 謂此戒正所立重戒. 四句中, 上句唯福非罪, 次句非罪非福, 後二句唯罪非福. (X38.282a13)

이 계 중에 4구절을 지어 간략하게 계를 지니는 것과 어기는 것을 논한다. 첫째는 살생하여도 한결같이 복이며 죄가 아닌 것(일향복비죄)이다. 말하자면 달륜기보살이 능히 근기가 계율을 지킬 수 없음을 헤아려 제도할 수 없는 근기이기에 죽이는 것은 일향복비죄이다. …둘째는 혹은 사람을 죽이더라도 죄도 아니고 복도 아닌 것(비죄비복)이다. 말하자면 오해나 미혹하여 죽인 것 등이다. 단지 업도만이 있고 범계의 죄는 없다. 셋째는 오직 경죄이며 중죄가 아닌 것(유경비중)이다. 말하자면 이 계 중에서 겸하여 말한 하품중생의 살생 등이다. 넷째는 오직 중죄이며 경죄가 아닌 것(유중비경)이다. 말하자면 이

---

10 (X38.282a13)에는 '煞(殺)'로 표기되어 있으나, 『韓國佛教全書』第1册(KBZ1-596c, 元曉撰)에는 '戒'로 되어 있다. 문맥의 내용에서 '戒'가 바르다고 판단되어 본 연구에서는 『韓國佛教全書』의 내용을 따른다.

계에서 확실히 규정한 중죄이다. 4구절 중에 위의 구절은 오직 복이며 죄가 아닌 것이고, 다음 구절은 죄도 복도 아닌 것이고, 뒤의 2구절은 오직 죄이며 복이 아닌 것이다.

다음으로 법장의 『본소』는 각 계목의 과문을 '제의制意, 차제次第, 석명釋名, 구연具緣, 궐연闕緣, 경중輕重, 득보得報, 통국通局(塞), 대치對治, 석문釋文'의 10문으로 나누고, 각 부분을 한층 세분화하여 방대한 과문을 통해 『범망경』을 주석하였다. 『본소』 '제1살계'의 과문은 표5와 같다.

【표5】법장 『본소』[11]

			制意
第一殺戒			次第
			釋名
	具緣	通緣	受菩薩戒人
			住自性
			無開緣
		別緣	他身
			衆生
			衆生想
			殺心
			加刀杖
			三毒
			斷正命
	闕緣		闕通緣

---

11 법장의 십중계에 나타난 과문이 지나치게 방대한 관계로 본 연구에서는 다른 세 사람과의 비교부분만을 기입한다.

闕別緣				
輕重	麤	所殺生		
		能殺心		
		用殺法		
	細			
得報	遮罪			
	業道性罪			
通局	通			
	局	違犯		
		順持		
對治	起心			
	行相			
釋文	制令斷惡	舉過	明能殺位	自殺
				教人殺
				方便讚歎殺
				見作隨喜
			殺相差別	乃至呪殺
		所作殺事		
		辨所殺生		
	制斷			
	制修善行			
	違制結犯			

법장은 지의, 원효와는 다르게 살생의 대상인 '중생'에 대해서 상세하게 논하지 않는다. 그러나 '구연'에서 죄를 이루는 연을 '통연(通緣: 범망계 전체에 통하는 연)'과 '별연(別緣: 각 계목에 통하는 연)'으로 나누어, 『범망경』에서의 죄의 대상과 조건을 상세히 논한다. 우선 '통연'에서는 『범망경』에서의 범계의 조건으로 '수보살계인受菩薩戒人, 주자성住自性, 무개연無開緣'의 3연을 말한다. 보살계를 받지 않은 사

람이라면 당연히 이 계의 대상이 아니기에 반드시 보살계를 받아야만 하고(수보살계인), 정상적인 판단을 할 수 없는 상태에서의 범계는 죄의 판단이 불가하기에 자성에 머물러야만 하며(주자성), 보살은 중생을 끝없는 고통에서 구해 줘야 하기에 사사로운 인연을 만들어서는 안 된다(무개연)고 정의한다.[12] 여기서 법장도 원효와 같이 무기심이나 광란심 등의 정신상태에서의 범계는 그 인연인 마음을 판단할 수 없기에 범계판단의 대상이 아니라고 설명한다.

다음으로 '별연'에서는 『십지경론十地經論』과 『대법론(對法論: 大乘阿毘達磨雜集論)』을 합쳐서 '타신他身, 중생衆生, 기중생상起衆生想, 살심殺心, 가도장加刀杖, 유삼독有三毒, 단정명斷正命'의 7연을 설한다. 즉 '통연'과 '별연'을 합친 10연을 범계의 조건으로 본 것이다. '별연' 중의 '가도장'에서 법장은 칼이나 몽둥이 등을 갖고 상대를 해하는 행동을 범계의 조건으로 보는데, 지의와 같이 살생의 법이라고는 하지 않는다. 이에 대해서는 '석문' 중에서 자세히 다루고 있다. 여기서 법장은 '소작所作, 소살所殺, 구연具緣, 행行'으로 나누어 살생을 이루는 행위와 요소를 설하고, '구연'에서 위에서 검토한 10연과 연관

12　通緣有三. 一是受菩薩戒人. 以不受戒無犯故. 經云, 有犯名菩薩. 無犯名外道. 二是住自性. 謂非顚狂等. 以彼無犯故. 三無開緣. 謂即救生無間苦等. 此三通諸戒. (T40.610b04)
통연에 세 가지가 있다. 첫째는 보살계를 받은 사람이다. 계를 받지 않았다면 (계를) 범한 것이 없기 때문이다. 경에서 "어긴 것이 있기에 보살이라고 이름한다. 어긴 것이 없다면 외도라고 이름한다"고 말한다. 둘째는 자성에 머문다. 말하자면 미친 것 등이 아니어야 한다. 그들은 범한 것이 없기 때문이다. 셋째는 개연이 없어야 한다. 말하자면 즉 중생의 무간고 등을 구제해야 한다. 이 세 가지는 모든 계에 통한다.

하여 살생을 이루는 모양을 논한다.

셋째는 구연이다. 첫째는 살심을 인으로 한다. 칼, 몽둥이
등은 연으로 삼는다. 만들고 취하는 방편을 법으로 한다. 확
실하게 명근을 끊는 것을 업으로 한다.

법장은 살생의 방법(방편)으로 가행加行을 저지르는 것을 살생의
법으로 보고, 상대의 목숨을 끊는 것을 살생의 업으로 본다. 즉 살
생의 방법이 그대로 법으로 작용하고, 그것에 의해 상대의 목숨을
끊는다면 살생업이 갖추어지기에 그것을 업으로 본 것이다.

다음으로 법장은 살생의 종류를 '자살, 교인살, 방편찬탄살, 견
작수희'의 4항목으로 나눈다. 지의와 원효가 '방편찬탄살'을 '방편
살'과 '찬탄살'로 나누고, '주살'을 살생의 하나로 분류한 것과 달
리 법장은 그 두 가지를 하나로 정리하고, '내지주살乃至呪殺'은 살
생의 모양(相)이며 주문으로 살생을 하는 것은 드문 것이기에 '내
지'라는 표현으로 따로 다룬다고 설명한다.

(T40.613a10)

둘째로 '내지주살'은, 살생의 모양의 차별을 밝힌다. 위의 4위(자살, 교인살, 방편찬탄살, 견작수희)에서 살생을 저지를 때(所作), 혹은 칼로 자르거나 몽둥이로 때리거나 내지 주문으로 죽이는 것을 말한다. 살생의 형태가 많지만 주문으로 죽이는 것은 매우 드문 것이다. 그렇기에 '내지'라고 한 것이다. 주문으로 용을 솥에 들어가게 하는 것 등과 같다.

법장은 '통국通局'[13]이라는 항목을 두어 계목에서의 범계의 경중을 설한다. 특히 '통국'의 '통'에서 원효의 '달기보살'과 같이 보살은 범계를 저질러도 죄가 되지 않고 공덕이 된다고 설명한다.

通者, 或有殺生而不犯戒, 生多功德. 如瑜伽戒品云, 謂如菩薩見劫盜賊, 爲貪財故欲殺多生, 或復欲害大德聲聞獨覺菩薩, 或復欲造多無間業. 見是事已起心思惟, 我若斷彼惡衆生命, 當墮地獄, 如其不斷彼命, 無間業成當受大苦. 我寧殺彼墮於那落迦, 終不令其人受無間苦. 如是菩薩意樂, 思惟於彼衆生或以善心或無記心, 知此事已爲當來故深生慚愧, 以憐愍心而斷彼命. 由是因緣於菩薩戒無所違犯, 生多功德故也. (T40.612a07)

통이란, 혹 살생이 있더라도 계를 범하지 않고 많은 공덕이 생긴다. 『유가론』「계품」에서 "만일 보살이 강도짓을 하는 도적이 재물을 탐하기에 많은 목숨을 죽이려고 하거나, 혹은 다시 대덕인 성문, 독각, 보살을 해하려고 하거나, 혹은 다시 많은 무간업을 지으려는 것을 본다. 이 일을 보고 바로 마음을 일으켜 사유하여, 내가 만일 저 악한 중생의 목숨을 끊는다면, 반드시 지옥에 떨어질 것이다. 만일 그의 목숨을 끊지 않는다면 그는 무간업을 지어서 반드시 큰 고통을 받을 것이다. 내가 비록 그를 죽여서 나락가(지옥)에 떨어지더라도 끝내 그 사람이 무간의 고통을 받지 않게 하겠다."고 한다. 이처럼 보살은 좋은 마음을 내어, 저 중생에 대한 선심이나 무기심으로 사유하고, 이 일을 미리 알고서 당래를 위해 깊이 참괴심을 내고 연민심으로써 그의 목숨을 끊는다. 이 인연으로 인해 보살계에서는 위범하는 것이 없고 많은 공덕이 생긴다고 한 것이다.

법장의 '통'은 원효의 '달기보살'과 같이, 보살이 중생제도를 행할 때 마주하게 되는 곤란한 상황에서 갖춰야 할 보살로서의 자세이다. 비록 청정계행이 아닌 행동에 의해 계를 범하게 되더라도 그로 인해 중생을 구제하고 그를 불도로 이끌어 줄 수 있다면 그 범계행은 죄가 되지 않고 오히려 많은 공덕을 낳는다. 그리고 그 때의 마음은 선심이나 무기심으로서 악한 마음이 전혀 없는 상태이기에 악업을 짓지 않는 것이다.

마지막으로 태현은 『고적기』에서 '제1살계'를 '쾌의살생계快意殺生戒'로 이름한다. 과문에서는 앞서 살펴본 바와 같이 법장과의 유사성을 보인다. 그러나 『고적기』는 『범망경』 하권의 십중사십팔경계를 법장과는 다른 부분에서 주석한다. 본래라면 『본소』의 '제10 수문해석第十隨文解釋'에 해당하는 '제7본문第七本文'에서 설해져야 하는 범망계의 주석이 '제5종취第五宗趣'의 '계악행문誡惡行門' 속에서 설해지고 있는 형태이다.

'계악행문'의 십중계에서는 우선 각 계목의 전체를 '현제의顯制意, 석경문釋經文'의 2문으로 나누고, '석경문'을 다시 '위범상문違犯相門, 위범성문違犯性門, 경계사문境界事門, 결성죄문結成罪門'의 4문으로 나누어 주석한다. 『고적기』 '제1살계'의 과문은 표6과 같다.

【표6】 태현 『고적기』

第一快意殺生戒			顯制意	
	釋經文		違犯相門	
		違犯性門	殺業	究竟
			殺法	方便
			殺因	意樂
				煩悩
			殺緣	事
		境界事門		
		結成罪門		

우선 태현은 '석경문'의 '위범상문'에서 자살부터 주살까지의 살생의 모양(相)을 설명하지만, 다른 세 사람과 같이 구체적인 종류까지는 다루지 않는다. 그리고 '위범성문'에서는 살생을 이루는 요소에 대해서 '살인'을 '의락意樂, 번뇌煩惱', '살연'을 '사事', '살법'을 '방편方便', '살업殺業'을 '구경究竟'이라고 논한다.

> 違犯性者, 如經殺業至殺緣故. 謂具五支必成犯故. 此中殺業即究竟也, 殺法方便, 殺因意樂及煩悩也, 殺緣事也. (T40.703c01)
>
> 위범의 성이란, 경에서와 같이 살업부터 살연에 이르기까지이다. 말하자면 5조건을 갖추면 범계를 이루기 때문이다. 이 중 살업은 즉 구경(완성)이고, 살법은 방편이고, 살인은 의락(해치려는 생각) 또는 번뇌이고, 살연은 사(대상)이다.

즉 '살법'인 방편(방법)을 사용해 상대를 죽여서, 살생을 완성(구경)하면 살업을 이룬다는 설명으로, 전체적으로 법장의 내용과 유사한 견해이다.

태현은 각 계목을 주석하여 많은 부분에서 『유가론』을 인용하여 그 내용을 근거로 보살의 범계를 무범으로 판단한다. 이 무범의 판단은 원효의 '달기보살'과 법장의 '통'과도 유사한 개념이나, 다른 두 사람이 그것을 특별한 경우로 설정하였던 것에 비해 태현은 주석의 전면에 내세워 활용한다. 그러나 이 '제1쾌의살생계'에서만은 다른 견해를 보인다. 우선 태현은 이 계의 제정 이유를 타인을 해하는 것 중 목숨을 뺏는 것보다 심한 것은 없기 때문이라고 한다.

初制意者, 世間所畏死苦爲窮. 損他之中無過奪命. (T40.703b22)

처음의 제정한 뜻이란, 세간에서 가장 두려워하는 것은 죽음의 고통이기에, 타인을 해치는 것 중에 생명을 뺏는 것보다 더한 것이 없다.

이러한 이유로 본 계목에서만은 다른 곳과는 다르게『유가론』을 인용하면서도 그 내용을 부정하며 보살의 살생을 제지한다.

如瑜伽說, 菩薩若見欲作重罪, 發心思惟, 我若斷彼惡衆生命, 當墮地獄. 如其不斷彼罪, 業成當受大苦. 我寧殺彼墮那落迦, 終不令其受無間苦. 如是於彼, 或以善心或無記心, 知此事已, 爲當來故深生慚愧, 以憐愍心而斷彼命. 由此因緣, 於菩薩戒無所違犯, 生多功德. 此闕煩悩故無違犯. 意樂善故生多功德. 今解不然. 不成業道, 亦成犯故. 如諸有命皆犯重處, 雖想顚倒而犯重故. (T40.703c04)

『유가론』에서 설하는 바와 같이 "보살은 (어떤 사람이) 중죄를 저지르려는 것을 보면, 발심하여 다음과 같이 사유한다. "내가 저 악한 중생의 생명을 끊으면 나는 장차 지옥에 떨어질 것이다. 만일 그의 죄를 자르지 않는다면 그는 업을 지어서 장차 큰 고통을 받게 될 것이다. 내가 비록 그를 죽이고 나락가(지옥)에 떨어지더라도 끝내 그 사람이 무간의 고통을 받지 않게 하겠다.” 이처럼 상대에 대해서 선심이나 무기심을 갖고, 그 일을 잘 알아서 당래(미래)를 위해서 깊은 참괴심을 내어 애민심을 갖고 그의 목숨을 끊는다. 이 인연에 의해 보살계에서는 위범하는 것이 없고 많은 공덕이 생긴다고 한다. 이것은 번뇌가 결여되어 있기에 위범하는 것이 없고, 서원이 선하기 때문에 많은 공덕이 생기는 것이다. 여기서 해석하면 그렇지 않다. 업을 이루지는 않지만, 역시 범계를 저지르기 때문이다. 모든 생명이 있는 것이라면 모두 중처(중죄)를 범한 것이고, 비록 생각이 전도되었다고 하더라도 중죄를 범한 것이기 때문이다.

이 『유가론』의 내용은 앞서 살펴본 법장의 '통'의 근거가 된 인용문으로, 태현은 종래의 해석과는 다르게 그 살생은 업도는 갖추어지지 않으나 범계가 되고, 모든 유정을 해치는 것은 전부 중죄라고 설명한다.

또한 범계의 제외대상을 광란심을 가진 자, 극심한 고통을 겪는 자, 계가 없는(받지 않은) 자의 3인이라고 정의하는데, 종래의 견해인 전생을 기억하지 못하는 자와 수승한 이익이 있는 경우는 전해

지는 이야기라고 소개하는 것에 그친다.[14]

於諸犯處論除三人. 謂心狂亂重苦無戒. 傳說, 亦應除無憶念
及有勝利. 轉生不能憶, 雖作無犯故. 諸有勝利處一切無犯故.
(T40.703c15)

모든 범하는 곳에서 3인을 제외한다고 논한다. 마음이 광란하고, 중한 고통을 겪고, 무계인 자를 말한다. 전해지는 이야기에 "또한 마땅히 기억이 없거나 또는 수승한 이익이 있는 것은 제외해야 한다. 생을 바꾸어 기억이 없다면 죄를 범했어도 범한 것이 없기 때문이다. 모든 수승한 이익이 있는 것에는 모두 범한 것이 없기 때문이다"라고 한다.

그리고 태현은 이 살계의 대상인 '일체유명자一切有命者'에 대해서, 성문계는 '사事'를 따르기 때문에 오직 사람만을 대상으로 하지만, 보살계는 '이理'를 따르기 때문에 사람뿐만이 아닌 다른 중생도 포함한다고 설명한다.

---

14 태현이 말하는 '전해지는 이야기(傳說)'의 두 가지 예는 지의, 원효, 법장의 주석에도 나오는 내용이다. 지의는 '전생(轉生)'에 대해서 다소의 차이가 있으나, 다음 생에 전생의 살생을 기억하면 중죄가 되나 기억하지 못하면 경구죄가 된다고 한다. 원효와 법장은 앞선 살펴본 내용과 같이 중생제도를 위해 범계를 저질렀다면 그것은 오히려 공덕이 된다고 한다. 아마도 태현이 '전설'이라고 하듯이, 이러한 범계에 대한 무범의 개념이 이미 당시에 팽배하지 않았을까 생각된다. 그렇기에 그런 내용에 의한 잘못된 해석이나 사회윤리적인 문제 등을 방지하기 위해 『고적기』에서 금제한 것이라고 생각된다.

言境界事門者, 如經乃至一切有命者不得故殺故. 聲聞戒中唯
取殺人. 今不簡趣故言乃至. 彼隨事重. 今約理制. (T40.703c18)

경계인 사의 문이란, 경에서 "내지 모든 생명 있는 자를 고의
로 죽여서는 안 된다"는 것이다. 성문계 중에서는 오직 사람
을 죽이는 것만을 취한다. 지금(보살계)은 취생(생명을 고르다)
을 가리지 않기에 '내지'라고 한 것이다. 그것(성문계)은 '사'
의 중함을 따르지만, 지금은 '이'에 즉하며 제정한 것이다.

이상으로 '제1살계'에 대한 지의, 원효, 법장, 태현의 주석을 검토
하였다. 우선 과문에서 지의와 원효는 매우 유사한 형태를 보인다.
지의에 의해 갖춰진 3문의 과문을 원효가 한층 세분화한 형태이
다. 내용에 있어서도 원효는 지의와 유사한 점을 보이며 보다 상세
하게 논하고 있다. 그러나 원효는 지의와 이견이 있는 부분에서는
'소운疏云'이라는 명칭으로『의소』를 인용하며 그 내용을 비판한다.
  또한 원효 주석의 가장 중요한 특징인 '거비결과'의 '달기보살'
은 법장의 '통국'의 '통'과 유사성을 지니고 있다. 두 사람은 중생
제도행에 의한 보살의 범계를 무범으로 보고, 보살계의 범계에 대
한 제외대상으로 설정하였다. 그러나 태현은 본 계목에서 법장이
'통'의 근거로 삼은『유가론』의 내용을 동일하게 인용하면서도 그
것을 부정하며 보살의 살생을 엄격하게 금지하였다.

2. 제2도계第二盜戒

『범망경』 '제2도계第二盜戒'의 본문은 다음과 같다.

若佛子. 自盜, 敎人盜, 方便盜, 呪盜, 盜因盜緣盜法盜業, 乃至鬼神有主劫賊物, 一切財物一針一草不得故盜. 而菩薩應生佛性孝順慈悲心, 常助一切人生福生樂. 而反更盜人財物者, 是菩薩波羅夷罪. (T24.1004b21)

너희 불자들이여, 스스로 훔치거나, 남을 가르쳐 훔치게 하거나, 방편으로 훔치거나, 주문으로 훔치면, 훔치는 인, 훔치는 연, 훔치는 법, 훔치는 업이 있다. 내지 귀신의 물건이나 주인이 있는 물건이나 도적의 물건 등 모든 재물은 바늘 하나 풀 한 포기라도 고의로 훔쳐서는 안 된다. 게다가 보살은 능히 불성에 효순심과 자비심을 내어 항상 모든 사람을 도와 복과 즐거움이 생기게 해야 한다. 그럼에도 도리어 다른 이의 재물을 훔친다면 이는 보살의 바라이죄이다.

이에 대해서 우선 지의는 본 계목의 과문이 '제1살계'와 동일하다고 하며 과문의 설명을 생략한다.[15] 그리고 도계의 업은 조작하

---

[15] 원효, 법장, 태현도 '제2도계'부터 '제10방삼보계(第十謗三寶戒)'까지의 과문은 처음의 '제1살계'와 동일하다고 한다. 따라서 본 연구에서의 각 계목의 과문에 대한 검토는 생략한다. 그러나 이전과

는 것을 뜻으로 삼고, 타인의 물건을 취해서 원래의 장소로부터 옮기면 죄가 성립된다고 한다. 즉 지의에게 있어 이 도계에서 가장 중요한 죄의 판단기준은 타인의 물건을 고의로 옮기는 것으로, 이것을 행할 때 죄가 성립되는 것이다. 또한 중죄가 되는 도둑질한 물건의 가치를 종래의 다양한 설을 사용하지 않고 '5전五錢'이라고 정의한다.

> 盜業下第二別明成業之相. 有四句同前. 運手取他物離本處成盜業. 業是造作爲義. 重物謂五錢也. 律云大銅錢準十六小錢. 其中錢有貴賤. 取盜處爲斷. 菩薩之重重聲聞. 二錢已上便重. 有人作此說者今不盡用, 取五錢爲斷是重. 離處盜業決在此時. (T40.572b08)

도업의 아래는 제2로 업을 이루는 상을 별도로 밝힌다. 4구절이 있는데 앞의 것과 같다. 타인의 물건을 손으로 취해서 옮겨 본래 자리로부터 멀어지면 도업이 이루어진다. 이 업은 조작을 뜻으로 삼는다. 중죄가 되는 물건은 5전이다. 율에서 "큰 동전은 16개의 작은 동전에 준한다"고 한다. 그 중 동전에 귀천이 있다. 훔친 장소에 따라 판단한다. 보살의 중죄는 성문보다 무겁다. 2전 이상이면 중죄이다. 어떤 이는 이것

상이점이 있는 경우는 별도로 설명을 하겠다.

(2전 이상)을 설하지만, 지금은 모두 적용하지 않고 5전을 취하는 것을 중죄로 판단한다. (본래의) 장소에서 멀어지면 이때 도업이 결정된다.

다음으로 원효는 '제2도계'를 '도계'와 '투도계偸盜戒'라고 이름한다. 그리고 도계의 대상이 되는 물건을 '3주물(三主物: 三寶物·人物·非人物)'이라고 정의하며 대소승에서의 죄의 경중을 비교하여 설명한다. 우선 '삼보물'에서 부처의 물건을 훔치는 것은 훔침을 당한 부처 쪽에서 보면 무죄라고 설명한다. 왜냐하면 부처는 물건에 대해 집착하는 마음이 없고, 나와 남을 구별하지도 않기 때문이다. 따라서 중죄가 되지 않고 단지 투란차偸蘭遮에 그친다고 설명한다.

盜佛物者, 正望佛邊無盜罪. 由佛於物無我我所心, 無物害心. 故但犯蘭, 以同非人物攝. (X38.282b03)

부처의 물건을 훔친다는 것은 마땅히 부처 쪽에서 본다면 훔친 죄가 없다. 부처는 물건에 대해 나와 나의 물건이라는 마음이 없기에 물건에 의해 해를 입는 마음이 없다. 그렇기에 단지 투란차를 범하며 사람의 물건이 아닌 것(비인물)과 똑같이 포함된다.

삼보의 '법'도 소유한다는 마음 등이 없기에 무죄가 되어야 하지만, 중죄를 범하는 것이 되는 이유는, 그 '법'을 지키는 사람 쪽에서 판단하기에 죄가 된다고 설명한다. 또한 경전의 제작비용이 5전 이상이기에 중죄가 된다고 한다.

次盜法者, 法是非情, 無我所心. 律中結重者, 望守護主結也. …
盜經五分六, 計紙墨盡, 功滿五錢犯重. (X38.282b13)

다음으로 법을 훔친다는 것은, 법은 정이 아니며 나의 것이라는 마음이 없다. 율 중에서 중죄가 된다는 것은 (법을) 수호하는 사람 쪽에서 보면 (죄를) 짓는 것이다. …경전을 훔치는 것은 5분이나 6분(정도의 적은 돈)이지만, 종이나 먹을 사용한 가치를 전부 따지면 5전이 되기에 중죄를 범하는 것이다.

'사람의 물건(인물)'도 5전을 기준으로 판단하고, '사람의 물건이 아닌 것(비인물)'은 사자의 물건이라면 무죄가 되지만, 그 이외는 그것을 지키는 사람이 있다면 중죄가 된다고 설명한다.

원효는 '도계'에서 중죄의 기준이 되는 5전의 가치에 대해서 지의와 같은 율을 예로 사용하며 1개의 큰 동전은 16개의 작은 동전이기에 5전은 80개의 작은 동전이며 그것은 쌀 8말의 가치라고 한다.

問, 五錢者此國價以准者必幾耶. 答, 以大大銅錢爲五. 若小錢十六者, 准於大錢. 五六爲三十, 故合八十. 八十小錢者, 准五錢, 此國以准者, 八斗米也. (X38.283a11)

묻기를 "5전이란 이 나라의 가치로 어느 정도에 준하는 것인가"라고 한다. 대답하길 "가장 큰 동전이 5전이다. 만약 작은 동전이라면 16개이나, 큰 동전(한 개)에 준한다. 5에 6을 곱하면 30이 되기에 (큰 동전 5개와 작은 동전 16개를) 합치면 80개이다. 80개의 작은 동전은 5개의 가장 큰 동전에 준하며, 이 나라에서는 쌀 8말에 준한다"고 한다.

그리고 원효는 물건에 귀천이 있어 5전 이상의 물건을 훔쳤어도 귀하지 않은 물건이면 경죄가 되고, 5전 이하의 물건을 훔쳤어도 귀한 물건이면 중죄가 된다고 한다. 물건의 귀천에 대해서는 지의도 언급하였으나, 귀천의 기준은 사용하지 않고 오직 5전의 가치만으로 판단하였다.

다음으로 도계의 업을 이루는 요소를 '발도심(發盜心:因), 인물(人物:緣), 인물상(人物想:緣), 중물(重物:法), 이본처(離本處:法), 기방편(起方便:業)'의 6항목으로 나눈다. 여기서 원효는 도심을 가진 자가 5전 이상의 물건(중물)을 본래 장소로부터 옮기면 도계를 어기게 된다고 설명하며, 앞선 지의와 동일하게 '이본처'를 행하면 업이 성립된다고 본다.

　범망경 보살계의 흐름

六離本處. 若不離本處者, 順方便輕垢罪故, 不成應成業故.

(X38.283a07)

여섯째는 본래 장소로부터 떨어지는 것이다. 만일 본래 장소로부터 떨어지지 않는다면 방편에 따라 경구죄이니 마땅히 업을 이루지 않는다.

그리고 원인(因)인 '도심'은 가장 중요한 판단기준으로 원효는 항상 원인(범계심)이 결여된 범계는 무죄라고 판단한다. 본 계목의 '부득고도不得故盜'에서는 타인의 물건을 자신의 것으로 오해하여 취하거나, 주인이 없는 물건이라고 생각해 취하는 것은 고의가 아니기에 무죄라고 설명한다. 또한 '거비결과'에서는 주인이 없다고 생각해 물건을 취한 범계를 '비죄비복'으로 판단하고, '제1살계'와 같이 '달기보살'은 중생제도를 위해 훔치는 것이기에 '일향복비죄'가 된다고 한다.

다음으로 법장은 '제2도계'의 '구연具緣'에서 '통연'은 앞의 '제1살계'와 동일(受菩薩戒人·住自性·無開緣)하기에 생략하고, '별연'은 『십지론』과 『대법론』을 합쳐서 '비기물非己物, 수명유주須明有主, 유주상有主想, 명유도심明有盜心, 거방편擧方便, 유삼독심有三毒心, 거리본처擧離本處'의 7항목으로 나눈다. 여기서 법장도 다른 이의 물건에 대해 도심을 갖고 그것을 취해 본래 장소로부터 옮기면 죄가 성립된다고 본다. 그러나 '명유도심'에서 도심은 있으나 방편을 써서 훔치는 행동을 하지 않았다면 죄를 지은 것이 아니라고 한다. 또한 '유삼독심'에서도 삼독심이 있어도 물건에서 떨어져 그것을 손에 넣지 않았다면 죄를 지은 것이 아니라고 한다. 즉 법장도 지의와 원효와 같이 '이본처'를 '도계'에서의 범계의 성립조건으로 보고, 범계의 원인이 있어도 실제로 본래의 장소로부터 옮기지 않으면 도계의 죄는 성립되지 않는다고 설한다.

次第四明有盜心. 心雖念盜, 若不擧方便侵損不犯成, 亦非成重故. …次第六有三毒心. 或雖現行, 若物不離處屬己不犯成故. (T40.614a12)

다음으로 넷째는 도심이 있는 것을 밝힌다. 마음으로 훔치려고 생각해도 만일 방편을 일으켜 침해하지 않았다면 어긴 것이 아니며, 또한 중죄가 되지 않는다. …다음으로 여섯째는 삼독심이 있는 것이다. 혹 (삼독심이) 현행하더라도 만일 물건이 있는 장소에서 떨어져 자신에게 속하지 않게 한다면 어긴 것이 아니다.

그리고 '궐연闕緣'에서 '우주상'은 주인이 없다고 생각해 물건을 취하면 범한 것이 아니고, '명유도심'은 훔치려는 마음이 없기에 무죄가 된다고 한다. 또한 '유삼독심'은 중생제도를 위해 대자비심

    범망경 보살계의 흐름

을 갖고 훔치면 범함이 아니라고 한다. 즉 가행加行을 일으켜 도계를 범했다 하더라도 그 원인인 도심이 결여되어 있으면 범계가 되지 않는다는 것이다.

다음으로 법장은 '경중輕重'에서 물건의 종류를 '삼보물三寶物, 별류물別類物'로 나눈다. 우선 '삼보물' 중 부처의 물건에 대해서 법장도 원효와 동일하게 부처에게는 물건을 소유하는 마음이 없기에 부처의 물건을 훔쳐도 중죄가 되지 않고 투란차가 된다고 한다.

先明佛物. 有說, 盜佛物不得重罪. 以佛物無我所心故. 無悩害故. 如涅槃中得偸蘭者是. (T40.614c01)

우선 부처의 물건을 밝힌다. 어떤 설에 "부처의 물건을 훔치면 중죄가 되지 않는다. 부처는 물건에 대해 나의 것이라는 마음이 없기에 해를 입어도 괴로워하지 않는다"고 한다. 『열반경』 중에 투란차를 받는다고 한 것과 같다.

또한 『선생경善生經』을 인용하여 부처의 물건을 지키는 사람을 괴롭게 하기에 중죄를 받게 된다고 한다. 그 외에도 '보살계종菩薩戒宗'에서는 모두 중죄가 되고, 『살바다론薩婆多論』에서는 도심이 있으면 중죄가 되고, 『마득륵가론摩得勒伽論』에서는 5전 이상이라면 중죄가 된다고 한다. 그러나 법장은 그러한 인용과 함께 이 보살계는

5전이 되지 않아도 죄가 된다고 한다.[16] 그리고 법의 물건은 모두 중죄가 되며, 경전은 가치를 판단할 수 없으나, 그 제작에 사용된 종이와 먹에 의해 중죄가 된다고 설명한다.[17]

二法物者一切皆重. 若盜經論, 佛言以無價, 計紙墨皆重. (T40.614c12)

둘째로 법의 물건은 전부 중죄이다. 만일 경론을 훔치면 부처의 가르침은 가치를 판단할 수 없기에 종이와 먹으로 따져서 전부 중죄이다.

법장은 '통국'의 '통'에서 범계를 저질렀어도 죄가 되지 않는 경우를 '상想, 사事, 밀의密意'로 나눈다. 특히 '사'에서 타인의 물건을 훔쳐서 그 이익을 사용해 허망한 인생을 살아가지 않도록 하기 위해 보살이 그 도둑질한 물건을 다시 훔쳐서 그 사람을 제도하고 도둑질을 당한 사람들에게 그것을 되돌려준다면 계를 어긴 것이 아니며 많은 공덕이 생긴다고 한다.

第八通局者. 先通後局. 通有三類. 一約想, 二約事, 三約密意.

---

16 又此菩薩戒不待滿五也. (T40.614c11)

17 법장은 그 외에도 삼보에 관한 상세한 예와 인용을 사용해 설명하고 있으나, 본 연구에서는 논점에 부합되는 부분만을 뽑아 설명한다.

…二約事者, 如瑜伽戒本云, 又如菩薩見劫盜賊奪他物, 若僧伽物率堵婆物, 取多物已執爲己有, 縱情受用. 菩薩見已起憐愍心, 於彼有情, 發生利益安樂意, 隨力所能, 逼而奪取. 勿令受用如是財故, 當受長夜無義無利. 由此因緣所奪財寶, 若僧伽物還復僧伽. 率堵婆物還率堵波. 若有情物還復有情. …菩薩如是雖不與取, 而無違犯生多功德. (T40.619b08)

여덟째는 통국이다. 앞은 통이고 뒤는 국이다. 통에 3종류가 있다. 첫째는 생각에 의하고, 둘째는 일에 의하고, 셋째는 은밀한 뜻에 의한다. …둘째로 일에 의한다는 것은 '유가계본'에서 "만일 보살은, 도적이 타인의 물건, 혹은 승가의 물건이나 솔도파(탑)의 물건을 훔쳐서, 많은 물건을 취하여 자신의 것이라고 집착하며 마음대로 받아 사용하는 것을 본다. 보살은 (그것을) 보고 나서 애민심을 일으켜 그 유정에 대한 이익과 안락의 뜻을 일으켜 힘을 써서라도 핍박하고 다시 빼앗아 온다. 이러한 재물을 받아 사용하여 오랜 세월 동안 어떤 뜻도 이익도 없는 고통을 받지 않게 하기 위해서이다. 이러한 인연에 의해 빼앗은 재보가 만일 승가의 것이라면 승가에 되돌려주고, 솔도파의 것이라면 솔도파에 되돌려주고, 만일 유정의 것이라면 유정에게 되돌려준다. …보살은 이처럼 주지 않은 것을 취해도 위범하는 것이 아니라 많은 공덕이 생긴다"고 한다.

마지막으로 태현은 '제2도계'를 '제2겁도인물계'라고 하여, 도계의 대상이 되는 물건을 '삼보물三寶物, 속인물屬人物, 축생물畜生物, 귀신물鬼神物, 겁적물劫賊物'의 5항목으로 나눈다. 우선 '삼보물'에 대해서 『보량경寶梁經』을 인용하여 부처의 물건과 법의 물건은 주인이 없기에 승가의 물건과는 다르다고 한다. 그리고 앞의 원효, 법장과 동일하게 부처에게는 소유하는 마음이 없기에 부처의 물건을 훔치면 투란차가 된다고 한 뒤, 중국에서의 전승설傳承說을 인용하여 경전에서는 투란차가 되지만, 그것을 수호하는 사람으로 인해 중죄가 된다며 법장과 같이 『선생경』을 사용해 설명한다.

何故涅槃經云, 盜佛物者, 若知不知犯偸蘭遮. 以佛於物無我所故, 無恼害故. 漢地傳說, 約無守護經說偸蘭. 若有守護互用尚重, 況盜何輕. 故善生經望護人結重. 然涅槃經說小乘戒. 菩薩不爾. 但有主物皆犯重故. (T40.704b03)

어째서 『열반경』에서 "부처의 물건을 훔치면 만일 알고 하였어도 모르고 하였어도 투란차를 어기게 된다"고 한 것인가? 부처는 물건에 대한 나의 것이라는 마음이 없기에 해를 입어도 괴로워하지 않는다. 한나라 땅에서 전해지는 설에서 "수호(하는 이)가 없다면 투란차라고 경전에서는 말한다. 만일 수호(하는 이)가 있어서 서로 사용하는 것조차도 중죄가 되는데 하물며 훔친다면 어찌 가볍겠는가"라고 한다. 그렇

기에 『선생경』에서는 지키는 사람 쪽에서 보면 중죄가 된다
는 것이다. 그리고 『열반경』은 소승계를 설하지만 보살계는
그렇지 않다. 단지 주인이 있는 물건이면 전부 중죄를 범하
기 때문이다.

즉 태현은 대승보살계에서는 도계의 금제가 한층 엄격해져서 주
인이나 수호하는 이가 있는 물건이면 전부 중죄가 된다고 역설한다.
그러나 태현은 '겁적물'의 설명에서 법장과 동일하게 『유가론』
을 인용하여 보살이 도적을 구하기 위해 훔친 물건을 다시 훔치면
위범한 것이 아니라 오히려 공덕이 생긴다고 설명한다. 또한 주인
이 있는 물건이더라도 그것을 모르고 취하면 훔치려는 마음이 없
기에 도계를 범한 것이 아니라고 한다. 즉 『범망경』에서는 도계를
강하게 금제하여 타인의 물건을 훔치는 것을 전부 중죄로 판단하
지만, 그 원인이 도심에 의한 행동이 아니라면 범계가 성립하지 않
는 것이다. 다른 세 사람은 범계의 원인과 함께 반드시 타인의 물
건을 본래 장소로부터 옮겨야만 범계가 된다고 보았다. 그러나 태
현은 그 '이본처'보다 원인인 도심을 보다 중요시하여 그것을 기준
으로 하여 범계를 판단한다.

若於己物, 或無主物, 或於有主迷謂無主, 或雖有主, 不作盜心,
不成盜故. 若於己物謂他而盜, 或無主物謂有主物, 傳說, 約心結

重方便. 彼物實非犯重境故. (T40.704c16)

만일 자신의 물건이거나, 혹은 주인이 없는 물건이거나, 혹은 주인이 있는데 주인이 없다고 착각하거나, 혹은 주인이 있기는 하나 훔치려는 마음으로 훔친 것이 아니라면 훔치는 죄가 되지 않는다. 만일 자기의 물건을 타인의 것으로 생각해 훔치거나, 혹은 주인이 없는 물건을 주인이 있는 것으로 생각해 (훔친다면) 전하는 설에 "마음에 의거해 중죄가 되는 방편이다."라고 한다. 그 물건만으로는 실로 중죄의 경계를 범한 것이 아니기 때문이다.

그리고 경문의 '바늘 하나 풀 한 포기(一針一草)'의 해석에서, 성문계는 5전 이상의 물건을 훔치면 중죄이나, 보살계는 그와 달리 바늘 하나 풀 한 포기라도 훔치면 중죄로서, 보살계가 성문계보다 엄격한 계인 것을 강조한다.

聲聞法中五錢方重. 今欲簡異言一針草. (T40.704c25)

성문법 중에서는 5전 이상이면 중죄가 된다. 여기서는 구별하려 하여 바늘 하나 풀 한 포기라고 한 것이다.

이상의 내용과 같이 '제2도계'에서의 범계에 대해서 지의, 원효, 법장은 훔치려는 마음과 함께 '이본처'가 있으면 범계라고 판단한다. 그러나 태현은 '이본처'보다 도계의 원인인 훔치려는 마음의 유무를 가장 중요시한다. 지의와 원효는 훔친 물건이 5전 이상이라면 중죄라고 보지만, 법장과 태현은 5전이 되지 않더라도 타인의 물건을 훔치면 중죄가 된다고 한다. 또한 '삼보물'에 대해서 원효, 법장, 태현은 부처에게는 나의 것이라는 마음이 없기에 부처의 물건을 훔쳐도 투란차에 지나지 않는다고 한다. 그러나 법장과 태현은 동일하게 『선생경』을 인용하며 그것을 수호하는 사람 쪽에서 판단하여 중죄가 된다고 한다. 그러나 원효는 두 사람과 같은 내용을 '율'의 설이라고 하며, '법의 물건(法物)'의 주석을 사용해 설명한다. 또한 원효, 법장, 태현은 보살이 중생을 구제하기 위해 타인의 물건을 훔치는 것은 죄가 아니라 오히려 공덕이 생긴다고 하여 보살의 중생구제행의 범위를 넓혔다.

3. 제3음계^{第三婬戒}

『범망경』 '제3음계^{第三婬戒}'의 본문은 다음과 같다.

> 若佛子. 自婬, 敎人婬. 乃至一切女人不得故婬. 婬因婬緣婬法婬業. 乃至畜生女諸天鬼神女, 及非道行婬. 而菩薩應生孝順心, 救度一切衆生, 淨法與人. 而反更起一切人婬不擇畜生乃至母女姉妹六親行婬無慈悲心者. 是菩薩波羅夷罪. (T24.1004b26)

너희 불자들이여, 스스로 음행하거나, 사람을 가르쳐 음행을 시키거나, 내지 모든 여인과 고의로 음행해서는 안 된다. 음행의 인, 음행의 연, 음행의 법, 음행의 업이 있다. 내지 축생의 암컷, 모든 천신, 귀신의 여인 또는 옳지 않은 곳에 음행해서는 안 된다. 보살은 마땅히 효순심을 내어 일체중생을 제도하고 청정한 법을 사람들에게 전해 주어야 한다. 그럼에도 불구하고 도리어 모든 사람에게 음욕을 일으켜 축생, 내지 모녀, 자매, 육친을 가리지 않고 음행을 하여 자비심이 없으면 이것은 보살의 바라이죄이다.

이에 대해서 우선 지의는 본 계목에서의 중죄를 이루는 연을 '도^道, 음심^{婬心}, 사수^{事遂}'의 3항목으로 나누고, 다시 '중생^{衆生}, 중생상^{衆生想}'을 더해 5항목으로 나눈다. 즉 이 음계는 앞의 살계와 도계와

는 다르게 그 대상이 중생이 아니라도 음행할 수 있기에 본 계목에
한해서 범계의 대상을 뒤에 둔 것이다.

此戒備三因緣成重. 一是道二婬心三事遂. 或備五. 一是衆生二
衆生想等. (T40.572b28)

이 계는 3가지 인연을 갖추면 중죄를 이룬다. 첫째는 도(신
체부위), 둘째는 음심, 셋째는 사수(음행의 이루어짐)이다. 혹은
5인을 갖춘다. 첫째는 중생, 둘째는 중생상(중생이라는 생각)
이다.

不與殺盜例也. 人畜鬼神男女黃門二根, 但令三道皆重.
(T40.572c06)

살계와 도계의 예와는 같지 않다. 사람, 축생, 귀신의 남녀
와 황문과 이근은 다만 세 곳의 신체부위에 음행을 하면 전
부 중죄이다.

그리고 출가보살은 모든 음행을 금제하지만, 재가보살은 자신의
부인이 있기에 '비시비처非時非處' 이외의 바른 음행은 허가한다.

自妻非道非處産後乳兒妊娠等, 大論皆名邪婬. 優婆塞戒經
云, 六重以制邪婬, 戒中復制非時非處. 似如自妻非時不正犯重.

(T40.572c01)

자신의 부인이더라도 비도비처(바르지 않은 음행의 부위와 시기), 출산 후, 아이에게 수유할 때, 임신 등은 『대지도론』에서 전부 사음이라고 한다. 『우바새계경』에서 "6가지 중죄로 사음을 금제하고, 계 중에서 다시 비시비처를 제정한다"고 한다. 자신의 부인이더라도 바른 때가 아니거나 바른 음행이 아니기에 중죄를 범하는 것과 같다.

다음으로 원효는 '제3음계'를 '음계'와 '불음계'라고 이름한다. 이 음계는 앞의 살계와 도계와는 다르게 많은 죄를 저지르게 하는 근본이기에 신체를 사용해 음행을 저지르면 모두 중죄가 된다고 한다.

一者正道正道想. 大小同重. 二者正道非道疑. 大小同重. 三者正道非道想. 大小同重. 何故他戒者, 第三句爲輕罪, 而此戒通爲重者. 若就業道門者, 輕於煞戒. 然而婬者, 衆罪起之根本故, 極重過故急制. 三句正道中. 行婬者皆爲重. (X38.283b11)

첫째는 정도(바른 신체부위)를 정도라고 생각한다. 대소승이 똑같이 중죄이다. 둘째는 정도를 비도라고 의심한다. 대소승이 똑같이 중죄이다. 셋째는 정도를 비도라고 생각한다. 대소승이 똑같이 중죄이다. 어째서 다른 계에서는 제3구는 경죄가 되는데 이 계에서는 중계가 되는가? 만일 업도문을 이루면 살계에서는 경죄이다. 그러나 음행은 많은 죄를 일으키는 근본이고, 매우 무거운 허물이기에 엄격하게 금제한다. 3구절의 정도 중에 음행을 행하면 모두 중죄이다.

또한 '교인음敎人婬'에서는 타인에게 중매를 서는 것도 그로 하여금 음행을 일으키게 하는 것이기에 중죄가 된다고 한다.

그리고 원효도 지의와 마찬가지로 출가보살에 대해서는 '3도三道'의 음행을 모두 금제하고, 재가보살은 성기 이외의 2도(항문, 입)를 사음으로 보고 금제한다.

若約出家菩薩及比丘等中, 皆以三道正道故犯重. 余身分者犯輕. 若在家菩薩所言行於非道故爲邪者, 非謂以余身分爲非道, 口大行二道皆爲非道, 故言邪婬也. (X38.284a08)

만일 출가보살과 비구 등에서 말하면 모든 3도가 정도이기에 중죄를 범한다. 다른 신체부위는 경죄를 범한다. 만일 재가보살을 말하는 곳에서의 비도에 음행을 하는 것이 사음이 된다는 것은 다른 신체부위가 비도라는 것이 아니라 입과 항문의 2도에 음행을 하는 것이 전부 비도이기에 사음이라는 것이다.

이처럼 다른 계목보다 엄격하게 금제한 음계도 염심染心을 갖고 고의로 범한 것이 아니라 타인에게 범해진 경우는 무죄라고 설명한다.

所言不得故婬者, 爲料簡怨家所逼, 與境合而三時不受及睡眠時中他人所犯, 而始終中無罪. 故言不得故婬. (X38.283c01)

"고의가 아니게 음행한다"는 것은 원한이 있는 집에 억압된 경우, 상대와 몸을 합쳤으나 세 가지 때여서 쾌락을 받지 못한 경우, 수면 중에 타인에게 범해진 경우를 해석하면 시종일관 무죄이기에 "고의가 아니게 음행한다"고 말한다.

이 '부득고음不得故婬'에서의 '3가지 때(三時)'의 설명은 원효의 『사기』에서 앞의 '3가지 신체부위(三道)'와 더불어 음계의 죄를 판단하는 중요한 조건이다. 원효는 이 '3가지 때'를 '구연성업'과 '거비결과'에서도 인용하여 음계를 범하였으나 자신의 의지로 행한 것이 아닌 음행은 무범이라고 판단한다.

그리고 '거비결과'에서는 문수보살과 같은 대보살은 자신을 희생하더라도 중생을 제도하며, 대보살은 무언가를 행동할 때 그것에 대한 선악심이나 집착심 등을 갖지 않고 행하기에 범계가 되지 않는다고 설명한다.

此中作四句簡持犯. 一者有雖犯婬而一向福非罪. 謂如文殊等.

達機菩薩故應現婬男身得度者. 即現婬男婬女身, 能令之度故.
如文殊師利巡行經中廣說, 大菩薩者無然故, 亦無不然故. 淨名經
佛道品中云, 若菩薩行非道, 是菩薩通達佛道故. 二者亦有犯婬而
非罪福. 謂狂心亂心傷心等及不去時, 他人所犯, 怨家所逼, 而三
時不受樂等. (X38.284a12)

이 중에 4구를 지어 계의 지범을 설명한다. 첫째는 음계를
범하였으나 한결같이 복이며 죄가 아니다(일향복비죄). 말하자
면 문수보살 등과 같다. 달기보살이기에 마땅히 음란한 남성
의 몸으로 제도할 수 있는 것이다. 즉 음남음녀의 몸으로 나
타나 중생을 제도시킬 수 있기 때문이다.『문수사리순행경』
중에 두루 설하듯 대보살은 그러한 것도 없기 때문이며, 또
한 그러하지 않은 것도 없기 때문이다.『정명경』「불도품」
중에 "만일 보살의 행이 도가 아니라면 이 보살은 불도에 통
달하였기 때문이다"라고 한다. 둘째는 또한 음계를 범하였
으나 죄도 복도 아니다(비죄복). 말하자면 광란심과 산란심과
상심 등이 가시지 않았을 때, 타인으로부터 범해졌을 때, 원
수의 집안으로부터 핍박받았을 때로, 이 세 가지 때(경우)에
는 쾌락 등을 받지 않기 때문이다.

다음으로 법장은 우선 성문계와 보살계에서 음계의 순서가 다른
이유에 대해서, 성문계는 생사를 넘어 열반에 이르는 것을 목표로

하고 죄를 범함에 따라 계를 제정하기에 음계가 처음이 되었다고
한다.

> 問, 若爾何故聲聞戒中, 此戒最初. 答, 婬欲爲生死本. 聲聞正爲
> 厭捨生死, 速趣涅槃, 故先制此. 菩薩不爾故在第三. 又釋, 彼戒
> 是待犯方制之戒. 婬最初犯, 制匪後立. 此戒旣不待犯方制, 故依
> 古戒順十善業不同彼也. (T40.621a22)

묻기를, "만일 그렇다면 어째서 성문계에서는 이 계가 처
음에 있는가." 대답하길, "음욕은 생사의 근본이 된다. 성문
은 마땅히 생사를 싫어하여 신속히 열반에 이르기 위해 우
선 이것을 제정하였다. 보살은 그렇지 않기에 세 번째에 두
었다." 또한 해석하면, 그 성문계는 범한 것이 있고 나서 비
로소 제정한 계이다. 음행이 처음에 범해졌고 (계를) 제정한
후에 이루어진 것이 아니다. 이 보살계는 이미 범하는 것을
기다리지 않고 제정하였기에 오래된 계에 의거하여 십선업
에 따른다. 저 성문계와는 같지 않다.

다음으로 '구연具緣'의 '별연別緣'에서는 죄를 이루는 연을 '유정류
有情類, 정경正境, 기피상起彼想, 유음심有婬心, 유삼독有三毒, 조취造趣, 여
경합與境合'의 7항목으로 나눈다. 특히 '유삼독'에서 본 계목은 재가
보살에 한하여 방편으로 사용하는 것을 허가하나, 출가보살에 대

해서는 금제한다고 하여,[18] 지의와 원효와 같이 출가보살의 음행을 엄격하게 금한다.

그리고 '조취, 여경합'에서는 자신의 의지와 관계없는 음행(범해진 경우)과 그러한 음행에서 어떤 쾌락도 받지 않았다면 중죄가 되지 않는다고 한다. 또한 '궐연闕緣'의 '유음심有婬心'에서는 원효의 '부득고음'의 '세 가지 때'와 유사한 개념을 사용해 음행을 당한 경우에 대한 무범을 설명한다.

次闕第四緣者有三句. 一怨持菩薩陰置女根中, 由嚙指等禁心不受樂, 即總不犯. 反此成犯. 二菩薩睡眠爲他所婬, 畢竟不覺, 理亦無犯. 三覺已不受樂無犯. 受樂已成犯. (T40.621b26)

다음으로 제4연을 결여하는 것에 3구절이 있다. 첫째는 원수가 보살의 음부를 잡고 여인의 근 안에 넣었으나 손가락을 물거나 하여 마음을 닫고 쾌락을 받지 않았다면 즉 전부 범한 것이 아니다. 이것에 반대되는 것은 범한 것이 된다. 둘째는 보살이 수면 중에 타인으로부터 음행을 당했으나, 결코 (잠을) 깨지 않았다면 이치로 또한 무범이다. 셋째는 깨어나서 쾌락을 받지 않았다면 무범이다. 쾌락을 받았다면 범한

---

18 五有三毒. 以在家菩薩正慧御心方便化生開不犯故. 若約出家不開則無此緣. (T40.621b06)
다섯째로 삼독이 있다. 재가보살은 바른 지혜를 갖고 마음을 제어하여 방편으로 중생을 교화하기에 허가하여도 범한 것이 아니다. 출가(보살)에 대해서는 허가하지 않는데, 즉 이 (계목과는) 인연이 없다.

것이 된다.

이처럼 원효와 법장은 음계의 범계판단에서 음심과 함께 쾌락의
유무를 중요한 판단기준으로 보았다. 즉 타인으로부터 음행을 당
했더라도 그것에 의해 쾌락을 느꼈다면 자신에게도 음심이 생긴
것이 되기에 범계가 된다. 또한 '통국'의 '통'에서는 원효의 '달기
보살'과 같이 보살이 음행을 범했어도 그것이 중생교화를 위한 자
기희생이라면 오히려 지계바라밀을 이룬다고 하여, 앞의 예와 함
께 본 계목에서의 예외를 제시한다.

又淸淨毘尼經云, 問曰, 頗有犯戒成尸波羅蜜不. 文殊師利答言.
有. 謂菩薩敎化衆生不自觀戒. (T40.622b25)
또한 『청정비니경』에서 "묻기를, 조금의 범계가 있더라도
시라(지계)바라밀을 이룰 수 있는가? 문수보살이 대답하길,
있다. 보살은 중생을 교화하는 것에 자신의 계를 보지 않는
다"고 한다.

그러나 이는 재가보살에 한하여 허락한 예외로, 출가보살에 대
해서는 『유가론』을 인용하여, 출가보살은 성문이기에 부처가 제정
한 계를 지켜야만 한다고 하며 앞선 내용과 동일하게 출가보살의
비범행을 금지한다. 이러한 법장의 출가보살에 대한 범계판단은

태현의 주석에서도 동일하게 나타나 있다.

마지막으로 태현은 '제3음계'를 '무자행욕계^{無慈行欲戒}'라고 이름
한다. 그리고 보살계에서는 성문계와 달리 자신이 범한 음행뿐만
아니라 타인에게 음행을 시키는 것도 금지하기에 보살이 중매를
하는 것도 금제한다고 하여[19], 원효, 법장과 같은 견해를 보인다. 또
한 원효와 같이 신체를 써서 음행을 저지르고, 그것을 생각하거나
의심하는 것도 전부 중죄가 된다고 한다. 타인에게 음행을 당한 경
우는 그것에 쾌락이 없었다면 무범이라고 한다. 그러나 태현은 타
인에게 범해졌을 때 쾌락을 받지 않기 위해 억제하였으나 결국에
쾌락이 생겼어도 무범이라고 하여 원효와 법장보다 관대하게 주석
하여 무범의 범위를 넓혔다.

若准律文, 於道道想, 於道非道想, 及疑皆成重. 若與境合, 入如
毛頭, 即成究竟. 若爲怨逼開與境合, 禁其受樂. 今菩薩戒雖不樂
欲, 煩惱所制生樂無犯. (T40.705c11)

만일 율의 문장에 준한다면 도(음행의 신체부위)를 도라고 생
각하거나, 도를 비도라고 생각하거나, 혹은 (도를 비도라고) 의

---

[19] 聲聞法中自婬方重. 今菩薩戒教他亦重. 如小乘教自行方業道, 大乘教中媒他亦業道. (T40.705b12)
성문계 중에서는 스스로 음행하면 중죄가 된다. 여기의 보살계에서는 타인을 가르치는 것도 중죄
가 된다. 소승교의 경우는 자신이 행하면 업도를 이루고, 대승교 중에서는 타인에게 중매를 하는
것도 업도가 된다.

심한다면 전부 중죄를 이룬다. 만일 경계(상대의 신체)와 합하여 만일 털끝만큼이라도 들어간다면 바로 구경(중죄)을 이룬다. 만일 원수에게 핍박되어 열려서 경계와 합하였더라도 그 쾌락을 받는 것을 견딘다. 여기 보살계에서는 비록 쾌락을 원하지 않지만 번뇌를 억제하는 중에 쾌락이 생겨난다면 범한 것은 아니다.

그러나 이러한 음계의 내용은 재가보살에 한정된 것으로, 출가보살에 대해서는 태현도 다른 세 사람과 똑같이 모든 음행을 금한다. 그리고 재가보살이더라도 '음행의 잘못된 성기, 시기, 장소, 횟수(非支非時非處非量)'의 사음은 불도수행을 방해하고 악취에 떨어뜨리는 것이기에 그것을 범하면 중죄가 된다고 한다.

또한 앞의 법장의 '통'과 동일하게 『유가론』을 인용하여 재가보살이 중생제도를 위해 범한 음행에 대해서는 무범이며 공덕이 생긴다고 한다. 이것은 어디까지나 재가보살에 한정된 예외로 출가보살은 성문이기에 모든 음행을 금한다.

如菩薩地云, 在家菩薩見有母邑現無繫屬, 習婬欲法, 繼心菩薩求非梵行, 菩薩見已作意思惟, 勿令彼恚多生非福. 若隨其欲便得自在. 方便安處種善捨惡住慈愍心行非梵行. 雖習如是穢染之法, 而無所犯多生功德. 出家不爾. 護聲聞故. (T40.705b22)

   범망경 보살계의 흐름

「보살지」에서 말하는 바와 같이, "재가보살은 어떤 여인
(母邑)이 현재 누구에게도 속한 바가 없이 음욕의 법을 익혀
서 마음으로 보살에게 계속해서 비범행을 요구하는 것을 본
다면, 그녀에게 화를 내어 복이 아닌 것을 많이 생기지 않게
하겠다는 뜻을 내어 사유한다. 만약 그녀의 욕망에 따른다고
하더라도 자재로움에 의한 것이다. 방편을 써서 안락하게 지내
게 하여 선을 쌓고 악을 버려서 자민심에 머물며 비범행을
행한다. 비록 이처럼 세속에 물든 법을 배운다고 하더라도
범한 것이 없고 많은 공덕이 생긴다. 출가자에게 그렇지 않은
것(허락하지 않는 것)은 성문을 지키기 위해서이다"라고 한다.

이상의 내용과 같이 '제3음계'에 대해서 네 사람은 공통적으로
출가보살의 음행을 엄격하게 금지한다. 중생제도에 의한 무범의
판단에서도 원효의 경우는 그 구분이 다소 모호하지만, 법장과 태
현은 그 대상을 재가보살로 한정하여 명기한다. 또한 네 사람은 재
가보살이더라도 음행을 해서는 안 되는 시기와 신체부위 등을 제
정하여 사음에 의한 악업을 방지한다. 그리고 타인에게 음행을 당
한 것에 대해서 원효와 법장은 그 음행에서 어떤 쾌락도 받지 않았
다면 중죄가 되지 않는다고 한다. 그러나 태현은 범해졌을 때 번뇌
를 억제하였으나 결국에 쾌락을 받았더라도 무범이라고 하여, 원
효와 법장보다 관대하게 주석을 하였다.

4. 제4망어계^{第四妄語戒}

『범망경』 '제4망어계^{第四妄語戒}'의 본문은 다음과 같다.

> 若佛子. 自妄語, 教人妄語, 方便妄語, 妄語因妄語緣妄語法妄
> 語業. 乃至不見言見, 見言不見, 身心妄語. 而菩薩常生正語正見,
> 亦生一切衆生正語正見. 而反更起一切衆生邪語邪見邪業者, 是
> 菩薩波羅夷罪. (T24.1004c03)

너희 불자들이여, 스스로 거짓말을 하거나, 사람을 가르쳐 거짓말을 시키거나, 방편으로 거짓말을 하면, 망어의 인, 망어의 연, 망어의 법, 망어의 업이 있다. 내지 보지 않은 것을 보았다고 하거나, 본 것을 보지 않았다고 하면 몸과 마음으로 거짓말을 한다. 게다가 보살은 항상 정어, 정견을 내고, 또한 일체중생에게 정어, 정견을 생기게 해야 한다. 그럼에도 불구하고 도리어 일체중생에게 사어, 사견, 사업을 일으키게 하면 이것은 보살의 바라이죄이다.

이에 대해서 우선 지의는 망어에 대해서 '자망어'는 스스로 상인(上人:聖人)의 법을 얻었다고 하는 것이고, '교인망어'는 타인에게 법을 얻었다고 말하게 시키는 것이고, '방편망어'는 달콤한 말로 사람들을 속이는 것이라고 설명한다.

지의는 망어업을 이루는 요소를 '중생衆生, 중생상衆生想, 기광심欺誑心, 설중구說重具, 전인령해前人領解'의 5항목으로 나눈다. '중생'은 3품중생으로 그 중 '상품중생'인 부처와 성인에 대해서 두 가지 해석을 한다. 첫째로 '상품중생'은 중죄에 들어가는 원인으로 그들의 법을 얻었다고 하는 것이 망어가 되기 때문이다. 둘째로 '상품중생'은 위신력으로 인해 그러한 망어에 속지 않기에 경구죄라고 한다. 이 '망어계'는 상대(중생)에게 기광심(속이겠다는 마음)을 갖고 망어를 하여 그 상대가 속으면 죄가 성립된다. 그러나 지의는 '중생상'의 설명에서 처음에 '기광심'을 갖고 망어를 하였으나, 다른 사람이 그 망어를 듣고 속는 경우는 그 사람에 대한 '기광심'을 갖고 있지 않기에 중죄는 되지 않는다고 한다. 또한 '기광심'은 업의 주체이기에 타인을 구하기 위한 망어와 증상만의 망어는 죄가 아니라고 한다.

本向此說此不聞, 而彼聞說亦同重. 今釋不重. 於彼無心故. 三欺誑心是業主. 若避難及增上慢皆不犯. (T40.572c27)

본래 이 사람을 향해서 망어를 했으나, 이 사람이 듣지 않고 그 사람이 들었다면 또한 똑같이 중죄이다. 지금 해석하면 중죄가 아니다. 그에 대한 (속이려는) 마음이 없기 때문이다. 셋째로 기광심은 업의 주체이다. 만일 어려움을 피하기 위한 것과 증상만은 모두 범한 것이 아니다.

'전인령해'에서는 본 계목은 사람을 상대로 망어를 하고, 그 상대가 속으면 죄가 된다고 한다. 그러나 그가 그 망어를 듣고도 이해하지 못해서 속지 않았다면 경죄가 되지만, 뒤에 그 망어를 이해해서 속으면 앞의 경죄가 사라지고 다시 중죄가 된다고 설명한다.

此戒旣制口業. 理應隨語. 遠爲妨損必應通人. …若對面不解, 且結方便. 後追思前言忽解者, 則壞輕結重. (T40.573a09)

이 계는 이미 구업을 금제한다. 이치로서 말에 따라야 한다. 멀리 방해하고 손해를 주기에 반드시 사람에게 통해야 한다. …만일 대면하여 (망어를 했으나) 이해하지 못하면 우선 방편죄가 된다. 나중에 앞의 이야기를 다시금 생각해서 문득 이해하면 곧바로 경죄가 사라지고 중죄가 된다.

다음으로 원효는 '제4망어계'를 '망어계'와 '불망어계'라고 이름한다. 그리고 망어의 종류를 '자망어自妄語, 교인망어敎人妄語, 방편망어方便妄語, 내지乃至'의 4항목으로 나눈다. 그 중 '교인망어'에서 소승은 이익을 바라며 망어를 하면 중죄가 되고 이익을 바라지 않았다면 경죄가 되지만, 대승은 망어를 하면 전부 중죄가 된다고 한다.[20] '방편망어'에서는 망어를 해서 명예나 이익 등을 얻었으면 방

---

[20] 小乘望自利故, 若爲吾汝妄語者一向重. 若不望自利, 而爲汝妄語者. …若大乘者, 爲汝及爲吾皆一向重. (X38.284b07)

편을 써서 훔친 것이기에, 그러한 것은 망어계뿐만 아니라 도계까지도 범한 것이 된다고 설명한다.

> 此比丘者, 大妄語時, 卽犯妄語重. 以後得物時, 卽犯方便盜重也. (X38.284b13)
>
> 이 비구가 대망어를 할 때는 즉 망어의 중죄를 범한다. 이 후에 물건을 얻을 때는 즉 방편으로 훔친 중죄를 범하는 것이다.

다음으로 망어업의 구성요소를 '대성인(對成人:緣), 인상작(人想作:緣), 전인이해(前人已解:緣), 기전광심(起顚誑心:因), 설득득인법(說得得人法:業), 언업료료(言業了了:業), 자지미득(自知未得:法)'의 7항목으로 나눈다. 이 망어계는 지의의 주석과 같이 사람을 상대로 망어를 하고 그것을 상대가 이해하고 속았으면 죄가 성립되는 것이다. 따라서 원효는 본 계목에서는 인因인 '기전광심'뿐만 아니라 연緣인 '대성인, 인상작, 전인이해'가 결여되었어도 중죄가 되지 않고 경죄가 된다고 설명한다.[21]

소승에서는 자신의 이익을 바라고 혹여 나와 남을 위해 망어를 하면 한결같이 중죄이다. 만일 자신의 이익을 바라지 않고 남을 위해 망어를 하면 (한결같이 경죄이다). …만일 대승이라면 상대를 위하거나 남을 위하거나 모두 한결같이 중죄이다.

21 若闕因全無罪. 闕緣亦有無, 有輕罪也. (X38.284b19)
   만일 인이 빠졌다면 전부 무죄이다. 연이 빠졌어도 (중죄는) 아니지만, 경죄는 있다.

또한 '거비결과'에서는 '달기보살'은 망어를 써서 중생을 제도하기에 공덕이 되고, 광란심과 같은 정상이 아닌 상태에서의 망어는 판단을 할 수 없기에 비죄비복이라고 한다.

> 一者唯福非罪. 謂達機菩薩以妄語度衆生等. 二者非罪非福. 謂狂亂心中說等. (X38.284c03)

첫째는 오직 복이며 죄가 아닌 것이다(유복비죄). 말하자면 달기보살이 망어로써 중생을 제도하는 것 등이다. 둘째는 죄도 복도 아닌 것이다(비죄비복). 말하자면 광란심 속에서 망어를 한 것 등이다.

다음으로 법장은 '제4망어계'의 계명에 대해서 어업語業의 망어계는 다른 신업身業의 계목과 달리 망어에 의해 악구, 양설, 기어 등의 다른 죄도 동시에 범할 수 있기에 망어계 속에 모든 어업을 포함해서 금지하였다고 설명한다.

> 智論云, 四種口業中妄語最重故. 復次但說妄語已攝三事. …問, 何故身三別制, 語四同遮. 答, 彼無相攝, 此可通收故. (T40.623c07)

『대지도론』에서 "네 종류의 구업 중에 망어가 가장 무겁기 때문이다. 또한 다음으로 단지 망어를 설하면 모든 3가지 일

(惡口, 兩舌, 綺語)을 포함한다"고 한다. …묻기를 "어째서 신업의 3가지는 별개로 제지하고, 어업의 4가지는 함께 금지하는 가." 대답하길 "그것(신업)은 서로 포섭하지 않지만, 이것(구업)은 함께 거둘 수 있기 때문이다."

구연具緣의 별연에서는 망어업의 구성요소를 "대중생對衆生, 기피상起彼想, 기광심起誑心, 부실사覆實事, 구삼독具三毒, 언명료言明了, 영타해令他解"의 7항목으로 나눈다. 즉 법장도 지의, 원효와 마찬가지로 본 계목은 중생을 상대로 하여 그를 속이려는 마음(광심)을 갖고 망어를 하여, 그가 속으면 죄가 성립된다고 보았다. 그러나 법장은 '기광심'이 없는 망어는 범한 것이 아니지만, '기광심'의 망어를 다른 사람이 듣고 오해하면 경죄가 된다고 한다. 지의의 경우는 단순히 중죄가 되지 않는다고 하였으나, 법장은 그것의 범계를 보다 상세하게 설명한다.

次闕第三緣, 或總不犯. 以無誑心故. 或犯輕. 以不審故, 誤他故. (T40.623c21)

다음으로 제3연(기광심)을 결여한 것은 혹은 전부 범한 것이 아니다. 광심을 갖지 않았기 때문이다. 혹은 경죄를 범한다. 자세히 살피지 않아서 다른 사람을 오해시키기 때문이다.

그리고 '통국'의 '통'에서는 '기광심'의 유무와 더불어 중생을 이익되게 하기 위한 망어는 보살의 자기희생이기에 무범이라고 설한다. 보살은 자신을 위해서는 망어를 하지 않으나, 중생을 위해서라면 무엇도 바라지 않고 희생을 한다. 그것은 광심에 의한 망어가 아니기에 염심이 없다. 따라서 그러한 망어는 오히려 공덕이 생기는 것이다.

雖諸菩薩爲自命難, 亦不正知說於妄語, 然爲救脫彼有情故, 知而思擇故說妄語. 以要言之, 菩薩唯觀有情義利非無義利. 自無染心唯爲饒益諸有情故, 覆想正知而異說語. 是語說時, 於菩薩戒無所違犯生多功德. (T40.624b17)

모든 보살은 자신의 목숨의 위험함을 위해서는 또한 바르게 알고 망어를 말하지 않지만, 그러나 저 유정을 구하기 위해서는 알고도 깊이 사유하여 고의로 망어를 설한다. 다시 말해 보살은 오직 유정의 바른 이익과 바르지 않은 이익이 아닌 것을 살펴본다. 스스로 염심 없이 오직 모든 유정을 이익되게 하기 위해 바른 지혜를 덮고 다른 말을 한다. 이러한 망어를 할 때 보살계에서는 위범한 것이 없고 많은 공덕이 생긴다.

또한 '석문釋文'에서는 망어업의 연을 '자작(自作:因), 교타(敎他:緣), 방편(方便:法), 사성(事成:業)'의 4항목으로 나눈다. 즉 자신이 광심을 일으켜 타인을 속이기 위한 계략을 세우고 그 망어로 타인을 속이며 항상 망어를 하여 업을 만드는 것이다. 이 네 가지 연에 의한 업은 각각 범하는 것도 있으나, 네 가지 연을 하나로 합쳐서 범하는 경우도 있다고 한다.

마지막으로 태현은 본 계목을 '고심망어계故心妄語戒'라고 이름한다. 그리고 이 망어계를 제정한 이유를, 망어하는 자는 우선 자신을 속이고 나서 타인을 속이며, 진실을 거짓이라고 생각하고 거짓을 진실이라고 생각하기에 선법을 받을 수 없다고 설명한다.[22]
'석문'에서는, 망어계는 단순히 입뿐만 아니라 몸과 마음으로 범할 수도 있다고 하여, 망어에 의한 삼업을 짓지 않도록 주의시킨다.

身妄語者, 無語動身. 心妄語者, 謂想倒等. 如於不見而起見想, 誑言不見. 雖稱於事, 以覆所知, 此即名爲以心妄語. (T40.706a03)
신망어란 말하지 않고 몸을 움직이는 것이다. 심망어란 말하자면 생각을 바꾸는 것 등이다. 보지 않았으면서 보았다는 생각을 일으켜 보지 못했다고 거짓을 말하는 것이다. 비록

---

22 初制意者. 智論十五云. 妄語之人先自誑身. 然後誑他. 以實爲虛. 以虛爲實. 虛實顚倒不受善法. 譬如覆瓶水不得入. (T40.705c20)
처음의 제정한 뜻은 『대지도론』 15권에서 "망어의 사람은 우선 스스로 자신을 속인다. 그러고 나서 타인을 속인다. 진실을 거짓으로 생각하고, 거짓을 진실로 생각한다. 거짓과 진실이 전도되어 선법을 받지 못한다. 예를 들면 엎어진 병에는 물을 넣을 수 없는 것과 같다"라고 한다.

사실이더라도 알고 있는 것을 감춘 것이기에 이것을 즉 심망어라고 한다.

또한 태현도 다른 세 사람과 마찬가지로 중생을 제도하기 위한 망어는 범계가 아니라 오히려 많은 공덕이 생기지만, 그렇지 않은 망어는 중죄(바라이)가 된다고 한다.

> 若爲救脫多有情故, 覆想正知而說妄語. 瑜伽論云. 無所違犯生多功德. 不爾妄語犯他勝處. (T40.706a12)
>
> 만일 많은 유정을 구하기 위해 바르게 아는 생각을 감추고 망어를 말하는 것은 『유가론』에서 "위범한 것이 아니라 많은 공덕이 생긴다. 그렇지 않은 망어는 타승처(바라이)를 범한다"고 한다.

이상의 내용과 같이 네 사람은 '제4망어계'에서 광심을 갖고 타인에게 망어를 하여 그가 속으면 죄가 되며, 광심이 없이 중생제도를 위한 망어는 무범이라고 설명한다. 그러나 지의와 원효는 상대에게 망어를 하였어도 상대가 그것을 이해하지 못해서 속지 않으면 경죄가 된다고 한다. 또한 속이려는 상대가 아닌 다른 사람이 그 망어를 듣고 속은 경우에 대해서 지의는 그에 대한 광심이 없기에 중죄가 되지 않는다고 하지만, 법장은 경죄가 된다고 한다.

5. 제5고주계^{第五酤酒戒}

『범망경』 '제5고주계^{第五酤酒戒}'의 본문은 다음과 같다.

> 若佛子. 自酤酒, 教人酤酒, 酤酒因酤酒緣酤酒法酤酒業. 一切酒不得酤. 是酒起罪因緣. 而菩薩應生一切衆生明達之慧. 而反更生一切衆生顚倒之心者, 是菩薩波羅夷罪. (T24.1004c08)

너희 불자들이여, 스스로 술을 팔거나, 사람을 가르쳐 술을 팔게 하면, 고주의 인, 고주의 연, 고주의 법, 고주의 업이 있다. 모든 술을 팔아서는 안 된다. 이 술은 죄를 일으키는 인연이다. 보살은 마땅히 일체중생에게 밝은 지혜를 생기게 해야 한다. 그럼에도 오히려 고의로 일체중생에게 전도된 마음을 일으키게 한다면 이는 보살의 바라이죄이다.

이에 대해서 우선 지의는 '고^酤'는 이익을 위한 행동으로 '교인고주'에서 타인으로 하여금 자신을 위해 술을 팔게 하면 중죄가 된다고 한다. 즉 이것은 술을 판 사람도 팔게 한 사람도 이익을 바란 것이기에 중죄가 되는 것이다. 또한 자신이 아닌 다른 사람에게 술을 팔게 하면 경죄가 된다고 한다.

> 酤者求利. 教人者, 令人爲我売酒, 亦同重. 教人自酤罪輕.

(T40.573a24)

‘고’는 이익을 구하는 것이다. 사람을 가르친다는 것은 사람으로 하여금 자신을 위해 술을 팔게 하면 또한 중죄와 똑같다. 사람을 가르쳐 스스로 팔게 하면 경죄이다.

그리고 고주계의 중죄를 이루는 인연을 ‘중생衆生, 중생상衆生想, 희리화무希利貨貿, 진주眞酒, 수여전인授與前人’의 5항목으로 나눈다. 특히 ‘중생’에서는 3품중생으로 나누어 상품중생은 취하지 않기에 경죄이지만, 만일 취하면 중죄라고 한다. 중품중생은 본 계목의 대상으로 사람과 천天이다. 그들에게 술을 팔면 중죄이다. 하품중생은 도에 대한 뜻이 약하기에 팔아도 경죄에 지나지 않는다고 설명한다.

또한 술을 파는 것은 이익과 함께 사람을 취하게 하기 위해서이기에 약주藥酒와 같은 것은 이익을 위해 팔아도 취하지 않게 하기에 무죄라고 한다.

眞酒者, 謂能酔亂人者. 藥酒雖希利貨, 不亂人貨無罪. (T40.573b03)

진짜 술이란 능히 사람을 취하고 어지럽게 하는 것이다. 약주는 이익을 바라고 팔아도 사람을 어지럽게 하지 않기에 팔아도 무죄이다.

즉 고주계는 이익을 바라며 상대에게 술을 팔고 상대가 그것을 마셔서 취하면 죄가 성립된다. 따라서 아이에게 술을 팔았어도 그가 그것을 마시지 않으면 죄를 받을 대상이 없다고 하여 술로 사람을 취하게 하는 것을 중시한다.

다음으로 원효는 '제5고주계'를 '고주계'와 '불고주계'라고 이름한다. 재가보살이 술을 파는 것은 생계와 밀접한 관련이 있는 것이기에 따라서 술을 파는 것은 제지하지 않는다고 한다.[23] 그러나 이것은 어디까지나 재가보살의 생계를 위한 방편으로, 원효는 '교인'의 주석에서 보살계에서는 자신을 위해서거나 타인을 위해서거나 술을 파는 것은 전부 중죄라고 한다.

'진주眞酒'에서는 술의 종류를 '곡주穀酒, 약주藥酒, 과실주果實酒'로 나누어, 이것들이 진짜 술이며 죄의 연이 되는 것이라고 설명한다. 그러나 '약주'의 판매에 대해서는 뒤의 '거비결과'에서 무죄가 된다고 한다.

地持論者有三種. 謂穀酒藥酒草酒. 草酒者, 蒲桃作而醉人等. 藥酒者, 獨活等草以作等. 此名爲眞酒者, 衆罪起之緣者, 以後飮酒戒說也. (X38.284c13)

23　若如法物販売者, 在家菩薩不制. 未離生活業. (X38.284c10)
　　만일 법답게 물건을 판매하는 것이라면 재가보살은 제지하지 않는다. 아직 생활업을 떠날 수 없기 때문이다.

『지지론』에 세 종류(의 술)가 있다. 곡주, 약주, 초주이다. 초주란 창포나 복숭아로 만들어 사람을 취하게 하는 술 등이다. 약주란 멧두릅(독활) 등의 풀로 만든 술 등이다. 이것들은 진짜 술로서 많은 죄를 일으키는 연이기에 뒤에 음주계를 설한 것이다.

원효는 고주계에서의 업의 구성요소를 '발고주상(發酤酒想:因), 소여인(所與人:緣), 인상(人想:緣), 피인음(彼人飮:緣), 진주(眞酒:法), 여피인(與彼人:業), 취가(取價:業)'의 7항목으로 나눈다. 즉 사람에게 술을 팔겠다고 생각하며 진짜 술을 주고, 상대로부터 그것의 대금을 받아 이익을 취하고, 상대가 그 술을 마시면 죄가 성립된다. 그러나 '약주'의 경우는 사람에게 치료로써 이롭게 하기 위한 술이기에 상대에게 주면 중생제도가 되는 것이지만, 그것의 대금을 상대로부터 받게 되면 '비복비죄'가 된다.

一唯福非罪. 達機菩薩. 二非罪非福. 謂爲藥作酒, 與他人取價. 取價故非福. 藥酒故非罪. (X38.285a04)

첫째는 오직 복이며 죄가 아닌 것(유복비죄)이다. 달기보살(의 경우)이다. 둘째는 죄도 복도 아닌 것(비죄비복)이다. 말하자면 약으로서 술을 만들어 타인에게 주어 가격을 취한다. 가격을 취하였기에 비복이다. 약주이기에 비죄이다.

 범망경 보살계의 흐름

다음으로 법장은 소승계와 달리 보살계에서 음주계보다 고주계를 앞서 제정하고 중죄로 보는 이유에 대해서, 음주는 자신이 술을 마시기에 자신 한 명에게만 해를 입히지만, 고주는 많은 중생에게 해를 주는 것이기에 중죄가 된다고 한다. 또한 보살은 자리이타 중에 이타를 가장 우선으로 하기에 타인에게 해를 입히는 것은 보살로서 절대로 해서는 안 되는 행동이라고 한다.

又五戒中, 此當第五不飮酒戒. 但以飮唯損己一身. 過未深故屬下輕垢. 酤損多人故今制重. 又爲菩薩二利之中利他爲最. 但乖益生, 已爲非理. 況乃成損故非所宜. (T40.625b20)

또한 오계 중에 이것은 '제5불음주계'에 해당된다. 단지 마시는 것은 오직 자신 한 몸만을 손상시킨다. 허물이 심각하지 않기에 아래의 경구죄에 속한다. 고주는 많은 사람을 손상시키기에 여기서는 중죄로 제정한다. 또한 보살은 두 가지 이익(자리이타) 중에 이타를 가장 중시한다. 단지 중생에게 이익되게 하는 것에 어긋나기만 해도 이미 이치가 아니거늘 하물며 해를 입히는 것이기에 마땅한 것이 아니다.

'구연'의 별연에서는 고주업의 구성요소를 '주酒, 주상酒想, 고의酤意, 수득직受得直, 수여주授與酒, 전인령입수편前人領入手便'의 6항목으로 나눈다. 특히 '전인령입수편'이 결여되면, 지의의 설명과 같이 술을 판 것이 성립되지 않기에 죄가 되지 않아야 하지만, 법장은 중방편죄가 된다고 한다.[24] 아마도 이것은 앞의 항목에 의해 죄가 된 것이라고 생각된다.

또한 술은 많은 과보의 원인이 되는 것으로, 그것을 만드는 사람도, 파는 사람도, 마시는 사람도 전부 지옥에 떨어지는 과보를 받게 된다고 한다.

> 第七犯得報者. 謂如經中有三. 初酒河地獄, 是釀酒家罪. 二酒池地獄, 是酤酒家罪. 三灌口地獄, 是飮酒人罪. (T40.626a09)

제7은 범하면 과보를 받는 것이다. 말하자면 경의 내용과 같이 세 가지가 있다. 처음은 술의 강으로 된 지옥(주하지옥)으로, 이것은 술을 만드는 일을 하는 사람의 죄이다. 둘째는 술의 연못으로 된 지옥(주지지옥)으로, 이것은 술을 파는 일을 하는 사람의 죄이다. 셋째는 입에 술을 붓는 지옥(관구지옥)으로, 이것은 술을 마신 사람의 죄이다.

법장은 『범망경』에서 금지시키는 모든 종류의 술에 대해서 『지론智論』 13권을 인용하여 '곡주穀酒, 과주果酒, 약주(藥酒藥草木等酒)'의 3종류를 말하며, 원효와 동일한 견해를 보인다. 그러나 법장은 '통

---

[24] 闕第六緣亦重方便. 以前人不飮不成酤故. (T40.625c08)
제6연이 결여된 것도 중방편죄이다. 앞의 사람이 마시지 않으면 고주가 되지 않기 때문이다.

국'에서 중생을 구하기 위한 약으로서의 술은 허가하지만, 그 약주에 대해서 한 생각이라도 술이라고 생각하면 모두 범계가 된다고 한다.

> 第九通局者, 初通, 謂救衆生命難等時, 爲藥應開故. …二局者. 乃至一毛渧等起一念等, 皆有犯義, 故皆閉也. (T40.626a26)

제7의 통국이란, 처음의 통은 말하자면 중생의 생명과 어려움 등을 구할 때 약으로서는 마땅히 열어야(허가) 하기 때문이다. …둘째의 국은 내지 터럭만큼의 한 방울 등에라도 일념을 일으키면 모두 범계의 뜻이다. 그렇기에 전부 닫은 것(금지)이다.

마지막으로 태현은 본 계목을 '고주생죄계酤酒生罪戒'라고 이름한다. 고주계의 제정 이유에 대해서 술에 의해 방일에 빠지고 자신의 본심과 다른 행동을 하기에, 반드시 뒤에 후회할 일이 생긴다. 그렇기에 그러한 술을 사람에게 주어서는 안 된다고 설명한다.

> 初制意者, 耽酒放逸後必有悔. 失自正念違本心故. …制勿施人, 此不共戒. (T40.706a17)

처음의 제의는 술에 빠져서 방일하면 뒤에 반드시 후회가 있다. 자신의 바른 생각을 잃고 본심을 떠나기 때문이다. …사람에게 주지 않는 것을 금지한 것이기에 이것은 불공계이다.

그리고 고주계의 죄가 성립하기 위해서는 상대에게 술을 주고 이익을 구하며, 또한 상대가 그 술을 받으면 죄가 된다고 한다.

具緣成犯中, 欲樂者, 以酒與人求利心也. 酒已屬彼即爲究竟.
(T40.706a20)

범함을 이루는 구연 중에 욕락이란, 사람에게 술을 주고 이익을 구하는 마음이다. 술이 이미 상대에게 속해졌으면 즉 죄가 이루어진 것(구경)이다.

이상의 내용과 같이 네 사람은 술을 다른 사람에게 팔고 이익을 구하며, 상대가 그것을 받아 마시면 죄가 된다고 한다. 그러나 법장은 본 계목은 재가보살에게만 한정된 것으로 이는 재가보살의 생활을 유지시키기 위한 방편이라고 한다. 그리고 '약주'에 대해서 지의는 약주는 상대가 마셔도 취하지 않기에 무죄라고 한다. 그러나 원효는 본래 복이 되는 것인 약주이나, 그것의 대금을 받기에 비복비죄가 된다고 한다. 또한 법장은 약주에 한해서는 허가하지만, 그 약주에 대해서 조금이라도 술이라고 생각하면 범계가 된다고 하여, 그것을 술이 아닌 약으로서 취급하는 것은 허가한다.

6. 제6설사중과계^{第六說四衆過戒}

『범망경』 '제6설사중과계^{第六說四衆過戒}'의 본문은 다음과 같다.

> 若佛子. 自說出家在家菩薩比丘比丘尼罪過, 敎人說罪過. 罪過
> 因罪過緣罪過法罪過業. 而菩薩聞外道惡人及二乘惡人說佛法中
> 非法非律, 常生悲心敎化是惡人輩, 令生大乘善信. 而菩薩反更自
> 說佛法中罪過者. 是菩薩波羅夷罪. (T24.1004c13)

너희 불자들이여, 스스로 출가, 재가보살이나 비구, 비구
니의 죄과(죄와 허물)를 말하거나, 사람을 가르쳐 죄과를 말하
게 하면, 죄과의 인, 죄과의 연, 죄과의 법, 죄과의 업이 있다.
보살은 외도의 악인이나 이승의 악인이 불법에 대해 비법비
율이라고 말하는 것을 듣더라도, 항상 자비심을 내어 그 악
인 무리를 교화하여 대승에 대한 선한 믿음을 생기게 하여
야 한다. 그럼에도 보살이 오히려 스스로 불법에 대한 죄과
를 말한다면 이것은 보살의 바라이죄이다.

이것에 대해서 우선 지의는 본 계목에서 중죄를 이루는 요소를
'중생^{衆生}, 중생상^{衆生想}, 유설죄심^{有說罪心}, 소설죄^{所說罪}, 소향인설^{所向}
^{人說}, 전인령해^{前人領解}'의 6항목으로 나눈다. 특히 '중생'에서 본 계
목의 대상은 보살계를 받은 상·중품중생이라고 하여, 성문계만을

받은 사람이나 하품중생의 허물을 비방하는 것은 경구죄라고 한다.

> 衆生者, 上中二境取有菩薩戒者方重. 以妨彼上業故. 無菩薩戒,
> 止有聲聞戒. 及下境有戒無戒悉犯輕垢. (T40.573b13)

중생이란, 상·중품의 두 경계에서 보살계를 받은 사람을 대상으로 중죄가 된다. 그들의 높은 업을 방해하기 때문이다. 보살계가 없고 오직 성문계만이 있거나, 하품의 경계로 계가 있거나 없어도 모두 경구죄를 범한다.

또한 보살에 대해서는 출가, 재가보살로 나누어, 사부대중(비구, 비구니, 청신사, 청신녀)을 들어 설명한다.

본 계목에서는 칠역죄와 십중계를 범한 사람의 이름을 보살계를 받지 않은 사람을 향해 비방하는 것을 금제한다고 한다. 또한 본래 칠역죄가 되어야 하는 '부처의 몸에서 피가 나게 하는 것(出佛身血)'은 희귀한 것이기에 경죄가 된다고 한다.

> 四所說過, 謂七逆十重. 稱犯者名字在此戒正制. 若謂治罰
> 心, 在第四十八破法戒制. 若說出佛身血破僧, 依律部本制. 向
> 僧說是謗. 僧知出血等事希故輕. 此正制向無戒者說, 應得重.
> (T40.573b24)

넷째로 말하는 것의 허물이란, 칠역죄와 십중계이다. 범한 사람의 이름을 말하는 것을 이 계에서 바로 금제한다. 만일 벌로 다스리겠다는 마음으로 말하는 것이라면 제48파법계에서 금제한다. 만일 출불신혈이나 파승을 말하면 율부에서 본래 금제한 것에 의거한다. 승려를 향해 이러한 비방을 말하면 승려는 출불신혈 등은 희귀한 일이라고 생각하기에 경죄가 된다. 이 계는 바로 계가 없는 사람을 향해 말하는 것을 금제한 것이기에 마땅히 중죄를 얻는다.

그러나 '전인령해'에서는 이러한 비방의 구업도 자신의 이야기를 상대가 믿고 이해하지 않으면 성립되지 않는다고 하여, 앞의 계목과 마찬가지로 상대에 의한 업의 성립을 중시한다.

다음으로 원효는 '제6설사중과계'를 '의심설동법인과계意心說同法人過戒'라고 이름한다. 우선 원효는 대승과 소승에서의 비난에 대한 유무의 차이를 비교하여, 소승은 근거가 있게 사람을 비방하면 바일제波逸提가 되지만, 대승은 이타행을 가장 중시하기에 근거가 있어도 사람을 비방하는 자체가 타인에게 피해를 주는 것이기에 중죄가 된다고 한다.

若小乘者, 以自利爲先故, 以無根重罪誹謗者, 爲第二篇. 擧虛

事謗他, 心過重故, 若以有根過謗[25]他者, 擧意事謗故, 心過輕. 故
犯第三篇. 若大乘者, 以利他爲先故, 若擧實事謗他者, 破他事得
成故, 損他義過重. 故以有根重, 爲此重戒. 若擧無根者, 雖謗[26]他
而破他事不成故, 損他義過輕. 故爲第十三輕垢罪. (X38.285a08)

만일 소승이라면 자신의 이익을 우선으로 하기에 근거 없이(무근) 중죄를 비방하며 제2편(승잔)이다.[27] 없던 일을 들어 타인을 비방하는 것은 마음의 허물이 무겁기 때문이다. 만일 근거 있게(유근) 타인의 허물을 비방하면 뜻과 일을 들어 비방하기에 마음의 허물이 가볍다. 따라서 제3편(바일제)을 범한다. 만일 대승이라면 이타를 우선으로 하기에 만일 실제로 있던 일을 들어 타인을 비방하면 타인을 부서뜨리는 것이 이루어지기에 타인을 괴롭히려는 의미의 허물로 중죄가 된다. 따라서 근거가 있는 중죄이더라도 (비방하면) 이것은 중계(죄)이다. 만일 근거없는 것을 들어서 타인을 비방하면 부서뜨리는 것이 되지 않기에 타인을 괴롭게 하려는 뜻의 허물이 가볍다. 따라서 제13경구죄(謗毀戒)이다.

---

25 원문에는 '傍'이지만, 문맥의 의미상 '謗'이 바르다고 판단되어 본 연구에서는 '謗'을 사용한다.

26 위와 동일.

27 비구계의 오편(五篇:波羅夷·僧殘·波逸提·波羅提舍尼·突吉羅) 칠취(七聚:五篇에 偸蘭遮·惡說를 추가)의 제2편인 승잔.

그리고 본 계목의 대상을 지의와 동일하게 보살계를 받은 출가이중과 재가이중의 사부대중을 들어 논한다. 또한 그들을 비방할 때 중죄를 비방하면 중죄가 되고, 경죄를 비방하면 경죄가 되며, 그들에게 준 손해의 무게에 응하여 죄가 결정된다고 한다.

受菩薩戒四衆重過. 謂以出家比丘及比丘尼在家二衆, 有根十重七逆等謗, 正犯此重戒. 若擧輕罪謗者犯輕罪. (X38.285a19)

보살계를 받은 사중(을 비방하면) 허물이 무겁다. 말하자면 출가 비구와 비구니, 재가이중을 근거가 있어서(유근) 십중계, 칠역죄 등으로 비방하면 바로 이것은 중계를 범하는 것이다. 만일 경죄를 들어 비방하면 경죄를 범한다.

다음으로 중죄의 요소를 '유진구심(有嗔垢心:因), 동계칠중동법(同戒七衆同法:緣), 동계동법자상(同戒同法者想:緣), 의시유상(意是有想:緣), 향인설(向人說:緣), 칠역십중중과(七逆十重重過:法), 언사료료(言詞了了:業), 소인이해(所人已解:業)'의 8항목으로 나눈다. 원효도 지의와 같이 '언사료료, 소인이해'를 업으로 보고, 자신이 말한 비방을 상대가 이해하면 죄가 된다고 한다. 그러나 이전의 계목에서는 죄의 인이 결여되면 무죄였으나, 본 계목에서는 인의 '진구심'이 결여되면 경죄가 된다.

'거비결과'에서는 앞의 계목과 마찬가지로 '달기보살'의 범계는 복이 되고, 광심 등의 정상이 아닌 상태의 범계는 비복비죄라고 한다.

다음으로 법장은 중죄를 이루는 요소를 '정경正境, 작피상作彼想, 작설과의作說過意, 대외인對外人, 작외인상作外人想, 언창료言彰了, 전인령해前人領解'의 7항목으로 나누고, '정경'에서 본 계목의 대상을 '출가보살, 재가보살, 비구, 비구니'의 4위라고 설명한다. 지의와 원효는 출가보살 속에 비구, 비구니도 포함해서 설명하였으나, 법장은 『범망경』 본문에 나온 그대로 대상을 파악한다. 그리고 대상에 부처와 법이 포함되어 있지 않은 이유는 그것들에는 허물 등이 없기 때문이고, 만일 어떤 허물이 없음에도 부처와 법을 비방하면 '제10 방삼보계第十謗三寶戒'를 어기게 된다고 한다.

一是正境, 如文四位. 問, 此中何故制說小乘僧尼過耶. 答, 俱是佛法相住持故, 是自內衆故. 問, 何故不制說佛及法過. 答, 以彼無過故. 若無失而說, 則是謗故, 屬第十戒. (T40.626c08)

첫째는 바른 경계(대상)이다. 경문의 4위(출가보살, 재가보살, 비구, 비구니)와 같다. 묻기를 "이 중에 어째서 소승의 승니의 허물을 말하는 것을 금제하는가." 대답하길 "모두 불법에 서로 머물고 법을 지니기 때문이며 이것은 불법 내의 대중이다." 묻기를 "어째서 부처와 법의 허물을 말하는 것은 금제하지 않는가." 대답하길 "그들은 허물이 없기 때문이다. 만일 허물이 없음에도 말한다면 즉 이는 비방이기에 제10계에 속한다."

그리고 비방하려고 하는 '작설과의'가 결여되면 무범이고, 문인을 교훈하기 위한 방편으로서의 비방도 무범이라고 한다. 그러나 무기심에 의한 범계는 번뇌에 염오된 것이 아니지만, 죄를 범한 것이라고 한다. 이러한 법장의 주석은 앞선 원효와 상반된 내용으로, 원효의 경우는 원인인 '진구심嗔垢心'이 결여되면 경죄이고, 광심과 같은 상태에서의 범계는 비복비죄라고 한다.

闕第三緣, 不作說過意, 言錯無犯. 或正說法言次而論, 或教誡門人, 皆不犯. (T40.626c24)

제3연이 빠진 것이다. 허물을 말하려는 뜻을 만들지 않고 오해해서 말하면 무범이다. 혹은 바르게 설법을 말하고 이어서 논하거나, 혹은 문인을 교훈하는 것은 모두 범한 것이 아니다.

約無記心. 率爾輕心忘念而說, 亦犯非染汚. (T40.627a20)

무기심에 의한다. 경솔한 가벼운 마음이나 망념으로 말하면 또한 범한 것이나 염오는 아니다.

마지막으로 태현은 본 계목을 '담타과실계談他過失戒'라고 이름하고, 본 계목의 대상을 보살계를 받은 이중(출가, 재가보살)과 성문의 이중(비구, 비구니)으로 나누어 그들을 불법 속의 대중이라고 하여 법장과 동일한 주석을 보인다.

今此戒中初門兼攝境界事門. 此中初二受菩薩戒, 後二聲聞. 俱
是內衆, 人天師故. (T40.706b05)

지금 이 계 중에는 초문과 경계사문이 겸해져 있다. 이 중
처음의 두 개는 보살계를 받은 이고, 뒤의 두 개는 성문이다.
함께 불법 속의 대중이며 인천의 스승이기 때문이다.

그리고 이러한 대중의 사람들은 만일 파계를 하였더라도 모두
외도보다 뛰어나며, 그들이 어떤 상태이든 그들을 비방하는 것은
부처의 몸에 피를 내는 것(出佛身血)보다 더한 허물이라고 한다.[28] 또
한 세간의 범부 중에 허물이 없는 이가 없기에 그것을 비방하면 그
허물은 자신에게 되돌아온다고 한다.

보살은 비방과 같은 악행을 저지르는 사람을 가엾게 여겨야 하
며, 만일 범계가 두려워 제도행을 행하지 않는다면 보살로서의 바
른 행동이 아니라고 한다.

言常生悲心者, 如菩薩地云, 憐愍惡人勝於正行. 又云, 若
憎犯戒行不饒益, 是名菩薩相似功德. 故說悲心敎化惡輩.

---

28   十輪云, 占匐花雖萎, 猶勝諸余花. 破戒諸比丘猶勝諸外道. 說出家人過. 若破戒若持戒若有戒若無戒
若有過若無過說者. 過出萬億佛身血. (T40.706b09)
『십륜경』에서 "점복(참부)의 꽃은 비록 시들었더라도 오히려 모든 다른 꽃들보다 뛰어나다. 파계
한 모든 비구는 오히려 모든 외도보다 뛰어나다. 출가인의 허물을 말하면 파계이든 지계이든 계
가 있든 계가 없든 (그의 허물을) 말하면 만억의 부처의 몸에 피를 내는 것보다 더하다."고 한다.

(T40.706b22)

'항상 비심을 낸다'고 한 것은, '보살지'에서 말하듯 악인을 가엾이 애민하는 것은 수승한 바른 행이다. 다시 말하길, 만일 범계를 싫어하여 요익되지 않은 행을 한다면, 이는 보살의 상사공덕(외견만의 공덕)이다. 그렇기에 가여워하는 마음으로 나쁜 무리를 교화하는 것을 설한다.

이상의 내용과 같이 우선 지의와 원효는 '설사중과계'의 대상을 출가, 재가보살의 사부대중으로 보지만, 법장과 태현은 보살계의 출가, 재가보살과 성문계의 비구, 비구니의 사부대중으로 본다. 즉 지의와 원효는 비구, 비구니도 출가보살로 보았으나, 법장과 태현은 보살계의 수계자와 성문을 엄격하게 나누어 논한다. 법장은 범계판단에서 원효와 유사한 견해를 보이지만, 무기심에 의한 범계는 죄이고, 제도를 위한 방편행은 무범이라고 한다. 한편 원효는 광심 등에 의한 범계는 비복비죄이고, 범계심(원인)이 결여되면 경죄라고 설명한다. 그런데 원효는 재차 '거비결과'에서 달기보살에 의한 범계는 유복비죄라고 하여, 법장과 동일하게 제도행에 의한 범계를 무범으로 본다. 또한 태현은 악행을 저지르는 사람을 보면, 그에게 애민심을 갖고 제도행을 행해야 한다고 하여, 원효와 법장과도 유사한 견해를 보인다.

7. 제7자찬훼타계第七自讚毀他戒

『범망경』 '제7자찬훼타계第七自讚毀他戒'의 본문은 다음과 같다.

若佛子. 自讚毀他, 亦敎人自讚毀他, 毀他因毀他緣毀他法毀
他業. 而菩薩應代一切衆生, 受加毀辱. 惡事自向己, 好事與他
人. 若自揚己德隱他人好事. 令他人受毀者. 是菩薩波羅夷罪.
(T24.1004c19)

너희 불자들이여, 자찬훼타(자신을 칭찬하고 타인을 비방하는 행
동)하거나, 또는 사람을 가르쳐 자찬훼타시키면 남을 비방하
는 인, 남을 비방하는 연, 남을 비방하는 법, 남을 비방하는
업이 있다. 보살은 마땅히 일체중생을 대신하여 그들의 비난
과 비방을 받아들이고 나쁜 일은 스스로 자신에게 돌리고,
좋은 일은 타인에게 주어야 한다. 만일 스스로 자신의 공덕
을 드러내고 타인의 좋은 일은 숨겨서 타인으로 하여금 비
방을 받게 한다면 이는 보살의 바라이죄이다.

이에 대해서 우선 지의는 자찬과 훼타를 동시에 범할 때 중죄가
된다고 하여, 대승의 보살과 소승의 성문에게 있어서의 범계의 차
이에 대해서 설명한다.

但菩薩利安爲本. 故讚毀罪重. 聲聞不兼物. 毀他犯第三篇, 自讚犯第七聚. (T40.573c14)

다만 보살은 (중생의) 이익과 안락을 근본으로 한다. 그렇기에 찬훼는 중죄이다. 성문은 사람들을 생각하지 않는다. 훼타는 제3편(바일제)을 범하고, 자찬은 제7취(악설)를 범한다.

대승의 보살은 무엇보다 이타를 최우선으로 하기에 자신을 칭찬하고 타인을 비방하는 행동은 중죄가 된다. 그러나 성문은 자찬과 훼타가 별개의 범계이기에 각각의 죄를 받게 된다.

지의는 '자찬훼타계'의 중죄를 이루는 요소를 '중생衆生, 중생상衆生想, 찬훼심讚毀心, 설찬훼구說讚毀具, 전인령해前人領解'의 5항목으로 나눈다. '중생'은 보살계를 받은 상하품의 중생으로 하품을 비방하면 경죄가 된다고 한다. 또한 '찬훼심'은 업의 주체로 타인을 절복시키기 위한 자찬훼타에는 찬훼심이 없기에 무범이라고 한다.

三讚毀心, 謂揚我抑他欲令彼悩. 若折伏非犯. 自讚毀心正是業主. (T40.573c21)

셋째로 찬훼심이란, 자신을 드러내고 타인을 억눌러 그를 괴롭게 하는 것이다. 만일 절복시키는 것은 범한 것이 아니다. 자찬훼(타)심은 바로 업의 주체이다.

다음으로 원효는 『사기』에서 '제7자찬훼타계'를 '자찬훼타계'와 '이찬훼계^{利讚毀戒}'라고 이름하고, 중죄를 이루는 요소를 '칠중동법상이중(七衆同法上二衆: 緣), 동계동법인상(同戒同法人想: 緣), 공정리(共淨利: 因), 향인자설(向人自說: 法), 언사료료(言詞了了: 業), 전인문지(前人聞知: 業)'의 6항목으로 나눈다. 중죄의 원인(공정리)과 계명(이찬훼계)에서 알 수 있듯이, 원효는 본 계목에서의 범계의 경중을 이익을 바라는 탐심의 유무로 판단한다. 즉 자신의 이익을 바라며 타인을 비방하면 중죄가 되고, 타인을 비방하지만 어떤 이익도 바라지 않는다면 경죄가 된다고 한다.

於中五句現意. 一者不望利, 唯自讚非毀他, 唯犯輕. 二不望利, 唯毀他非自讚, 犯輕. 三望五錢以下利, 自讚毀他, 犯輕. 四者望五錢以上利, 自讚毀他, 正犯此戒. 五者發望五錢以上利意, 擧重意過, 自讚毀他, 犯此戒及前戒二重. (X38.285b23)

5구절 중에 뜻을 나타낸다. 첫째는 이익을 바라지 않고 단지 자신을 칭찬하고 타인을 비방하지 않는다면 오직 경죄를 범한다. 둘째는 이익을 바라지 않고 단지 타인을 비방하나 자신을 칭찬하지 않는다면 경죄를 범한다. 셋째는 5전 이하의 이익을 바라며 자신을 칭찬하고 타인을 비방하면 경죄를 범한다. 넷째는 5전 이상의 이익을 바라며 자찬훼타하면 바로 이 계를 범한다. 다섯째는 5전 이상의 이익을 바라는 뜻

  범망경 보살계의 흐름

을 내어 무거운 뜻의 허물을 들며 자찬훼타하면 이 계와 앞
의 계(도계)의 두 가지 중죄를 범한다.

원효는 5전 이상의 이익을 바라며 자찬훼타하는 것을 본 계목의
중죄로 본다. 또한 그 이익을 바라는 탐심을 내며 자찬훼타를 저지
르면 본 계목뿐만 아니라 타인의 물건을 훔친 것이 되기에 '제2도
계'도 범한 것이 된다고 한다.

> 問, 何以得知, 望五錢以上利, 方犯此戒也. 答, 持地論云, 望利
> 意自讚毁他, 犯衆多犯故. 知五以下者犯輕罪, 五錢以上方犯重,
> 若有望五錢以上意, 自讚毁他者, 錢得不得, 此重戒耶. 潤法師之
> 得五錢, 方犯此重戒. 若得錢者重, 犯此及盜戒二重. (X38.285c06)

묻기를 "어떻게 아는가. 5전 이상의 이익을 바라는 것이
바로 이 계를 어기는 것을." 대답하길 "『지지론』에서 말하길
이익을 바라는 뜻으로 자찬훼타하면 수많은 죄를 범하기 때
문이다. 5전 이하는 경죄를 범하고, 5전 이상은 바로 중죄를
범하는 것을 알 것이다. 만일 5전 이상을 뜻이 있어서 자찬
훼타하면 돈을 얻든 얻지 못하든 이는 중계인 것이다. 윤법
사가 얻은 5전은 바로 이 중계를 범한 것이다. 만약 얻은 돈
이 크다면 이 계와 도계 두 가지의 중죄를 범한다."

그리고 원효는 『사분율』을 인용하여 6종류의 '자찬훼타'를 소개하며[29], 그것을 범하면 소승에서는 제3편(바일제)이 되고, 대승에서는 탐심에 의해 중죄가 된다고 한다. 이는 앞서 살펴본 지의와도 유사한 견해이나, 지의는 원효와 달리 이타의 결여를 중심으로 죄를 판단한다.

또한 범계판단에서 자비심과 광란산심狂亂散心에 의한 자찬훼타는 전부 무죄이며, 5전 이상의 이익을 바라면 중죄가 된다고 한다. 그리고 '거비결과'에서 달기보살은 선심으로 자찬훼타를 하기에 복이 되고, 산란심 등에 의한 자찬훼타는 비복비죄가 된다고 한다.

應作五句. 一由慈心故, 爲彼人令生信心, 及菩提心故, 自讚毀他者, 全無罪. 二凜生愚癡口麤人故, 無記心中自讚毀他者, 犯輕罪. 此名不染汙犯. 三由等之增恒隱故, 恨彼人故, 自讚毀他者, 亦犯輕垢罪. 此名染汙[30]犯. 四者貪五錢以上利益故, 讚毀者犯重. 五者由狂亂散心等故, 自讚毀他者, 全無罪. (X38.285c24)

마땅히 5구절을 짓는다. 첫째는 자심에 의하기에 그 사람

---

29 自讚毀他. 四分律中有六種. 一者卑姓家生. 二者行業亦卑. 三者伎術工功亦卑. 四者汝是犯過. 五汝多結使. 六者若盲若禿瞎人也. (X38.285c11)
자찬훼타는 사분율 중에 6종류가 있다. 첫째는 비천한 성의 집에서 태어났다고 하는 것, 둘째는 행동과 직업도 비천하다고 하는 것, 셋째는 기술과 솜씨도 비천하다고 하는 것, 넷째는 그대가 잘못을 범했다고 하는 것, 다섯째는 그대가 많은 업을 지었다고 하는 것, 여섯째는 장님, 대머리, 애꾸눈이라고 하는 것이다.

30 『사기』의 원문에는 '汙'으로 되어 있으나, 문맥의 의미상 '汙'이 바르다고 판단하여 본론에서는 '汙'을 사용한다.

을 위해 신심과 보리심을 내게 하기 위해서 자찬훼타하면 전부 무죄이다. 둘째는 태어날 때부터 어리석고 말이 거친 사람을 잘 다스려 기르기 위해 무기심 중에 자찬훼타하면 경죄를 범한다. 이는 불염오범(물들지 않은 범함)이라고 이름한다. 셋째는 동료의 거듭되는 잘못에 의해 항상 (자신이) 가려지기에 그 사람을 원망하며 자찬훼타하면 또한 경구죄를 범한다. 이는 염오범(물든 범함)이라고 이름한다. 넷째는 5전 이상의 이익을 탐하여 찬훼하면 중죄를 범한다. 다섯째는 미치고, 어지럽고, 산란한 마음 등에 의해 자찬훼타하면 전부 무죄이다.

원효는 『사기』 이외에도 『요기』라는 저작이 있다. 『요기』는 앞서 말한 바와 같이 '자찬훼타계'를 중심으로 범망계, 유가계, 비구계를 융합하여 대승의 보살계를 설한 저술이다. 그리고 『요기』는 법장의 『본소』에 큰 영향을 주어, 법장의 자찬훼타의 주석에 그 내용이 전면적으로 참고되었다고 한다.[31]

『요기』의 과문은 '경중문輕重門·천심문淺深門·구경지범문究竟持犯門'이다. 이 중 '경중문, 천심문'에서 원효는 자찬훼타에 의한 다양한 범계를 세분하여 설명한다. 우선 '경중문'에서는 '찬훼讚毀'에 의한

죄를 4종류로 설명한다.

讚毀有四差別. 若爲令彼赴信心故, 自讚毀他, 是福非犯. 若由放逸無記心故, 自讚毀他, 是犯非染. 若於他人, 有愛恚心, 自讚毀他, 是染非重. 若爲貪求利養恭敬, 自讚毀他, 是重非輕. (T45.918c08)

찬훼에 4가지 차별이 있다. 만일 그로 하여금 신심을 일으키게 하기 위해서 자찬훼타한다면 이는 복이며 범계가 아니다. 만일 방일과 무기심에 의해 자찬훼타한다면 이는 염오되지 않은 범계(범비염)이다. 만일 타인에게 애에심(애착과 성내는 마음)을 갖고 자찬훼타한다면 염오된 무겁지 않은 죄(염비중)이다. 만일 이양과 공경을 탐하고 원하며 자찬훼타한다면 이는 가볍지 않은 무거운 죄(중비경)이다.

이 4종류의 자찬훼타는 『사기』에서 설한 5구절의 자찬훼타와 같은 설명으로, 원효의 본 계목에 대한 범계판단의 기준을 명확하게 확인할 수가 있다.

그리고 '천심문'에서는 자찬훼타와 함께 자훼찬타自毀讚他까지도 주석하여 본 계목에 대한 다양한 범계의 예를 들어 한층 상세한 설명을 하고 있다.

4가지 구절로 판단한다는 것은 혹은 자훼찬타는 복이며 자찬훼타는 죄이다. 혹은 자훼찬타는 죄이고 자찬훼타는 복이다. 혹은 자신을 비방하고 타인을 칭찬하거나, 자신을 칭찬하고 타인을 비방한다면, 혹은 죄이거나 혹은 복이다. 혹은 자신을 비방하고 타인을 칭찬하는 것이 아니고 자신을 칭찬하고 타인을 비방하는 것도 아니라면 혹은 복이거나 혹은 죄이다.

이 '천심문'의 4구절은 자찬훼타계에 대해 가장 상세하게 설명된 주석이다. 처음의 '자훼찬타시복自毁讚他是福, 자찬훼타시죄自讚毁他是罪'는 중생을 대신해 자신이 비방을 받고, 중생에게는 칭찬을 준다면 그러한 자훼찬타는 복이 된다. 그러나 자신이 칭찬을 받기 위해 타인을 비방한다면 그러한 자찬훼타는 죄가 된다. 제2구절의 '자훼찬타시죄自毁讚他是罪, 자찬훼타시복自讚毁他是福'은 상대를 칭찬하면 상대도 자신을 칭찬하기에 그것을 교묘하게 악용한 자훼찬타는 중죄가 된다. 상대가 잘못된 법에 집착하고 있는 것을 바르게 인도하기 위해 자찬훼타한다면 복이 된다. 제3구절의 '약훼찬약찬훼若毁讚若讚毁, 혹죄혹복或罪或福'은 자신의 장점을 단점이라고 비방하고, 상대의 단점을 장점이라고 칭찬하여(자훼찬타), 결국에 자신의 (장점을 숨긴) 단점을 좋은 것으로 보이게 하고, 상대의 (단점을 거짓으로 말한) 장점을 잘못된 것으로 보이게 한다면(자찬훼타) 죄가 된다. 그러나 자신의 잘못을 스스로 반성하고 타인의 좋은 점을 칭찬하는 자훼찬타와 자신의 바른 점을 칭찬하고 타인을 바르게 인도하기 위해 비방하는 자찬훼타는 복이 되는 것이다. 마지막 구절의 '비훼친비찬훼非毁讚非讚毁, 혹복혹죄或福或罪'는, 보살은 허물과 복, 자신과 타인 등을 구별하지 않고, 사려와 행동에 찬훼가 없기에 그러한 보살의 비훼찬비찬훼는 복이 된다. 그러나 어리석은 자는 선과 악, 바른 것과 바르지 않은 것 등을 구별할 수 없기에 그러한 어리석은 자의 비훼찬비찬훼는 죄가 된다.

이처럼 원효는 『요기』의 '경중문, 천심문'에서 상세한 자찬훼타의 범계를 제시하여 보다 바른 범계판단이 가능하도록 주석하였다.

다음으로 법장은 자찬훼타계의 중죄의 구연을 '정경正境, 기피상起彼想, 작찬훼의作讚毁意, 위명이등爲名利等, 정가훼찬正加毁讚, 전인령찬수훼前人領讚受毁'의 6항목으로 나눈다. '궐연闕緣'의 '정경'에서는 자신의 이익을 위해 찬훼를 범하는 행동 자체를 죄로 보고, 자찬이나 훼타 중 어느 것이라도 범하면 중죄가 된다고 한다. 이는 앞서 살펴본 지의와 상반되는 주석으로, 지의는 본 계목은 자찬과 훼타를 동시에 범할 때 중죄가 된다고 한다.

‘작찬훼의’의 결여에 대해서는, 중생을 제도하기 위해 자비심으로 범한 자찬훼타는 범계심이 없기에 무범이라고 한다. 그러나 훼타심을 갖지 않고 타인을 위해 자찬훼타하였으나, 그것이 오히려 상대에게 번뇌를 생기게 했다면 중방편죄重方便罪가 된다고 한다.

‘위명이등’의 결여에 대해서는 자신의 명예와 이익을 위해 찬훼하거나, 공경심도 없으면서 교묘하게 찬훼를 악용한다면 중죄이며, 중생을 이익되게 하기 위해 찬훼한다면 무범이라고 한다. 이는 원효의 『요기』와 유사한 견해로서 앞서 살펴본 ‘천심문’에서 설명된 자찬훼타와 자훼찬타의 예를 정리한 듯한 내용이다.

> 闕第四緣有三. 一単名単利俱重等, 恭敬門徒等, 理亦應重. 二依慢心以無爲得重方便. 三爲益衆生, 理應不犯. (T40.628a13)

제4연(위명이등)의 결여에 3가지가 있다. 첫째는 단명단리(명예나 이익만을 구하는 것)는 전부 중죄이고, 문도를 공경하는 것 등도 이치로서 또한 마땅히 중죄이다. 둘째로 만심(교만한 마음)에 의해 (상대를 위한 마음이) 없이 (이익을) 얻는다면 중방편죄이다. 셋째는 중생을 이익되게 하기 위해서라면 이치로서 범한 것이 아니다.

‘경중輕重’의 ‘약심約心’에서는 원효의 『요기』의 4구절과 『사기』의 5구절에 설해진 자찬훼타의 내용과 매우 유사한 형태로 본 계목에서의 범계의 예를 설명한다.

五約心者有四. 一若爲令他起信心故, 讚自毀他, 是福非犯. 二若由放逸無記心犯, 是犯非染汚. 三若於他人有愛恚犯, 是染汚非重. 四爲貪名聞利養恭敬, 是重非輕. (T40.628b22)

다섯째로 마음에 의거하면 4가지가 있다. 첫째는 만일 타인에게 신심을 일으키게 하기 위해 찬자훼타한다면 이는 복이며 범한 것이 아니다. 둘째로 만일 방일과 무기심에 의해 범한다면 이는 범한 것이나 염오된 것은 아니다. 셋째로 만일 타인에 대해 애에심(애착과 성내는 마음)이 있어 범한다면 이는 염오된 것이나 중죄는 아니다. 넷째로 명문, 이양, 공경을 탐하기 위한 것이라면 이는 가볍지 않은 중죄이다.

중생제도를 위한 선심으로 범한 자찬훼타는 복이지만, 자신의 이익을 위해 범한 자찬훼타는 중죄이다. 그러나 법장도 원효와 같이 방일이나 무기심의 상태에서의 자찬훼타를 죄로 보며 다른 계목과는 다른 범계판단을 보인다.

또한 '통국'의 '통'에서는 보살이 자찬과 훼타를 반드시 행하지 않으면 안 되는 상황을 제시하여 바른 자찬훼타행을 설명한다. 우선 '자찬'에 대해서는, 자신이 수행하고 있는 정법을 다른 이에게 알려 주기 위해서 자찬하는 경우, 중생으로 하여금 신심을 일으키게 하기 위해서 자찬하는 경우, 이미 불교를 믿고 있는 이의 신심을 더욱 증장시키기 위해서 자찬하는 경우는 무범이며, 오히려 자찬하지 않으면 죄가 된다고 한다.

다음으로 '훼타'에 대해서는, 타인의 잘못된 수행(邪道), 집착하는 견해(執見), 바르지 못한 행동(惡行)을 그치게 하기 위해서 훼타한다면 무범이며, 오히려 훼타하지 않으면 죄가 된다. 즉 보살은 중생을 이익되게 하기 위해 자신을 희생하며 범계행을 하였어도, 그로 인해 중생을 바르게 인도할 수 있다면 그 범계행은 오히려 무범이며 복이 되는 것이다.

마지막으로 태현은 자찬훼타의 중죄는 자찬과 훼타를 동시에 범한 경우에 성립되며, 나누어 범한 경우는 경죄가 된다고 한다. 이는 지의와 같은 견해로 태현도 이타심의 결여를 본 계목에서의 죄로 본다.

> 第二釋文中, 違犯相者, 如經口自讚毀他. 必有讚毀方重罪故, 別讚別毀別得兩輕. (T40.706c06)

제2석문 중 위범의 상이란, 경에서 말하듯 입으로 자찬훼타하는 것이다. 반드시 찬과 훼가 있어서 비로소 중죄이기에 따로 칭찬하거나 따로 비방한다면 별개의 두 가지 경죄를 받는다.

菩薩本願利他爲心. 引好推惡失壞大乘. (T40.706c15)

보살의 본원은 이타를 마음으로 한다. 좋은 일을 (자신에게) 끌어오고 나쁜 일을 (타인에게) 미룬다면 대승을 실괴하게 된다.

대승의 보살은 중생을 이롭게 하기 위한 이타심에 의해 제도행을 하는 존재임에도 불구하고 중생에게 해를 입힌다면 보살로서의 본원을 잃은 것이다. 또한 태현은 원효와 법장과 같이 자찬훼타를 범해 이익을 얻은 것을 구경으로 보고 만일 어떤 이익도 바라지 않고 범한다면 상대에 대한 화가 구경이 된다고 한다.

瑜伽云. 爲欲貪求利養恭敬自讚毀他, 是名第一他勝處法. 是即多分以貪究竟, 若無所得但由嫉妒. 以瞋究竟. (T40.706c12)

『유가론』에서 "이양과 공경을 탐하기 위해 자찬훼타한다면 이는 제1타승처법(바라이)"이라고 한다. 이것은 즉 탐욕을 주된 구경으로 하지만, 만일 얻는 것이 없이 단지 질투에 의한다면 화를 내는 것을 구경으로 한다.

이상의 내용과 같이 네 사람은 '제7자찬훼타'의 주석에서 다소 다른 견해를 보인다. 우선 지의와 태현은 똑같이 보살의 이타심의 결여를 죄의 원인으로 보고, 자찬과 훼타를 동시에 범하면 중죄가 된다고 한다. 태현의 경우는 이익을 탐하는 것도 거론하고 있으나,

탐심이 없더라도 상대에 대한 화내는 마음에 의해 범할 수 있다고 하여, 보살의 이타심의 결여를 가장 중요한 원인으로 본다. 한편 원효와 법장은 탐심을 갖고 자찬훼타하는 것을 중죄로 본다. 또한 법장은 자찬이나 훼타 중 어느 것이라도 범하면 중죄가 된다고 한다. 원효는 『사기』와 『요기』에서 자찬훼타계에 대해서 상세하게 주석한다. 중생을 이롭게 하기 위해 자찬훼타한다면 무죄이고 복이 되지만, 이전의 계목과는 다르게 방일과 무기심의 범계는 번뇌에 염오되지 않은 경죄가 된다고 한다. 그러나 광란심 등의 범계는 무죄로 본다. 원효의 이러한 범계판단은 법장에게 큰 영향을 주어 『본소』의 '경중'과 '통국'에 거의 동일한 형식으로 인용된다.

8. 제8간석가훼계第八慳惜加毁戒

『범망경』 '제8간석가훼계第八慳惜加毁戒'의 본문은 다음과 같다.

若佛子. 自慳, 敎人慳, 慳因慳緣慳法慳業. 而菩薩見一切貧窮人來乞者, 隨前人所須一切給與. 而菩薩以惡心瞋心, 乃至不施一錢一針一草, 有求法者, 不爲說一句一偈一微塵許法, 而反更罵辱者, 是菩薩波羅夷罪. (T24.1004c24)

너희 불자들이여, 스스로 인색하거나, 사람을 가르쳐 인색하게 한다면, 인색한 인, 인색한 연, 인색한 법, 인색한 업이 있다. 보살은 모든 빈궁한 사람이 찾아와 구걸하는 것을 보면, 앞 사람이 필요로 하는 것에 맞추어 모든 것을 주어야 한다. 그럼에도 보살에게 나쁜 마음과 화내는 마음으로 내지 돈 한 푼, 바늘 하나, 풀 한 포기조차도 주지 않고, 법을 구하는 이에게 한 구절, 한 게송, 한 티끌만큼의 법조차도 설해 주지 않고, 오히려 꾸짖고 욕한다면 이는 보살의 바라이죄이다.

이에 대해서 우선 지의는 '간석가훼계'의 의미를 간석은 애착하여 인색한 것이고, 가훼는 몸과 입으로 욕하는 것이라고 한다. 이 간석가훼계는 대승보살에게 해당되는 것으로 보살은 이타행의 서원을 하였기에 본 계목을 범하면 중죄가 된다. 그러나 성문은 단지 제자에게 법을 알려 주지 않는다면 제7취^(惡說)를 범하게 된다고 한다.

지의는 본 계목의 중죄를 이루는 요소를 '중생^{衆生}, 중생상^{衆生想}, 간훼심^{慳毁心}, 시간상^{示慳相}, 전인령해^{前人領解}'의 5항목으로 나눈다. 대상인 '중생'은 상중품의 중생으로 하품중생은 경죄가 된다고 한다. 범계의 원인인 '간훼심'에 대해서, 우선 법이나 재물을 받는 것에 마땅하지 않은 자가 와서 그것을 바랄 때, 그를 바르게 이끌어 주기 위해 혼내고 욕한다면 그 범계행에는 '간훼심'이 없기 때문에 무범이라고 한다. 또한 자신이 '간훼심'을 갖고 범한 것이 아니라, 타인에 의해 조종되어 자신의 의지와 상관없이 범하게 된다면 경구죄가 된다고 한다.

> 三慳毁心. 謂惡瞋悋惜財法, 而加打罵是犯. 若彼不宜聞法得財, 宜見訶辱皆不犯. 自慳自毀正是業主. 犯輕垢以前人敎, 不犯我故. (T40.574a09)

> 셋째는 간훼심이다. 악한 마음으로 화를 내며 재물과 법을 아끼고, 때리고 욕하기까지 한다면 범한 것이 된다. 만일 그가 법을 듣고 재물을 얻는 것이 마땅하지 않아서 마땅히 꾸짖음과 욕을 당하였다면 모두 범한 것이 아니다. 스스로 인색하고 스스로 헐뜯는 것은 바로 업의 주체이다. 경구죄를 범하는 것은 앞 사람에게 배워서 한 것으로 자신이 범한 것이 아니기 때문이다.

이처럼 보살은 간훼심을 지니지 않고 항상 중생을 이익되게 해야 한다. 그러나 재가보살의 경우는 세속의 생활을 하기 위해서 자신의 모든 것을 보시할 수가 없다. 그렇기에 지의는 『결정비니경決定毘尼經』을 인용하여 보살을 출가, 재가, 득인(得忍: 인욕을 성취한)보살의 3종류로 나누고, 그 중 재가(범부)보살은 자신의 상황에 맞춰 보시해야 한다고 설명한다.

決定毘尼經云, 在家菩薩應行二施. 一財二法. 出家菩薩行四施. 一紙二墨三筆四法. 得忍菩薩行三施. 一王位二妻子三頭目皮骨. 當知凡夫菩薩隨宜惠施. (T40.574a16)

『결정비니경』에서 말하길, "재가보살은 2가지를 보시해야 한다. 첫째는 재물, 둘째는 법이다. 출가보살은 4가지 보시를 행해야 한다. 첫째는 종이, 둘째는 먹, 셋째는 붓, 넷째는 법이다. 득인보살은 3가지 보시를 행해야 한다. 첫째는 왕위, 둘째는 부인과 자식, 셋째는 머리, 눈, 피부, 뼈이다. 마땅히 알아야 한다. 범부보살은 상황에 맞춰서 베풀고 보시해야 한다.

다음으로 원효는 간석가훼계의 범계를 가난한 이에게 보시하지 않는 행동으로 보고, 만약 가난한 이를 부자라고 생각하거나 오해해서 보시하지 않는다면 중죄가 된다고 한다. 그러나 본래 부자인 사람을 가난한 사람이라고 생각하거나 오해하여 보시하지 않으면 앞선 내용과 달리 경죄가 된다고 한다.

自慳中有五句. 一貧人貧人想犯重[32]. 二者貧人富人疑犯重. 三者貧人富人想者. 若約轉想者, 約前心爲輕垢罪. 若本迷者, 始終中唯富人迷者, 全無罪. 四富人而貧人想輕. 五富人而貧人疑亦犯輕垢. (X38.286a13)

자간(스스로 인색함) 중에 5구절이 있다. 첫째는 가난한 사람을 가난한 사람으로 생각하면 중죄를 범한다. 둘째는 가난한 사람을 부자로 오해하면 중죄를 범한다. 셋째는 가난한 사람을 부자로 생각하는 것이다. 만일 생각이 바뀌면 앞의 마음에 의해 경구죄가 된다. 만일 본래 몰랐다면 처음부터 끝까지 부자라고 생각한 것이기에 전부 무죄이다. 넷째는 부자를 가난한 사람으로 생각하면 경죄이다. 다섯째는 부자를 가난한 사람으로 오해하면 또한 경구죄를 범한다.

원효는 본 계목의 중죄를 이루는 요소를 '빈고중생(貧苦衆生: 緣), 빈고상(貧苦想: 緣), 자유재진(自有財珍: 法), 간석심(慳惜心: 因), 불여재법내지일전일구(不與財法乃至一錢一句: 業), 훼욕(毁辱: 業)'의 6항목으로 나눈다. 법의 '자유재진'은 자신에게 재산이 없으면 타인에게 보시하는

것을 아까워할 수 없기 때문이다. 인의 '간석심'은 지의의 설명과 같이 제도행을 위한 범계라면 악한 마음이 없기에 무범이 된다. 또한 '거비결과'의 '달기보살'도 간석심을 갖지 않은 채로 중생을 제도하기에 복이 된다. 그리고 '비복비죄'에서 상대를 한결같이 부자라고 생각해 무엇도 보시하지 않는다면 무엇도 주지 않았기에 비복이며, 부자라고 생각했기에 비죄라고 설명한다.

다음으로 법장은 '간석가훼계'를 '고간계故慳戒'라고 이름하며 '제7자찬훼타계'와의 차이에 대해서 '자찬훼타계'는 아직 얻지 않은 명예와 이익을 구하는 것에 대해 잘못이 있고, '간석가훼계'는 이미 자신이 가지고 있는 것을 아끼는 것에 대해 잘못이 있다고 한다.

본 계목의 중죄를 이루는 요소에 대해서는 우선 '자간自慳, 교타教他, 수희隨喜, 찬간讚慳'의 4항목으로 나눈 뒤, '자간'의 부분에서 다시 '자유재법自有財法, 걸자현전乞者現前, 구전이상具前二想, 기간악심起慳惡心, 대연정위對緣正違, 전인공회前人空迴'의 6항목을 추가한다. '자유재법'은 원효의 설명과 같이 자신에게 재산이나 법이 없다면 아낄 수가 없기에 죄가 성립되지 않는다. 그러나 법장은 '자유재법'이 결여된 경우는 중생에게 보시할 수 있는 것이 없는 것을 속상해하며 그것을 얻기 위해 수행정진하는 것이라고 한다. 또한 자신에게 재물이 없음에도 불구하고 상대가 무리하게 요구하여 그 상대에 대해 혐오심을 일으킨다면 중죄가 되고, 또한 '제9진타결한계第九瞋打

結恨戒’도 범한 것이 된다고 한다.

闕初緣有三義. 一若彼全無一針一草可施與者, 應以善言深心垂淚慰謝乞者. 仍作是念, 我今薄福不能果遂眾生所願. 是我罪咎. 我當精勳修行令願成滿. 即如言勸勇. 是謂不犯. 二若恃自無物, 慢心不謝, 而無愧悔, 應得小罪. 三若爲乞人不信其無, 頻頻抑索, 遂起嫌心, 即犯中罪. 若便起嗔即犯後瞋戒. (T40.630a15)

처음 연(자유재법)을 결여하는 것에 3가지 뜻이 있다. 첫째는 만일 그에게 바늘 하나 풀 한 포기도 줄 만한 것이 전혀 없다면 선한 말과 깊은 마음으로 눈물을 흘리며 구걸하는 이에게 위로하고 사죄해야 한다. 거듭 이러한 생각을 내어 ‘나는 지금 박복하여 중생의 바람을 이루어 줄 수가 없다. 이는 나의 죄의 허물이다. 나는 마땅히 부지런히 수행정진하여 (중생의) 바람을 성취시켜야 한다.’고 생각한다. 즉 서원과 같이 용맹정진한다면 이는 범한 것이 아니다. 둘째는 자신에게 재물이 없는 것을 믿고 교만한 마음으로 사죄하지 않고 게다가 부끄러워하지 않고 참회하지 않는다면 마땅히 소죄小罪를 얻게 된다. 셋째는 만일 구걸하는 사람이 재물이 없는 것을 믿지 않고, 빈번하게 억지로 요구하여 마침내 싫어하는 마음을 일으키면 즉 중죄中罪를 범하게 된다. 만일 바로 화를 낸다면 즉 뒤의 ‘진계’도 범하게 된다.

죄의 원인인 '기간악심'의 결여에 대해서, 자비심으로 상대를 조복하여 제도하기 위한 범계는 무죄이나, 무기심으로 범한다면 방편죄가 된다고 한다.

'치행治行'에서는 대승보살의 근본은 이타이며, 이타행의 기본은 보시이기에, 보살로서 보시해야만 하는 10종의 보시행을 설명한다. 또한 '통국'에서는 『유가론』39권을 인용하여 상황에 따라 보시하지 않아도 죄가 되지 않는 30종의 예외를 제시하여 상대에게 준 보시가 오히려 해가 되는 것을 방지하고 있다.

마지막으로 태현은 본 계목을 '간생훼욕계慳生毀辱戒'라고 이름한다. 그리고 제정 이유를 보살의 서원은 중생을 위해서이며, 보살의 몸조차도 중생에게 속해져 있기에, 보살로서 보시를 하지 않는 것은 그 근본을 어기는 것이라고 한다. 그러나 이 보시행은 그로 인해 중생에게 이익이 생긴다고 판단될 때 주어야 하며, 재물 등의 보시는 잘못되면 중생을 깊은 악취에 떨어뜨릴 수 있기에 주의해야 한다고 설명한다.

菩薩地云, 見有勝利而來乞者, 方應施與. 欲以財攝易化導故. 若無利益, 設有安樂不應施與. 何以故. 若施彼時. 雖暫令彼於菩薩所心生歡喜. 而後令彼廣作種種不饒益事. 謂因施故. 令彼多行憍逸惡行, 身壞已後墮惡趣故. (T40.706c26)

‘보살지’에서 말하길 “와서 구걸하는 이에게 수승한 이익이 있는 것을 본다면 마땅히 보시를 주어야 한다. 재물로 포섭하려 한다면 쉽게 교화할 수 있기 때문이다. 만일 이익이 없다면 비록 안락이 있더라도 보시하지 말아야 한다. 왜냐하면 만일 그에게 보시할 때 잠시 동안 그로 하여금 보살에 대한 환희심을 생기게 하지만, 뒤에 그로 하여금 갖가지 이익되지 않은 일을 저지르게 하기 때문이다. 예를 들어 보시로 인해 그로 하여금 많은 교만과 악행을 짓게 하여 몸이 다하여 죽은 뒤에 악취에 떨어지게 하기 때문이다”라고 한다.

그리고 출가보살이 재물보시를 하면 다른 선행을 방해하는 것이 되기에 출가보살은 법을 보시하고 재가보살은 재물을 보시해야 한다고 하여, 각자의 상황에 맞는 보시행을 제시한다. 또한 법보시의 경우는 자신이 얻은 지혜가 수승한 것이 아니면 보시해서는 안 된다고 하여, 잘못된 가르침에 의해 중생을 바르지 않은 길로 이끄는 것을 방지하고 있다.[33]

如十住論云, 出家之人若行財施則妨余善. 必多事故. 故於出家稱讚法施, 於在家者稱讚財施. (T40.707b04)

---

[33] 菩薩地云, 不求勝智不應施與. (T40.707b15)
보살지에서 말하길, “수승한 지혜를 구하는 것이 아니라면 마땅히 보시를 주어서는 안 된다”고 한다.

『십주비바사론十住毘婆沙論』에서 말하듯, 출가한 사람이 만약 재물보시를 행한다면 즉 그 밖의 선을 방해한다. 반드시 많은 일이 있기 때문이다. 그렇기에 출가한 사람에게는 법보시를 칭찬하고, 재가자에게는 재물보시를 칭찬한다.

또한 태현은 『결정비니경決定毘尼經』을 인용하여 출가, 재가, 득인 보살이 보시해야 하는 것에 대해서 논한다.[34] 이는 앞서 살펴본 지의도 인용한 내용으로, 두 사람은 같은 견해를 갖고 보살의 보시행을 설명한다.

그리고 본 계목의 범계에 대해서 『유가론』을 인용하여 재물을 원하는 사람에 대해 싫어하는 마음과 화내는 마음을 갖고 보시하지 않는다면 번뇌에 염오된 죄라고 한다. 그러나 방일 등의 상태에서 보시하지 않는다면 그것은 번뇌에 염오되지 않은 죄라고 한다. 또한 보시하지 않아도 죄가 되지 않는 5종류의 물건을 제시하여 본 계목에서의 범계의 예외를 제시한다.

瑜伽論云, 現有資財有來求者. 懷嫌恨心懷恚惱心不施染犯. 若

34　決定毘尼經云. 在家菩薩應行二施. 一財二法. 出家菩薩應行四施. 一紙二墨三筆四法. 得忍菩薩應行三施. 一王位二妻子三頭目皮骨. (T40.707b06)
『결정비니경』에서 말하길, "재가보살은 두 가지 보시를 행해야 한다. 첫째는 재물, 둘째는 법이다. 출가보살은 네 가지 보시를 행해야 한다. 첫째는 종이, 둘째는 먹, 셋째는 붓, 넷째는 법이다. 득인보살은 세 가지 보시를 행해야 한다. 첫째는 왕위, 둘째는 부인과 자식, 셋째는 머리, 눈, 피부, 뼈이다"라고 한다.

『유가론』에서 말하길, "현재 재물이 있고, 와서 구하는 이가 있음에도 싫어하고 한탄하는 마음과 성내고 번뇌하는 마음으로 보시하지 않는다면 염오되게 범한 것이다. 만일 게으르고 방일한 것이라면 염오되지 않은 위범이다. 무위범은 만일 보시할 것이 없거나 또는 마땅하지 않은 것을 요구하거나, 또는 그를 조복하기 위해서이거나, 또는 그것이 왕에게 마땅하지 않은 것이거나, 또는 승가의 제도를 지키기 위한 경우이다"라고 한다.

이상의 내용과 같이 네 사람은 '제8간석가훼계'에서 보살의 적절한 보시행을 말하고 있다. 상대를 따지지 않고 무분별적으로 재물 등을 보시하는 것이 아니라, 그 보시에 의해 상대에게 수승한 이익이 생긴다고 판단될 때 보시해야 한다고 설명한다. 그리고 보시에 마땅하지 않은 사람이나 무리하게 물건을 요구하는 사람 등에게 보시하지 않는 것은 오히려 그를 위한 것이기에 무범이라고 한다. 또한 네 사람은 보시행에 있어서 자신의 상황에 맞춰서 보시하는 것을 강조한다. 만일 자신이 가지고 있는 것이 없어서 보시할 수 없다면 그것은 무범이라고 하여 자신의 상황이나 능력에 맞지 않게 보시하는 것을 제지한다.

9. 제9진심불수회계第九瞋心不受悔戒

『범망경』 '제9진심불수회계第九瞋心不受悔戒'의 본문은 다음과 같다.

若佛子. 自瞋, 敎人瞋, 瞋因瞋緣瞋法瞋業. 而菩薩應生一切衆生中善根無諍之事, 常生悲心. 而反更於一切衆生中, 乃至於非衆生中, 以惡口罵辱, 加以手打, 及以刀杖, 意猶不息, 前人求悔善言懺謝, 猶瞋不解者, 是菩薩波羅夷罪. (T24.1005a05)

너희 불자들이여, 스스로 화내거나, 사람을 가르쳐 화내게 하면, 화내는 인, 화내는 연, 화내는 법, 화내는 업이 있다. 보살은 마땅히 일체중생 중에서 선근의 다툼없는 일을 내어야 하고, 항상 자비심을 내어야 한다. 그럼에도 오히려 일체중생 중에, 내지 중생이 아닌 것들 중에, 악한 입으로 꾸짖고 욕하거나, 또는 손으로 때리거나, 칼이나 몽둥이로 때리며, 화내는 마음을 쉬지 않고, 앞의 사람이 참회를 구하며 좋은 말로 뉘우치고 사죄하여도 여전히 화를 풀지 않는다면 이것은 보살의 바라이죄이다.

이것에 대해서 우선 지의는 상대의 참회를 받지 않는 것은 이타행을 하는 보살로서의 도리가 아니기에 중죄가 된다고 한다.

지의는 본 계목의 중죄가 되는 요소를 '중생衆生, 중생상衆生想, 진격심瞋隔心, 시불수상示不受相, 전인령해前人領解'의 5항목으로 나눈다. 대상인 '중생'은 앞의 계목과 마찬가지로 상·중품중생이고, 하품 중생에 대한 범계는 경죄라고 한다. '진격심'은 상대와 화해하려고 하지 않으면 중죄를 범하지만, 그 상대가 아직 자신의 화해를 받아 들일 준비가 되지 않은 것을 알고 고의로 화해하지 않는다면 무범 이라고 한다. '시불수상'은 상대의 화해를 받지 않기 위해서 그와 만나지 않거나, 화해를 받지 않겠다고 입으로 말한다면 이타심이 없는 행동이기에 중죄가 된다. '전인령해'에서는 '진격심'의 설명 과는 반대로 상대가 자신의 화해를 받지 않으려는 것을 알고, 몸과 입으로 그에게 강요하면 신업과 구업에 의해 중죄가 된다고 한다.

三隔瞋心者, 不欲和解犯重. 知彼未堪受悔不犯. 四示不受相, 或關閉斷隔發口不受. 五前人領解, 知彼不受, 身口加逼之苦, 隨 身口業多少結重. (T40.574a29)

셋째로 격진심이란 화해하려고 하지 않으면 중죄를 범한다. 그가 아직 참회를 받아들이지 못하는 것을 알면 범한 것이 아니 다. 넷째로 시불수상(받지 않는 모습을 보는 것)이란 혹은 문을 잠그 거나, 떨어져 있거나, 입으로 참회를 받지 않겠다고 하는 것이 다. 다섯째로 전인령해(앞사람이 이해하는 것)란 그가 (자신의 참회를) 받아들이지 못하는 것을 알아서 몸과 입으로 핍박의 고통을 준 다면 몸과 입의 업의 많고 적음에 따라 중죄를 맺게 된다.

다음으로 원효는 본 계목을 '진타결한계瞋打結恨戒'와 '진불수회계
瞋不受悔戒'라고 이름하고, 본 계목의 중죄를 이루는 요소를 '인(人:
緣), 인상(人想: 緣), 기진에(起瞋恚: 因), 출추어(出麤語: 法), 수장타박(手杖打
拍: 法), 불수참사(不受懺謝: 業), 결한불사(結恨不捨: 業)'의 7항목으로 나눈
다. 인의 '기진에'는 상대에게 화내는 것이고, 법의 '출추어, 수장타
박'은 상대에게 욕설과 폭력을 가하는 것이다. 즉 원효는 앞의 지의
와는 다소 다른 견해를 보이며 상대에게 화를 내며 그의 참회를 받
지 않고, 동시에 그에게 욕설과 폭력을 가하면 본 계목의 중죄가 된
다고 보는 것이다. 지의도 신업과 구업에 대해서 논하고 있으나, 원
효는 참회를 받지 않는 것뿐만 아니라, 반드시 욕설과 폭력도 함께
가해지지 않으면 본 계목의 중죄가 성립되지 않는다고 한다.

持地論云, 出惡口, 執木石, 杖打拍等, 而犯衆多犯. 故知若不結
恨, 不捨者, 唯輕垢罪, 非重. 於中身業中執杖, 亦口業中出惡口.
故方成重. 若唯出惡口. 瞋結恨不捨. 向身業中不執杖打等者. 唯
輕非重. (X38.286b13)

『지지론』에서 말하길, "욕설을 뱉고 나무나 돌이나 몽둥이
를 집어서 때리는 것 등은 많은 범계를 범한다"고 한다. 그
렇기에 만일 원한을 맺지도 않고 버리지도 않는다면 단지
경구죄이며 중죄가 아닌 것을 알 것이다. 신업 중에 몽둥이
를 집고, 또한 구업 중에 욕설을 뱉는다. 따라서 마땅히 중죄

가 되는 것이다. 만약 단지 욕설만을 뱉고 성냄을 지어 원한을 버리지 못했다 하더라도, 신업 중에 몽둥이를 집어 때리지 않았다면 단지 경죄이며 중죄는 아니다.

'거비결과'에서는 '달기보살'의 범계행은 오직 복이며 죄가 아니라고(유복비죄) 하며, 광란심과 같은 정상이 아닌 상태에서의 범계는 복도 죄도 아니라고(비복비죄) 한다.

다음으로 법장은 본 계목을 '고진계故瞋戒'라고 이름한다. 즉 법장은 본 계목의 범계를 타인에게 화내는 것으로 본다. 화는 번뇌 중에 가장 무겁고 삼악도의 원인이 되어 선업을 멸한다고 설명한다. 또한 『화엄경』을 인용하여 어떤 악법이라도 보살이 한 번 화를 내는 것보다 심한 것은 없다고 한다.[35]

법장은 중죄를 이루는 요소를 '대위경對違境, 기피상起彼想, 불금심不禁心, 기진起瞋, 타매打罵, 전인래사진유불해前人來謝瞋猶不解'의 6항목으로 나눈다. 법장도 원효와 같이 '기진'의 심업(의업)과 '타매'의 신, 구업을 갖추면 중죄가 된다고 판단한다. 그러나 법장은 심업을 보다 중시하여, 심업에 의한 범계는 모두 중죄가 되지만, 신, 구

---

35 華嚴經廣引. 又云我不見有一惡法出過菩薩一瞋心者. (T40.631c29)
   『화엄경』에서 널리 인용하였다. 다시 (『화엄경』에서) 말하길 "나는 어떤 한 악법이라도 보살이 한 번 화내는 마음을 내는 것보다 심한 것을 본 적이 없다"고 한다.

업에 의한 범계는 중방편죄나 경죄가 되는 경우도 있다고 한다. 즉 법장은 화를 내는 심업이 원인으로 신, 구업도 일어나는 것이기에 그 심업에 의한 범계야말로 중죄라고 판단한다.

闕初緣者有三. 謂有情相差, 若非情相差, 若情非情相差. 若望心或俱重, 直對身口有輕. 次闕第二緣亦有三. 謂本迷轉想及疑. 約心俱重, 身口有輕. (T40.632a08)

처음 연(대위경)의 결여에는 3가지가 있다. 말하자면 유정이 바뀌거나, 비정이 바뀌거나, 유정, 비정이 바뀌는 것이다. 만일 마음으로 바라면 모두 중죄가 되기도 하고, 몸과 입만으로 대하면 경죄가 되기도 한다. 다음으로 제2연(기피상)의 결여에는 다시 3가지가 있다. 말하자면 본래 몰랐거나, 생각이 바뀌거나, 의심하는 것이다. 마음에 의거하면 모두 중죄이고, 몸과 입이라면 경죄가 되기도 한다.

법장은 본 계목에서 화내는 마음(瞋心)을 모든 허물의 원인으로 보고 무엇보다 엄격하게 금지시킨다. 이러한 견해는 '통국'에도 나타나 있다. 종래의 계목에서는 '통'이라는 예외조항을 두어 범계에 대한 무범을 설명하였으나, 본 계목에 한해서는 '통'을 생략하고 있다. 이는 화가 불도수행을 방해하는 허물 중에 가장 심한 것이기 때문이다. 그러나 보살도 화를 내는 경우가 있는데, 이는 단순히 분노심에 의한 화가 아닌 모든 번뇌를 꾸짖기 위해서라고 한다. 즉 법장은 '통'의 예외조항은 논하지 않지만, 원효의 '달기보살'과 같이 보살이 화를 내는 것은 분노심에 의한 것이 아니라 이타행을 위해서라고 보며 예외조항과 같이 다루고 있다.

제9의 통국은 다른 계는 모두 열어 주는 것이 있으나, 이 계만은 없다. 화는 도를 장애하는 허물이 심하기 때문이다. 만일 항상 대치(지혜로 번뇌를 부수는 수행)를 수행하지만 단지 다른 경계의 허물이라고 잘못 생각한다면 『유가론』에 준하면 범한 것이 아니다. 다시 열어 주는 곳이 없다. 만일 비밀에 의하면 『양론』 중에 "보살도 또한 화를 내는데 모든 번뇌를 꾸짖기 위해서이다"라고 한다.

'석문'에서는 화의 대상을 유정과 비정이라고 하여,[36] 지의, 원효와는 달리 반드시 중생이나 사람이 아니어도 화내는 마음을 갖고 상대에게 화를 낸 행동을 가장 중시하고 있는 것을 확인할 수 있다.

---

36 明瞋境. 謂情與非情二境也. (T40.633a19)
    화의 경계를 밝힌다. 말하자면 (유)정과 비정의 두 가지이다.

마지막으로 태현은 본 계목을 '진불수사계瞋不受謝戒'라고 하여, 대
승보살은 이타의 서원에 의해 보살이 되기에 화는 그 대비심을 방
해하는 근본중죄라고 한다. 또한 그 화는 보살이 죄를 범하는 원인
이라고 하여, 앞서 살펴본 법장과 같이 본 계목의 범계로서 보살이
화를 내는 것을 가장 중시한다.

> 菩薩誓捨二乘涅槃, 但以憐愍有情界故, 瞋障大悲爲根本重. 如
> 世尊說, 是諸菩薩多分應與瞋所起犯. 非貪所起. (T40.707b28)

보살은 이승의 열반을 버리겠다고 서원하여, 오직 유정의
세계를 연민할 뿐이기에 화를 내는 것은 대비심을 막는 근
본중죄이다. 세존이 말씀하시길 "모든 보살의 대부분이 마
땅히 화를 내어 범계를 저지른다. 탐욕으로 저지르는 것이
아니다"라고 한다.

'석문'에서는 화와 더불어 다른 욕설과 폭력까지 더한다면 신구
의의 삼업을 갖춘 것이라고 하는 것은, 그 중에 화에 의해 중죄가
되는 것을 나타내기 위한 것이라고 한다. 그리고 중생이 아닌 것(非
衆生)이 와서 참회하지 않는다고 하여 그에게 화를 내고 바르게 이
끌어 주지 않는다면 중죄가 된다고 하여, 법장과 같이 본 계목의
대상에 비중생까지도 포함시키고 있다.

雖具三業, 今取意罪. 以所等起顯瞋重故. 此意地罪決定時
結. 由此決定不受悔故. 雖非衆生不來懺謝, 瞋不應諫猶成重罪.
(T40.707c19)

　　삼업을 갖추었다고 하더라도 여기서 의죄를 취한 것은 신
구의를 함께 일으킨 것에서 화가 중죄인 것을 밝히기 위해
서이다. 이 의지의 죄는 결정적인 때에 맺어진다. 이 결정에
의해 참회를 받지 않기 때문이다. 중생이 아닌 것이 와서 참
회하지 않는다고 하여, 화내고 바르게 충고하지 않는다면 역
시 중죄가 된다.

　　이상의 내용과 같이 네 사람은 '제9진심불수회계'의 중죄의 판
단에 다소의 차이가 있다. 화내는 마음에 의해 상대에게 화를 내
는 것에는 공통되지만, 지의는 그것에 의해 상대의 참회를 받아 주
지 않는다면 중죄가 된다고 한다. 원효는 화내는 마음과 함께 욕설
의 구업과 폭력의 신업을 동시에 가하면 중죄가 되지만, 만일 구업
이나 신업 중에 하나라도 빠지면 경죄가 된다고 한다. 법장은 모든
죄의 원인을 화내는 마음으로 보고 타인에게 화를 내는 것이 중죄
라고 한다. 또한 그 화의 대상을 유정과 비정이라고 하여, 상대를
불문하고 보살이 다른 존재에게 화내는 것을 중죄라고 판단한다.
태현도 법장과 같은 견해로서 보살이 화내는 것이 중죄이며 그 화
의 대상에는 비중생도 포함된다고 한다.

10. 제10방삼보계^{第十謗三寶戒}

『범망경』'제10방삼보계^{第十謗三寶戒}'의 본문은 다음과 같다.

若佛子. 自謗三寶, 教人謗三寶, 謗因謗緣謗法謗業. 而菩薩見外道及以惡人一言謗佛音聲, 如三百鉾刺心, 況口自謗不生信心孝順心. 而反更助惡人邪見人謗者. 是菩薩波羅夷罪. (T24.1005a11)

너희 불자들이여, 스스로 삼보를 비방하거나, 사람을 가르쳐 삼보를 비방하게 한다면, 비방의 인, 비방의 연, 비방의 법, 비방의 업이 있다. 보살은 외도나 악인이 한마디라도 부처를 비방하는 소리를 들으면 삼백 자루의 창으로 심장을 찔린 듯하게 여겨야 하거늘, 하물며 자신의 입으로 비방하며 신심과 효순심을 내지 않겠는가. 그럼에도 오히려 다시 악인과 사견인을 거들며 비방한다면 이것은 보살의 바라이죄이다.

이에 대해서 우선 지의는 본 계목을 '방보살법계^{謗菩薩法戒}'와 '사견사설계^{邪見邪說戒}'라고 이름하며, 중죄를 이루는 요소를 '중생^{衆生}, 중생상^{衆生想}, 욕설심^{欲說心}, 정토설^{正吐說}, 전인령해^{前人領解}'의 5항목으로 나눈다. '중생'은 앞의 계목들과 동일하게 상·중품중생이다. 여기서 지의는 그들이 보살, 성문, 외도를 향해 삼보를 비방하면 중죄가 된다고 하는데, 이 내용을 뒤에 원효가 『사기』에 인용하여 비판하고 있다.

一是衆生, 謂上中二境. 若菩薩若聲聞若外道, 向說犯重.
(T40.574b10)

첫째로 중생이란, 상·중품의 두 가지를 말한다. 보살이나 성문이나 외도를 향해 말하면 중죄를 범한다.

지의는 '방삼보계'의 범계의 원인을 '사견'으로 보고 '상사견上邪見, 중사견中邪見, 하사견下邪見, 잡사견雜邪見'의 4항목으로 나누어 설명한다. 우선 '상사견'은 일체의 모든 것에 인과가 없다고 말하는 것으로 '천제闡提'와 같은 것이라고 한다. '중사견'은 인과가 없다고는 말하지 않지만 삼보가 외도에 미치지 못한다고 생각하는 것이다. 이 '중사견'에는 2종류가 있는데 처음부터 삼보가 외도보다 부족하다고 생각한다면 계를 잃게 된다. 그러나 삼보가 수승하다는 것을 알면서도 그것을 다르게 말한다면, 아직 불법에서 멀어져 있지 않기에 계를 잃게 되지는 않지만 비방한 말로 인해 중죄가 된다고 한다.

有兩相. 一法相異. 謂三寶不如. 此是痤陋之心計成失戒. 二非法相. 知三寶爲勝口說不如. 旣不見歸戒善不失. 隨所出言犯重.

(T40.574b19)

두 가지 상이 있다. 첫째는 법상이 다르다. 삼보가 그러하지 못하다고 생각하는 것이다. 이것은 작고 졸렬한 마음으로 그렇게 생각하면 실계하게 된다. 둘째는 법상이 아니다. 삼보가 수승하다는 것을 알지만, 입으로는 그러하지 못하다고 말하는 것이다. 이미 대승을 버리고 외도에 귀의한 것이 아니기에 계선을 잃지 않는다. 나와 있는 말에 따르면 중죄를 범한다.

다음으로 '하사견'은 삼보가 외도에 미치지 못한다고는 말하지 않지만, 도중에 대승을 버리고 소승에 귀의하여 마음속으로 소승(이승)이 대승보다 수승하다고 생각하는 것이다. 이것은 경구죄로서 사십팔경계의 '제8배대향소계第八背大向小戒'까지도 범하게 된다.

'잡사견'에는 '편집偏執, 잡신雜信, 계념소승繫念小乘, 사의벽류思義僻謬'의 4종류가 있다. 이 중 '편집'에 다시 2종류가 있어서, 첫째는 대승에 집착하여 소승을 비방하는 것으로 대승만이 불법이며 소승은 불법이 아니라고 하며 성문장을 비방하기에 경구죄가 된다. 둘째는 대소승의 어느 쪽인가에 집착하여 다른 가르침을 비방하는 것으로, 이것도 대소승의 어느 쪽인가를 비방하는 것이기에 똑같이 경구죄가 된다.

그리고 '잡사견'의 '잡신'은 삼보와 대승의 가르침에 의지하지 않고, 외도나 귀신 등의 신통력을 믿으며 찬탄하는 것으로 전부 경구죄가 된다. '계념소승'은 대승을 믿지만 번뇌를 끊기 위해 소승의 법을 취하고 뒤에 다시 대승을 닦는 것으로 경구죄가 된다. '사의벽류'는 지혜의 힘(智力)이 부족하여 불법을 이해하지 못한 것이기에 죄는 아니지만, 만일 타인의 가르침이 바르다는 것을 알면서도 무리하게 의견을 주장한다면 경구죄를 범하게 된다고 한다.

다음으로 원효는 삼보를 비방하는 것에 대해 4가지의 예를 들어 설명하는데, 지의의 '사견'과 유사한 견해를 보인다.

謗三寶故擧事現, 其故略有四種. 一者一闡提人由不信障, 故誹謗三寶. 其故可解. 二者外道心, 非道爲道, 非法爲法故, 謗佛法故. 三者二乘人, 以非究竟爲究竟, 謗大乘聖典. …四者大乘有空有二執. 謂且擧事現其相者. (X38.286b24)

삼보를 비방하는 일을 들자면 대략 4종류가 있다. 첫째로 일천제인은 믿지 않는 장애로 인해 삼보를 비방한다. 그것은 잘 알 것이다. 둘째로 외도의 마음에서는 비도가 도가 되고 비법이 법이 되기에 불법을 비방하는 것이다. 셋째로 이승인은 구경이 아닌 것을 구경이라고 하며 대승의 성전을 비방한다. …넷째로 대승에 공과 유의 두 가지가 있다고 집착하는 것이다. 말하자면 작용을 들어 그 모습을 나타내는 것이다.

원효도 지의의 '상사견'과 같이 일천제를 예로 들며 그는 불법을 믿지 않기에 삼보를 비방하는 것이라고 한다. 그리고 지의의 '잡사견'의 '편집'과 같이 외도나 이승인은 자신의 법이 바르다고 생각해 집착하며 다른 법을 인정하지 않고 비방한다. 또한 대승의 공과 유에 집착하는 것도 잘못된 견해로서 공과 유는 구경의 법을 설명하기 위한 방편에 지나지 않는다. 그렇기에 그것을 절대적인 법과 같이 믿으며 집착한다면 불법을 잘못 이해한 것이기에 삼보를 비방한 것이 된다.

'교인방삼보'의 주석에서는 삿된 법을 다른 사람에게 가르치면 죄가 되지만, 『지지론』을 인용하여 그 삿된 법을 널리 유통시키지 않는다면 경죄가 된다고 하며 그 피해의 크기에 따라 죄의 경중을 판단한다.[37]

원효는 '방삼보계'의 중죄를 이루는 요소를 '유내사해(有內邪解: 因), 소향인경(所向人境: 緣), 작인상(作人想: 緣), 설사법(說邪法: 法), 건립만통(建立滿通: 法), 언사료료(言詞了了: 業), 전인령해(前人領解: 業)'의 7항목으로 나눈다. 인의 '유내사해'는 자신이 법을 잘못 이해한 것으로 이로 인해 타인에게도 바르지 못한 법을 가르치기에 죄의 원인이 된다. 여기서 원효는 본 계목의 대상에 대해서 '소주疏主'라는 명칭의

---

37 謗正法者, 持地論中, 若說邪法而不建立滿通者輕故. (X38.287a04)
정법을 비방하면 『지지론』 중에서 "만일 삿된 법을 설하더라도 그 뜻을 세워 널리 유통하지 않는다면 경죄이다."라고 한다.

인용문을 들어 불계佛戒나 보살계를 받은 불법 중의 사람들이 대상
이며, 외도는 보살계를 받지 않았기에 본 계목의 대상이 아니라고
하여 '소주'의 내용을 비판한다. 이 '소주'라는 인용문은 앞서 논한
바와 같이 지의의 『의소』에 나오는 내용과 일치한다. 지의는 보살,
성문, 외도를 향해 삼보를 비방하면 중죄가 된다고 하는데, 이 내
용을 원효가 비판한 것이다.[38]

> 疏主者, 無謗三寶人, 但取外道等人, 然而不合於義. 何以
> 故, 此戒者受佛戒人師, 謗三寶故, 外道等不受菩薩戒故也.
> (X38.287a08)

'소주'에서는 삼보를 비방하는 사람이 아닌 단지 외도 등
의 사람을 거론하였으나, 그것은 뜻에 맞지 않는 것이다. 왜
냐하면 이 계는 불계를 받은 사람이나 스승이 삼보를 비방
하는 것이기 때문이다. 외도 등은 보살계를 받지 않았기 때
문이다.

'거비결과'에서는 『열반경』을 인용하여 보살이 외도를 제도하기
위해 방편으로 외도의 우두머리의 모습으로 변하여 그들을 조복시
킨다면 오직 복이고 죄가 아니라고(유복비죄) 한다. 또한 광란심 등

---

38 요시즈 요시히데(1991:593), 최원식(1999:91–93)

의 상태에서의 범계는 죄도 복도 아니라고(비죄비복) 한다.

一唯福非罪. 謂如涅槃經云, 十聖外道等, 達機菩薩而現外道中
爲上首相. 後與佛論議, 現負相. 將外道衆, 入於佛法等類. 二者
非罪非福, 狂心等. (X38.287a11)

첫째는 유복비죄이다. 말하자면 『열반경』에서 말하듯 "십
성외도 등에게 달기보살이 외도들 중의 우두머리의 모습이
되어 나타난다. 뒤에 부처님과 논의하며 패배하는 모습을 보
인다. 이는 장차 외도 대중들이 불법에 들어가는 유형이다"
라고 한다. 둘째는 비죄비복으로 광심 등이다.

다음으로 법장은 본 계목의 중죄를 이루는 요소를 '대인중對人衆,
삼보경三寶境, 기피삼상起彼三想, 작사견作邪見, 발방언편범發謗言便犯'의
5항목으로 나눈다. '기피삼상'은 삼보라고 생각하며 비방하면 중
죄가 되지만, 그것이 삼보가 아니라고 생각하거나 의심한다면 방
편죄가 된다고 한다. 그리고 삼보를 비방한 죄는 오역죄와 같기에
당연히 지옥에 떨어지고 그 뒤에도 가장 고통스럽고 무거운 과보
를 받게 된다고 한다.

第七得報者. 誹謗三寶罪同五逆墮阿鼻地獄. 如大品經泥梨
品說, 又如威儀法師謗大乘墮地獄經多劫後, 生人中常盲無目.

(T40.633b21)

제7은 과보를 받는 것이다. 삼보를 비방하는 죄는 오역과 똑같이 아비지옥에 떨어진다. 『대품경』 「니리품」에서 설명하듯이 "또한 위의가 있는 법사가 대승을 비방하여 지옥에 떨어져 많은 겁을 보낸 후 사람 중에 태어났으나 언제나 맹인이 되어 눈이 없게 된다"고 한다.

그러나 이러한 무거운 과보를 받는 범계라도 중생을 제도하기 위해 방편으로 범한 경우거나, 비방하는 마음이 없거나, 빠른 말 때문에 상대가 못 알아듣는다면 범한 것이 아니라고 한다.[39]

법장은 '경중'에서 앞서 살펴본 원효와 같이 삼보를 비방할 때의 피해의 크기나 삼보의 종류, 삼보의 수 등에 따라 그 죄의 경중이 다르다고 한다.[40] 많은 사람들 앞에서 삼보를 비방하면 당연히 중죄가 되지만, 한두 명 앞에서 비방하면 경죄가 된다. 또한 삼보에는 3종류(住持, 別相, 同體三寶)가 있어서 모든 삼보를 비방하면 중죄가 되지만, 한두 개를 비방하면 경죄가 된다고 하여 그 비방에 따라

---

[39] 第九通局者. 無謗心, 疾疾語, 爲衆生令調伏. 應無犯. (T40.633c01)
제9는 통국이다. 비방하는 마음이 없거나, 빠른 말로 말하거나, 중생으로 하여금 조복시키기 위해서였다면 마땅히 범한 것이 없다.

[40] 初中對一人二人多人大衆, 前輕後重. 二約所謗中. 三寶有三. 謂住持幷別相及同體. 或一二三各如次前輕後重. (T40.633b11)
처음(所對) 중에 한 명, 두 명, 많은 사람, 대중에 대해서라면, 앞은 경죄이고 뒤는 중죄이다. 둘째로 '約所謗' 중의 삼보에 3종류가 있다. 말하자면 주지삼보, 그것에 다시 별상삼보와 동체삼보가 있다. 혹은 일보, 이보, 삼보(를 비방하면) 각각 다음과 같이 앞은 경죄이고 뒤는 중죄이다.

생기는 피해의 크기를 기준으로 죄를 판단한다.

'석문'에서는, 보살은 삼보를 비방하는 말을 들으면 삼백 자루의 창으로 심장을 찔린 듯한 고통을 느껴야 한다고(三百鉾刺心) 하는데, 이는 초발심보살(제자)을 위한 설명이라고 한다. 불퇴전의 지위를 얻은 보살이라면 비방의 말을 듣더라도 슬픔도 기쁨도 느끼지 않는다. 왜냐하면 불퇴전보살은 부처님의 공적은 비방할 수 없다는 것을 알며, 삼보를 비방하는 곳에는 가지 않기 때문이라고 한다.

問, 華嚴經云, 菩薩聞讚佛毀佛, 於佛法中心定不動. 云何此中乃云如鉾刺心. 答, 四類衆生. 一聞毀佛生喜. 以邪見故. 二無喜無憂. 以佛法外人故. 三聞已生痛. 以是初心弟子故. 四聞已無憂無喜. 以是不退菩薩故. 知佛功德不可毀故. 毀所不到故. 彼經據不退位, 此文約初心, 故不同也. (T40.633c10)

묻기를, 『화엄경』에서 말하길 "보살은 부처를 칭찬하거나 부처를 비방하는 것 듣더라도 불법 중에 마음이 고정되어 움직이지 않는다"고 한다. 그럼에도 어째서 여기서는 "창으로 심장을 찔린 듯하다"고 하는가? 대답하길, "4종류의 중생이 있다. 첫째로 부처를 비방하는 것을 들으면 즐거움을 느낀다. 사견 때문이다. 둘째로 즐거움도 슬픔도 없다. 불법 바깥의 사람이기 때문이다. 셋째로 (비방을) 들으면 아픔을 느낀다. 이것은 초심제자이기 때문이다. 넷째로 (비방을) 들어도 슬픔도 즐거움도 없다. 이것은 불퇴보살이기 때문이다.
부처의 공덕은 비방할 수 없는 것을 알고 있기 때문이다. 비
방하는 곳에는 가지 않기 때문이다. 그 경(화엄경)은 불퇴위
에 의거한 것이고, 이 문장은 초심에 의거한 것이기에 같지
가 않다"고 한다.

마지막으로 태현은 본 계목을 '훼방삼보계毁謗三寶戒'라고 이름하
고, '작의'에서 원효가 『요기』에서 설한 계의 정의[41]와 유사한 설명
을 사용해 본 계목의 제정 이유를 논한다. 원효는 보살계를 큰 나
루터로 보고 삿된 것을 떠나 정법으로 나아가는 중요한 문이라고
하는데, 태현은 보살계의 부분을 불법승의 삼보로 바꾸어 설명한다.

> 初制意者, 佛法僧寶出邪之大津, 入正之要門. 順之者必証常
> 樂. 背之者常沈苦海. 邪見違逆罪莫大焉. 行相幽猛斷諸善故. 是
> 故亦立爲根本重. (T40.707c29)

처음의 제정 의미란, 불법승의 삼보는 삿된 것을 나오는
큰 나루터이고 정법으로 들어가는 중요한 문이다. 따르는 자
는 반드시 상락을 증득할 것이다. 등지는 자는 항상 고통의

---

41 원효가 『요기』에서 설한 계의 정의는 다음과 같다.
　　菩薩戒者, 返流歸源之大津, 去邪就正之要門也. (T45.918b06)
　　보살계란 흐름을 되돌려 근원으로 건너가는 나루터이며, 삿된 것을 멀리하고 바른 길로 나아가는
　　중요한 문이다.

바다에 빠질 것이다. 사견으로 어기는 죄보다 큰 것이 없다. 행하는 모습이 깊고 격렬하기에 모든 선을 끊게 하기 때문이다. 이렇기에 다시 근본중죄로서 제정한 것이다.

‘석문’에서는 법장과 같이 ‘三百鉾刺心(삼백모자심, 삼백 자루의 창에 심장을 찔린 듯한 고통)’에 대해서 논한다. 그러나 태현은 『유가론』을 인용하여 보살은 중생의 즐거움을 자신의 즐거움과 같이 느끼고, 중생의 고통을 자신의 고통과 같이 느끼기에 그러한 고통을 느끼는 것이라고 한다.

言如三百鉾刺心者. 如瑜伽七十九云, 菩薩當言, 以何爲苦, 衆生損恼即爲自苦. 若爾當言以何爲樂, 衆生饒益即爲自樂. 乃至廣說. 衆生損恼無過謗法. 是以菩薩如鉾刺心. (T40.708a03)

“삼백 자루의 창에 심장을 찔린 듯한 고통을 느껴야 한다”고 한 것은, 『유가론』 79권에서 “보살에게 무엇이 고통인가 하면, 중생의 손해와 번뇌를 자신의 고통으로 한다. 만일 그렇다면 무엇이 즐거움인가 하면, 중생의 이익됨을 자신의 즐거움으로 한다”고 설명한 것과 같다. 널리 설한 바이다. 중생의 손해와 번뇌에 법을 비방하는 것보다 심한 것은 없다. 이러한 이유로 보살은 창으로 심장을 찔린 듯하게 느끼는 것이다.

태현도 '사견'을 범계의 원인으로 보며 2종류의 사견에 대해 설명한다. 앞의 지의는 일체의 인과를 비방하는 '상사견'을 일천제와 같은 존재라고 하였으나, 태현은 일체의 인과를 비방하는 것은 즉 대승을 비방하는 것과 같은 것이기에 중죄가 되며, 만약 그것이 구경(상품)에 이르면 계를 잃게 된다고 한다.

邪見有二. 若全分謗一切因果, 設不謗余而謗大乘, 一向犯重. 若至上纏亦失淨戒. (T40.708a13)

사견에 2가지가 있다. 만일 일체의 인과를 모두 비방하면 비록 다른 것을 비방하지 않았더라도 대승을 비방한 것이어서 한결같이 중죄를 범한다. 만일 상전(品)에 이르면 정계를 잃게 된다.

이상의 내용과 같이 우선 지의는 사견으로 인해 보살, 성문, 외도를 향해 삼보를 비방하면 중죄가 된다고 한다. 그러나 그 대상에 외도까지도 포함시키는데 그 내용을 원효가 인용하여 비판한다. 원효는 잘못된 이해를 범계의 원인으로 보고 그 사견을 많은 사람들에게 유통시키면 그 규모에 따라 죄의 경중도 달라지게 된다고 한다. 그러나 불법을 믿지 않는 외도 등을 조복시키기 위해 방편으로 삼보를 비방하여 그들을 불법으로 인도한다면 오직 복이며 죄가 아니라고(유복비죄) 한다. 법장도 원효와 같이 사견을 유통한 규모에 따라 죄의 경중을 정하는데 보다 상세하게 나누어 설명한다. 그리고 보살이 삼보를 비방하는 말을 듣고 괴로움을 느끼는 것은 그 보살이 아직 초심자이기 때문이라고 한다. 만일 불퇴전의 보살이라면 불법은 비방할 수 없는 것임을 알고, 더불어 삼보를 비방하는 곳에는 가지 않기 때문이라고 한다. 태현은 원효의 『요기』와 유사한 형태로 본 계목의 제정 이유를 설명한다. 보살이 삼보를 비방하는 말을 듣고 괴로움을 느끼는 이유는, 중생이 삼보를 비방하는 것보다 무거운 죄가 없기에 그 중생의 괴로움을 자신의 괴로움과 같이 느끼기 때문이라고 하여, 법장과는 다른 견해를 보인다. 또한 사견으로 인한 일체의 인과를 비방하는 것에 대해 지의는 일천제와 같은 자라고 하지만, 태현은 그것은 대승을 비방한 것과 같기에 중죄가 된다고 한다.

 범망경 보살계의 흐름

결론

본 부론에서는 『범망경』의 십중계에 대한 지의, 원효, 법장, 태현의 주석을 비교하였다. 네 사람의 주석의 관계성을 논하면, 우선 지의와 원효의 사이에는 주석의 과문에 상당한 유사성을 보인다. 지의에 의해 『범망경』의 전체적인 과문이 만들어지고, 원효가 그것을 이어받아 한층 세분화시킨 형태이다. 그리고 원효와 법장의 사이에는 범계의 판단에 대해 유사성이 있다. 원효는 각 계목의 '거비결과'에서 '달기보살'이라는 독자적인 개념을 통해 보살의 범계는 중생제도행이기에 죄가 되지 않으며 오히려 복이 된다고 설명한다. 법장은 각 계목의 '통국'에서 원효의 '달기보살'과 유사한 개념인 '통'을 통하여 보살의 무범을 설명한다. 태현은 『고적기』라는 명칭에서도 알 수 있듯이 종래의 주석서의 내용을 종합정리한 형태와 내용을 보인다. 전체적인 인용이나 주석 형태 등에서는 법장의 영향이 상당수 확인되지만, 앞선 설명과 같이 태현은 원효의 일심관을 토대로 회통의 주석을 하였다. 그렇기에 인용수가 1회에 지나지 않지만 『고적기』의 전체적인 사상을 파악할 때 원효의 일심관을 반드시 염두에 두어야 한다.

지의, 원효, 법장, 태현의 십중계의 주석에 나타난 유사성과 상이점을 재확인하면 아래와 같다.

우선 '제1살계'에서는, 지의와 원효가 과문의 형태에 매우 유사한 형태를 보인다. 지의의 3문을 원효가 보다 상세하게 나눈 형태이다. 그러나 '살생'의 '법'에 이견이 있는데, 원효는 '소운'이라는 명칭으로 지의의 『의소』를 인용하여 비판한다. 그리고 원효와 법장은 각각 '달기보살'과 '통'이라는 예외의 개념을 통해 제도행에 의한 보살의 범계를 무범이라고 판단한다. 그러나 태현은 법장과 같은 『유가론』을 인용하면서도 그것을 부정하여 보살의 살생을 엄격하게 금지시킨다.

'제2도계'에서, 지의, 원효, 법장은 훔치려는 마음(盜心)과 더불어 '이본처離本處'가 있다면 범계가 성립된다고 한다. 그러나 태현은 도심의 유무를 가장 중시한다. 그리고 지의와 원효는 5전 이상을 훔치면 중죄라고 보지만, 법장과 태현은 5전이 되지 않더라도 다른 이의 물건을 훔치면 모두 중죄가 된다고 한다. 또한 '삼보물三寶物'에 대해서 원효, 법장, 태현은 부처에게는 소유심이 없기에 부처의 물건을 훔쳐도 투란차에 지나지 않는다고 하지만, 법장과 태현은 『선생경』을 인용하여 그것을 지키고 있는 사람의 입장에서 판단하면 중죄가 된다고 한다.

'제3음계'에서, 네 사람은 공통적으로 출가보살의 음행을 엄격하게 금지한다. 또한 재가보살에 대해서도 음행을 해서는 안 되는 시기와 신체부위 등을 제정하여 사음에 의한 악업을 방지시킨다. 범해진 음행에 대해서는 원효와 법장은 그 음행에서 어떤 쾌락도 받지 않았다면 중죄가 아니라고 하지만, 태현은 보다 관대하게 주석하며 그 순간 번뇌를 억제하였으나 결국 쾌락을 느꼈더라도 무범이라고 한다.

'제4망어계'에서, 네 사람은 공통적으로 속이려는 마음(誑心)을 갖고 거짓말하여 상대가 속는다면 죄가 되지만, 중생제도를 위한 거짓말은 광심이 없기에 무범이라고 한다. 그러나 지의와 원효는 상대가 거짓말을 이해하지 못해 속지 않았다면 경죄가 된다고 한다. 또한 다른 사람이 거짓말을 듣고 속은 경우에 대해서 지의는 그(다른 사람)에 대한 광심이 없기에 중죄가 되지 않는다고 하지만, 법장은 경죄가 된다고 한다.

'제5고주계'에서, 네 사람은 술을 팔아 이익을 구하고, 상대가 그것을 마시면 죄가 된다고 한다. '약주藥酒'에 대해서 지의는 약주는 마셔도 취하지 않기에 무죄라고 하지만, 원효는 본래 복이 되는 약주이나 그것의 금액을 받기에 비복비죄가 된다고 한다. 또한 법장은 약주에 한해서는 허락하지만 그 약주에 대해서 조금이라도 술이라고 생각하면 범계가 된다고 한다.

'제6설사중과계'에서, 우선 지의와 원효는 본 계목의 대상인 4부대중을 출가, 재가보살이라고 하지만, 법장과 태현은 보살계의 출가, 재가보살과 성문의 비구, 비구니라고 한다. 즉, 지의와 원효는 비구, 비구니를 출가보살로 보았으나, 법장과 태현은 보살계와 성문계를 엄밀히 구분하고 있다. 법장은 범계의 판단에서 무기심에 의한 범계는 죄이고, 제도를 위한 방편행은 무범이라고 한다. 반면 원효는 광란심 등에 의한 범계는 비복비죄이고, 범계심이 빠지면 경죄가 된다고 한다. 그러나 '거비결과'에서 '달기보살'의 범계는 유복비죄라고 하여, 법장과 동일하게 제도행의 범계는 무범이라고 판단한다. 태현은 악행을 행하는 사람을 보면 애민심을 갖고 제도행을 해야 한다고 하여 원효와 법장과도 유사한 견해를 보인다.

'제7자찬훼타계'에서, 지의와 태현은 보살의 이타심의 결여를 죄의 원인으로 보고, 자찬과 훼타를 동시에 범하면 중죄가 된다고 한다. 반면 원효와 법장은 탐심을 갖고 자찬훼타하는 것을 중죄로 보고, 법장은 자찬과 훼타 중 어느 것이라도 범하면 중죄가 된다고 한다. 원효는 『요기』에서도 자찬훼타에 대해서 상세히 논한다. 원효는 중생을 이롭게 하기 위한 자찬훼타는 죄가 되지 않고 복이 되지만, 이전의 계목과는 달리 방일과 무기심의 범계는 염오되지 않은 경죄가 된다고 한다. 이러한 『요기』의 범계판단은 법장에게 큰 영향을 주어 『본소』의 '경중'과 '통국'에 인용된다.

'제8간석가훼계'에서 네 사람은 공통적으로 보살은 상대를 따지지 않고 무분별하게 재물 등을 보시하는 것이 아니라, 그 보시에 의해 상대에게 수승한 이익이 생긴다고 판단될 때 보시해야 한다고 설명한다. 그리고 자신에게 재물이 없어서 보시할 수 없다면 그것은 무범이라고 하여 자신의 상황이나 능력에 맞게 보시해야 하는 것을 강조한다.

'제9진심불수회계'에서 네 사람은 중죄의 판단에 대해 화내는 마음(瞋心)에 의해 상대에게 화를 내는 것에는 공통되지만, 지의는 그것에 의해 상대의 참회를 받아 주지 않는다면 중죄가 된다고 한다. 원효는 그것과 더불어 욕설(구업)과 폭력(신업)을 동시에 가하면 중죄가 되지만, 만약 그 중에 하나라도 빠진다면 경죄가 된다고 한다. 법장은 모든 원인을 진심으로 보고, 타인에게 화내는 것이 중죄라고 한다. 그리고 그 대상을 유정, 비정이라고 하여, 대상을 따지지 않고 보살이 타인에게 화내는 것을 중죄라고 판단한다. 태현도 그 대상에 비중생까지 포함시켜 보살이 화내는 것이 중죄라고 한다.

'제10방삼보계'에서, 지의는 사견으로 인해 보살, 성문, 외도를 향해 삼보를 비방하면 중죄가 된다고 하지만, 그 대상에 외도까지 포함시켜 그 내용을 뒤에 원효로부터 비판받는다. 원효는 잘못된 이해가 범계의 원인으로, 그것이 많은 사람들에게 유통되면 그 규모에 따라 죄의 경중도 바뀐다고 한다. 그러나 외도 등을 조복시키기 위해 방편으로써 삼보를 비방하여 그들을 불법으로 이끈다면 유복비죄라고 한다. 법장도 삿된 법을 유통한 규모에 따라 죄의 경중을 정한다. 보살이 삼보를 비방하는 말을 듣고 고통을 느끼는 것은 그 보살이 아직 초발심보살이기 때문이라고 한다. 반면 태현은 중생이 삼보를 비방하는 것보다 무거운 죄가 없기에 그 중생의 고통을 보살 자신의 고통처럼 느끼기 때문이라고 하여, 법장과는 다른 견해를 보인다. 또한 삿된 견해로 일체의 인과를 비방하는 것에 대해서 지의는 일천제와 같은 자라고 하지만, 태현은 그것은 대승을 비방한 것과 같기에 중죄가 된다고 한다.

　이상의 내용과 같이 네 사람은 십중계의 주석에서 상호 간의 영향관계를 보인다. 전체적으로 논하면 지의에 의해 갖추어진 주석의 과문과 내용을 원효가 자신의 계율관을 더해 수정보완한 형태를 보인다. 법장은 지의와 원효의 주석을 참조하는데, 특히 원효의 마음에 의한 범계판단의 영향을 강하게 받아 『본소』에 반영한다. 태현은 종래의 주석서들을 정리한 형태를 보인다. 주석의 내용에서는 법장과 유사하고, 범계판단에서는 원효와 법장과 같이 보살의 범계를 무범으로 판단하지만, 종전보다 한층 관대한 내용으로 주석하여 전면에 내세우고 있다.

ABSTRACT

Studies on the History
of the Commentary of Fanwang-jing

By **Bub Jang** (Lee Choong Hwan)

Studies on the History
of the Commentary of Fanwang-jing

By **Bub Jang** (Lee Choong Hwan)

In Buddhist culture in East Asia, the Fanwang-jing(Brahmā's Net Sutra, 梵網經) is an important Precepts that a bhikkhu must keep along with the Dharmaguptika-vinaya. The ordination ceremony by these two sutra are said to have been made by Daoxuan(道宣, 596-667) of Nanshan school. The Dharmaguptika-vinaya(四分律) is to retain the status of the Bhikkhu and the operation of the Saṃgha. And the Fanwang-jing is to retain the ascetic practices of the Bhikkhu to enter the Nirvana.

However in modern times there was a movement to solve the problem by applying the Fanwang-jing to internal matters within Saṃgha as the boundary between the Dharmaguptika-vinaya and the Fanwang-jing became blurred. Using the Fanwang-jing for the salvation of Sentient Beings doesn't matter particularly much. However the problem is that it selects the commentary of Fanwang-jing, especially the exceptional contents and uses them according to one's own convenience. Personal problems of Bhikkhu include drinking, eating meat, and accumulating property, and problems of Saṃgha include fund management and collusion with political circles. These are the problems arising from modren Buddhist society. These problem are not caused by the misinterpretation of the Fanwang-jing, but because he ignored the reason and the cause of the commentary and was based solely on the written sentence

Therefore, In this paper, studied the Commentaries of Zhiyi, Wonhyo, Fazang, Taehyeon in the Commentaries of Fanwang-jing, and I looked into what caused the commentaries of Fanwang-jing to change by reason and effect.

First of all, I confirmed the Pusajie-yishu(菩薩戒義疏, Hereafter call Yishu) of Zhiyi(智顗, 538-597), which is called the oldest of the Commentary of Fanwang-jing. Zhiyi uses a unique the Essence and Effects of Precepts called 'The Non-apparent Form of a sacred Non-indicative Form' in the Yishu, and used a different the Essence and Effects of Precepts from the one shown in his previous books. The Essence and Effects of Precepts of Yishu has a unique structure in which the presence or absence of the Essence of Precepts is divided by the Two Teachings of Expedient and True. Yishu does not recognize the existence of the Essence of Precepts as the True Teaching, but recognize it as the Expedient Teaching acknowledges the Essence of Precepts. In other words, although the Mental Dharmas is the Essence and Effects of Precepts as the True Teaching, it is a structure that uses the Form Dharmas as the Expedient Teaching for distribution of this Fanwang-jing. And This is a temporary Form Dharmas different from the Form Dharmas of Small Vehicle. It means to find the Buddha-nature of Mental Dharmas, and get the Essence of Precepts of the Marvelous Contemplation of the Middle Way through ascetic practices.

This Essence and Effects of Precepts is similar to the Three Causes of Buddha-nature of Zhiyi. In the Three Causes of Buddha-nature, the Revealing Cause of Buddha-nature and the Conditional Cause of Buddha-nature are indicated by the Direct Cause of Buddha-nature. And, the existence of the Direct Cause of Buddha-nature becomes clear by the Revealing Cause of Buddha-nature and the Conditional Cause of Buddha-nature. However, this structure is established by the existence of the

Direct Cause of Buddha-nature, and the true Buddha-nature is only exists in the Direct Cause of Buddha-nature. The Revealing Cause of Buddha-nature and the Conditional Cause of Buddha-nature are the Expedient Teaching to reveal the appearance and function of the Direct Cause of Buddha-nature.

The structure of Yishu's Essence and Effects of Precepts also uses the Form Dharmas of Expedient Teaching to make it possible to express their Mental Dharmas of True Teaching like the Three Causes of Buddha-nature to the Sentient Beings. This is to used 'The Non-apparent Form of a sacred Non-indicative Form' as a method to teach the Sentient Beings the importance of the Receiving the Buddhist Precepts of Fanwang-jing and not to let them fall into negligence. In other words, Yishu's Essence and Effects of Precepts is based on the Mental Dharmas of True Teaching, and used Form Dharmas as the Expedient Teaching for distribution of the Fanwang-jing.

Second, I studied the influence relationship based on the contents of Zhiyi through comparison with Wonhyo(元曉, 617-686). The Three Categories of Pure Precepts of Yogâcāra Precepts was introduced in the Commentary of the Fanwang-jing by Zhiyi. So the Fanwang-jing became the Precepts of Cardinal

Truth of the Middle Way which includes the All Precepts. Wonhyo adopted this Three Categories of Pure Precepts more actively and applied it to the Receiving the Buddhist Precepts of the All Sentient Beings and judgment of transgressed Moral Precepts. In addition, Wonhyo emphasized the existence attribute of the Precepts in the Essence and Effects of Precepts. He explained that the Precepts is created by the causal Condition without the Own-nature, and that it is the cause of Nirvana and the Expedient. In other words, the Precepts does not occur forever without the condition of establishment and disappears when it parts from the condition. Therefore, Wonhyo is commented the Essence and Effects of Precepts of Fanwang-jing by using the concept of the Marvelous Existence of the Middle Way, which left the both sides of the presence or absence.

In the textual organization, Zhiyi and Wonhyo are quite similar. Wonhyo used the textual organization of Fanwang-jing made by Zhiyi in the Beommanggyeong-bosalgyebon-sagi(梵網經菩薩戒本私記, Hereafter call Sagi). And Wonhyo is subdivided the textual organization of Zhiyi with emphasis on transmit of the Precepts. In the commentary of Ten Grave Precepts, Wonhyo is divided the whole textual organization into a similar textual organization to Zhiyi. Then, Wonhyo is focused on the mind which is the cause of transgressed Moral Precepts and explains the judgment of transgressed Moral Precepts in detail.

Thus, the Commentary of Fanwang-jing was formed by the introduction of the Three Categories of Pure Precepts and the textual organization by Zhiyi. Then, Wonhyo accepted it and actively used it to commented the existence attribute of the Precepts more openly.

Third, I confirmed the Fanwang-jing-pusajieben-shu(梵網經菩薩戒本疏, Hereafter call Benshu) of Fazang(法藏, 643-712), and compared the similarities and differences with Wonhyo. Wonhyo and Fazang explains that the Precepts is the fundamental of Bodhisattva and the Expedient for Nirvana. This Precepts is created by of the Arousal of Mind(bodhi-citta-utpāda), and reaches Nirvana through the Three Categories of Pure Precepts. However, since the Precepts is created through the condition, once the condition is gone, the presence disappears. Wonhyo and Fazang explains this existence attribute of the Precepts using the metaphor of rabbit's Horn, and emphasize that the Precepts is the Middle Way. Wonhyo and Fazang share the same opinion in the existence attribute of the Precepts, but there is a difference in the Source of Precepts. Wonhyo explains that the Source is the Seed of the Precepts, and it is no different from the Source. But Fazang explains that unlike Wonhyo, it is formed temporarily in the Source.

Concerning the transgressed Moral Precepts of Bodhisattva, Wonhyo and Fazang uses the unique concept of 'Dargibosal(達機菩薩)' and 'Tsu(通)', and explains that the transgressed Moral Precepts of Bodhisattva for the salvation of Sentient Beings is innocence or rather merit. And Wonhyo and Fazang explains that although the transgressed Moral Precepts of the Morally Indeterminate State of Mind are innocent, there is a karma by the action. This explanation is intended to prevent transgressed Moral Precepts from misinterpretation and enlargement interpretation of transgressed Moral Precepts.

In addition, Wonhyo and Fazang have a different view in the Doctrinal Taxonomy of Fanwang-jing. Wonhyo classifies Fanwang-jing as the One Vehicle Teaching like the Huayan-jing(華嚴經), but Fazang only classifies the Huayan-jing as the One Vehicle Teaching. However, Wonhyo classifies the Huayan-jing as the Complete Teaching of the One Vehicle and the

Fanwang-jing as the Partial Teaching of the One Vehicle. In other words, although it is the same One Vehicle Teaching, Fanwang-jing explains that the One Vehicle Teaching is partly recognized. Wonhyo and Fazang have a common opinion that the teaching of Fanwang-jing is lower than that of the Huayan-jing and that it must rely on the the teaching of Huayan-jing to enter the Nirvana. They also thought the Yogâcāra Precepts was a lower teaching than the Fanwang-jing. Wonhyo classified the Yogâcāra Precepts as the Three Vehicles Teaching, and Fazang classified the Fanwang-jing as True Teaching and the Yogâcāra Precepts as Expedient Teaching. So they rarely cited the Yogâcāra Precepts to the commentary of Fanwang-jing.

At last, I confirmed Beommanggyeong-gojeokgi(梵網經古迹記, Hereafter call Gojeokgi) of Taehyeon(太賢, Unknown) that interpreted the Fanwang-jing most openly. Taehyoen sees the Essence and Effects of Precepts of Fanwang-jing as a Mental Dharmas, and explains that the Precepts can be obtained through the the Arousal of Mind as the basis of all practices. And Taehyoen introduced the Three Categories of Pure Precepts to include the All Precepts in Fanwang-jing as a whole.

The foundations of these Gojeokgi included Wonhyo's

the thought of One Mind and the thought of Reconciling Differences. Taehyeon commented on the whole of the Gojeokgi based on thought of One Mind. In particular, Taehyeon commented on the first volume of the Fanwang-jing and improved position of Fanwang-jing by treating Fanwang-jing as the One Vehicle Teaching like the Huayan-jing. And Taehyeon explains that the Commentary of Fanwang-jing uses Three Categories of Pure Precepts in the same way as Wonhyo and Fazang, and that the transgressed Moral Precepts of Bodhisattva for the salvation of Sentient Beings is innocence and rather merit. In addition, Taehyeon was influenced by Fazang and built the textual organization. And he cited Fazang's Benshu and interpreted the Fanwang-jing so that the Saṃgha and nation could be connected.

Thus, Taehyeon commented on the whole volumes of the Fanwang-jing in the Gojeokgi through the thought of One Mind and the thought of Reconciling Differences. And treated Fanwang-jing as the One Vehicle Teaching and solved the problem of Doctrinal Taxonomy between Wonhyo and the Fazang, and fused their ideas and made them the foundation of the Gojeokgi.

In short the basic form of the textual organization and introduction of the Three Categories of Pure Precepts was established in the Fanwang-jing by Zhiyi. And Wonhyo accepted it, included the All Precepts in the Fanwang-jing through the Three Categories of Pure Precepts and expanded to the extent of the Sentient Beings. In addition, Wonhyo explained the contents in more detail after dividing the whole textual organization of the Fanwang-jing in the same way as Zhiyi. Fazang commented on the Fanwang-jing using the textual organization different from Zhiyi and Wonhyo. However, he explains the thought of Bodhisattva Precepts and judgment of the judgment of transgressed Moral Precepts in almost the same form as Wonhyo. In particular, the concept of 'Tsu(通)' similar to Wonhyo's 'Dargibosal(達機菩薩)' is uses to judge the transgressed Moral Precepts of the Bodhisattva as innocent. Wonhyo and Fazang placed the Huayan-jing at the most dominant in the teaching of the Sutra, and they saw the Yogâcāra Precepts as lower than Fanwang-jing. Taehyeon was influenced by Wonhyo and Fazang and used it as the foundation of the Gojeokgi. Based on Wonhyo's thought of One Mind, he regarded the Fanwang-jing and the Huayan-jing as the same One Vehicle Teaching and commented on the whole volumes of the Fanwang-jing. In addition, Taehyeon judged the transgressed Moral Precepts of the Bodhisattva innocent by using Three Categories of Pure Precepts like Wonhyo and Fazang.

Thus, the Commentary of Fanwang-jing have been changed into a continuous relationship in the order of Zhiyi-Wonhyo-Fazang-Taehyeon. The achievement of this paper is to prove the relationship of each Commentary centered on the Essence and Effects of Precepts and the Three Categories of Pure Precepts. In particular, it is characterized by confirming the Essence and Effects of Precepts of Zhiyi through the Three Causes of Buddha-nature and by confirming the transgressed Moral Precepts of each Commentary through Three Categories of Pure Precepts.

Therefore, this paper will provide important information for understanding the influence relations and the transition of each Commentary in the study of the Commentary of Fanwang-jing.

참고문헌 및 약호

『梵網經』=『梵網經盧舍那佛說菩薩心地戒品第十』(T24, No.1484)

『瓔珞經』=『菩薩瓔珞本業經』(T24, No.1485)

『瑜伽論』=『瑜伽師地論』(T30, No.1579)

『地持經』=『菩薩地持經』(T30, No.1581)

『善戒經』=『菩薩善戒經』(T30, No.1582)

『優婆塞戒經』=『優婆塞戒經』(T24, No.1488)

『涅槃經』=『大般涅槃經』(T12, No.374)

『四分律』=『四分律』(T22, No.1428)

『大智度論』=『大智度論』(T25, No.1509)

『義疏』= 智顗『菩薩戒義疏』(T40, No.1811)

『金剛明經玄義』=同『金剛明經玄義』(T39, No.1783)

『次第禪門』=同『釋經波羅蜜次第法門』(T46, No.1916)

『摩訶止觀』=同『摩訶止觀』(T46, No.1911)

『法華玄義』=同『妙法蓮華經玄義』(T33, No.1716)

『法華文句』=同『妙法蓮華經文句』(T34, No.1718)

『私記』= 元曉『梵網經菩薩戒本私記』(X38, No.683)

『要記』= 元曉『菩薩戒本持犯要記』(T45, No.1907)

『本疏』= 法藏『梵網經菩薩戒本疏』(T40, No.1813)

『古迹記』= 太賢『梵網經古迹記』(T40, No.1815)

『宗要』= 太賢『菩薩戒本宗要』(T45, No.1906)

『義寂疏』= 義寂『菩薩戒本疏』(T40, No.1814)

『勝莊記』= 勝莊『梵網經述記』(X38, No.686)

조명기 (1962)　　『신라불교의 이념과 역사』, 경서원, 1962

이기영 (1967)　　「원효의 보살계관: 보살계본지범요기를 중심으로」,

　　　　　　　　『동국대학교논문집』 3, 동국대학교, 1967

　　(1967a)　　「원효의 보살계관(續)」,『불교학보』 5,

　　　　　　　　동국대학교출판부, 1967

　　(1967b)　　「해제: 대승기신론」,『원효사상 I 세계관』, 홍법원, 1967

　　(1982)　　『한국불교연구』, 한국불교연구원, 1982

　　(1984)　　「원효의 윤리관: 보살영락본업경소를 중심으로」,

　　　　　　　『東國金興培博士古稀記念論文集』, 1984

　　(1992)　　「원효의 윤리사상 –원효사상의 현대적 조명–」,

　　　　　　　『민족불교』 2, 청년사, 1992

　　(1994)　　『원효사상연구』 I , 한국불교연구원, 1994

고익진 (1982)　　「원효의 화엄사상」,『한국화엄사상연구』,

　　　　　　　　불교문화연구소 동국대학교출판부, 1982

　　(1986)　　「원효의 화엄적 공관」,『철학사상의 제문제』 4,

　　　　　　　정신문화연구원, 1986

　　(1987)　　『한국찬술불서의 연구』, 민족사, 1987

　　(1989)　　「중국초기화엄과 원효사상과의 비교」,

　　　　　　　『한국고대불교사상사』, 동국대학교출판부, 1989

심재열 (1983)　　「해제: 보살영락본업경소」,『원효사상–2 윤리관』,

　　　　　　　　홍법원, 1983

　　(1983a)　　「원효의 중심사상」,『원효사상–2 윤리관』, 홍법원, 1983

　　(1991)　　「원효의 윤리관 –삼취정계관을 중심으로–」,

참고문헌 및 약호 【한국어 문헌】

                                      『인간시대』 11, 정도회, 1991

안종서 (1985)　「원효의 윤리사상과 그 실천행에 관한 연구: 보살계본지범
　　　　　　　요기를 중심으로」, 동국대학교 석사학위논문, 1985

김현준 (1986)　「원효의 참회사상: 대승육정참회를 중심으로」,
　　　　　　　『원효연구』 2, 1986

채인환 (1987)　「원효대사의 계율사상」,『원효연구논총』, 국토통일원, 1987
　　　 (1989)　「발심수행장을 통해 본 원효대사의 계율사상」,
　　　　　　　『수다라』 4, 1989
　　　 (1997)　「계율소를 통해 본 원효의 신관: 보살계본지범요기를 중심
　　　　　　　으로」,『원효학연구』 2, 원효학회, 1997

한종만 (1987)　「원효의 실천관」,『원효연구논총』, 국토통일원, 1987
　　　 (1997)　「원효의 원융회통사상」,『원효학연구』 2, 원효학회, 1997

김영태 (1987)　『신라불교연구』, 민족문화사, 1987
　　　 (1999)　「원효의 본업경소연구」,『원효학연구』 4, 원효학회, 1999

목정배 (1987)　『의적의 보살계본소연구』, 동국대학교 박사학위논문, 1987
　　　 (2001)　『계체학개론』, 장경각, 2001

이영자 (1988)　「원효의 천태회통사상연구」,『한국천태사상의 전개』,
　　　　　　　민족사, 1988

은정희 (1991)　『원효의 대승기신론소, 별기』, 일지사, 1991

최유진 (1992)　「원효의 화쟁사상: 십문화쟁론」,『민족불교』 2,
　　　　　　　청년사, 1992

박호남 (1992)　『불교율장의 성립과 대승율의 발달연구』,
　　　　　　　한국학대학원 박사학위논문, 1992

석길암 (1993)　「원효사상의 체계와 실천적 성격에 대한 연구」,
　　　　　　　동국대학교 석사학위논문, 1993

서윤길 (1996)　「원효시대의 신라불교사회」,『원효학연구』1,
　　　　　　　원효학회, 1996

김현철 (1997)　「원효의 무애행연구」, 경주대학교 석사학위논문, 1997

오옥렬 (1997)　「원효사상의 현대윤리적 의미에 관한 연구」,
　　　　　　　한국교육대학교 석사학위논문, 1997

남승우 (1998)　「원효의 참회사상연구: 대승육정참회를 중심으로」,
　　　　　　　원광대학교 석사학위논문, 1998

한기문 (1998)　「고려전기 수계와 계단」,『고려사원의 구조와 기능』,
　　　　　　　민족사, 1998

이　만 (1998)　「원효의『보살영락본업경소』를 통해 본「一道一果」의 수행
　　　　　　　관」,『원효학연구』3, 원효학회, 1998

이봉춘 (1998)　「원효의 원융무애와 그 행화」,『원효학연구』3,
　　　　　　　원효학회, 1998

최원식 (1999)　『신라보살계사상사연구』, 민족사, 1999

최성열 (1999)　「원효의 범망경보살계본사기분석」,『원효학연구』4,
　　　　　　　원효학회, 1999

김상현 (2000)　『원효연구』, 민족사, 2000

문정각 (2000)　「수계행법과 의미논고」,『불교학보』14,
　　　　　　　불교문화연구소, 2000

김사진 (2000)　「원효의 유심론적」,『한국학논총』22,
　　　　　　　국민대학교한국연구소, 2000

참고문헌 및 약호 【한국어 문헌】

남동신 (2001)　「원효의 계율사상」, 『한국사상사학』 17,
　　　　　　　한국사상사학회, 2001

이병욱 (2001)　「원효무애행의 이론적 근거: 『보살계본지범요기』를 중심
　　　　　　　으로」, 『원효학연구』 6, 원효학회, 2001

이병학 (2001)　「원효의 대승보살계사상과 그 의미」, 『한국고대사연구』 24,
　　　　　　　한국고대사학회, 2001

김호성 (2004)　「보살계본지범요기의 성격론에 대한 재검토」,
　　　　　　　『원효학연구』 9, 원효학회, 2004

임종우 (2008)　「원효의 실천수행관연구: 대승기신론의 수행원리를 중심
　　　　　　　으로」, 위덕대학교 석사학위논문, 2008

여승민 (2009)　「원효계율사상의 도덕교육적함의」,
　　　　　　　한국교원대학교 석사학위논문, 2009

이자평 (2010)　「보살영락본업경소의 보살사상연구」,
　　　　　　　동국대학교 석사학위논문, 2010

望月信亨 (1930)　『淨土敎の起源及發達』, 共立社, 1930

(1946)　『佛敎經典成立史論』, 法藏館, 1946

大野法道 (1935)　「梵網經菩薩戒序について」,

『大正大學學報』21/23, 1935

(1939)　「菩薩善戒經について」, 『大正大學學報』29, 1939

(1940)　「波羅提木叉の成文の成立に關する考究」,

『大正大學學報』30/31, 1940

(1948)　「戒律と佛敎倫理」, 『宗敎公論』18-9, 1948

(1954)　『大乘戒經の硏究』, 理想社, 1954

(1958)　「戒體論」, 『南都佛敎』5, 1958

(1961)　「法然上人と圓頓戒」, 『淨土學』28, 1961

惠谷隆戒 (1937)　『圓頓戒槪論』, 大東出版社, 1937

平川彰　 (1960)　『律藏の硏究』, 山喜房佛書林, 1960

(1960)　「大乘戒と菩薩戒經」,

『東洋思想論集: 福井博士頌壽記念』,

福井博士頌壽記念論文集刊行會, 1960

(1976)　「智顗の戒體論について」,

『佛敎思想論集: 奧田慈應先生喜壽記念』,

平樂寺書店, 1976

(1976a)　「禪と戒律」, 『禪學硏究紀要』6·7, 1976

(1997)　「智顗における聲聞戒と菩薩戒」, 『天台大師硏究: 天台

大師千四百年御遠忌記念』, 天台學會, 1997

佐藤哲英 (1961)　『天台大師の硏究』, 百華苑, 1961

竹田暢典　(1962)　「天台大師の戒體論について」,

『印度學佛教學研究』10-2, 1962

(1962a)　「性無作假色の戒體論について」,『天台學報』4, 1962

(1963)　「戒體論から見た『天台大師戒疏』」,

『印度學佛教學研究』11-2, 1963

(1964)　「傳教大師の戒觀」,『印度學佛教學研究』12-2, 1964

(1978)　「梵網經における菩薩像」,

『印度學佛教學研究』26-2, 1978

(1980)　「梵網經における四衆の意義」,

『印度學佛教學研究』28-2, 1980

黒丸寛之　(1962)　「禪戒論の一考察 -圓頓戒との異同をめぐって-」,

『印度學佛教學研究』10-1, 1962

(1962a)　「禪戒と高祖の成佛論について -受戒と成佛の一考察」,

『宗學研究』4, 1962

福井靜志　(1966)　「菩薩の戒律儀の問題點 -瑜伽論戒品を中心として-」,

『印度學佛教學研究』15-1, 1966

安藤俊雄　(1968)　『天台學根本思想とその展開』, 平樂寺書店, 1968

宮林昭彦　(1969)　「中國佛教における戒體論(一)」,

『佛教文化研究』15, 1969

(1971)　「中國佛教における戒壇について」,

『大正大學研究紀要. 文學部·佛教學部』56, 1971

(1972)　「四分律宗の戒體論」,

『佛教思想論叢: 佐藤博士古希記念』,

山喜房佛書林, 1972

田中良昭 (1969)　「初期禪宗と戒律 -受菩薩戒儀を中心として-」,
　　　　　　　　『宗學研究』11, 1969

白土わか (1969)　「梵網經研究序說」, 『大谷大學研究年報』22, 1969

　　　　　(1972)　「梵網經の形態」, 『佛教學セミナー』16, 1972

　　　　　(1973)　「梵網經と阿含部梵網經についての試論」,
　　　　　　　　『大谷學報』53-2, 1973

　　　　　(1979)　「最澄の梵網戒受容と本覺思想」,
　　　　　　　　『佛教學セミナー』29, 1979

遠藤祐純 (1970)　「大乘佛教の戒律展開の一側面 -瑜伽師地論の聲聞地及
　　　　　　　　び菩薩地を中心として-」, 『文化』34-1·2, 1970

道端良秀 (1970)　「大乘菩薩戒と在家佛教」, 『北魏佛教の研究』,
　　　　　　　　平樂寺書店, 1970

　　　　　(1972)　「中國佛教と大乘戒壇」,
　　　　　　　　『佛教思想論叢: 佐藤博士古希記念』,
　　　　　　　　山喜房佛書林, 1972

　　　　　(1979)　「中國佛教における在家菩薩と八關齊」,
　　　　　　　　『中國佛教思想史の研究』, 平樂寺書店, 1979

　　　　　(1985)　『大乘菩薩戒の展開』, 「中國佛教史全集 第七卷」,
　　　　　　　　書苑, 1985

石田瑞麿 (1971)　『梵網經』佛教講座 14, 大藏出版, 1971

境野黃洋 (1972)　「大乘戒の傳譯」, 『支那佛教精史』, 國書刊行會, 1972

小寺文穎 (1973)　「天台戒疏の成立に關する一考察」, 『佛教學研究』30,
　　　　　　　　龍谷大學佛教學會, 1973

참고문헌 및 약호 【일본어 및 중국어 문헌】

沖本克己 (1973)　「菩薩善戒經について」, 『印度學佛敎學硏究』22-1, 1973
　　　　　(1975)　「布薩について」, 『印度學佛敎學硏究』23-2, 1975
　　　　　(1981)　「大乘戒」 講座大乘佛敎1, 『佛敎とは何か』, 春秋社, 1981
　　　　　(1993)　「菩薩戒について」, 『戒律の世界』, 渓水社, 1993
　　　　　(2013)　『沖本克己佛敎學論集』＜第一卷·インド編＞,
　　　　　　　　　山喜房佛書林, 2013
　　　　　(2013a)『沖本克己佛敎學論集』＜第二卷·シナ編一＞,
　　　　　　　　　山喜房佛書林, 2013
大澤伸雄 (1975)　「初期大乘における受戒思想の一考察」,
　　　　　　　　　『印度學佛敎學硏究』23-2, 1975
富田生久 (1975)　「瑜伽論の戒波羅蜜について」, 『佛敎論叢』19, 1975
上田天端 (1976)　『戒律の思想と歷史』, 密敎文化硏究所, 1976
橫超慧日 (1976)　『中國佛敎の硏究』第1, 法藏館, 1976
　　　　　(1979)　「戒壇について」, 『中國佛敎の硏究』第3, 法藏館, 1979
　　　　　(1993)　「佛敎受容期における戒律」,
　　　　　　　　　『戒律の世界』, 渓水社, 1993
江田俊雄 (1977)　『朝鮮佛敎史の硏究』, 國書刊行會, 1977
蔡印幻　 (1977)　『新羅佛敎戒律思想硏究』, 國書刊行會, 1977
木村淸孝 (1977)　『初期中國華嚴思想の硏究』, 春秋社, 1977
　　　　　(1985)　「『大乘六情懺悔』の基礎的硏究」,
　　　　　　　　　『韓國佛敎學SEMINAR』1, 新羅佛敎硏究會, 1985
　　　　　(1992)　『中國華嚴思想史』, 平樂寺書店, 1992
若杉見龍 (1979)　「天台智顗の佛性論」, 『印度學佛敎學硏究』28-1, 1979

木村宣彰 (1980)　「菩薩戒本持犯要記について」,
『印度學佛教學研究』28-2, 1980

　　　　　(1981)　「多羅戒本と達磨戒本」,
『戒律思想の研究』, 平樂寺書店, 1981

青龍宗二 (1980)　「禪戒の思想的源流(一): 特に大乘戒經を中心として」,
『駒澤大學佛教學部研究紀要』38, 1980

土橋秀高 (1980)　『戒律の研究』, 永田文昌堂, 1980

佐々木敎悟(1981)　『戒律思想の研究』, 平樂寺書店, 1981

　　　　　(1985)　『戒律と僧伽』, 平樂寺書店, 1985

鎌田茂雄 (1982)　『中國佛敎史』第一卷,「初傳期の佛敎」,
東京大學出版會, 1982

　　　　　(1983)　『中國佛敎史』第二卷,「受容期の佛敎」,
東京大學出版會, 1983

　　　　　(1984)　『中國佛敎史』第三卷,「南北朝の佛敎(上)」,
東京大學出版會, 1984

　　　　　(1987)　『朝鮮佛敎史』, 東京大出版會, 1987

　　　　　(1988)　『新羅佛敎史序說』, 東京大東洋文化研究所, 1988

　　　　　(1990)　『中國佛敎史』第四卷,「南北朝の佛敎(下)」,
東京大學出版會, 1990

勝又俊敎 (1982)　「大乘佛敎の倫理 -大乘戒を中心として-」,
講座『佛敎思想』第三卷, 理想社 1982

石橋眞誠 (1982)　「華嚴敎判の問題点」,『印度學佛敎學研究』30-2, 1982

石井公成 (1983)　「元曉と中國思想」,『印度學佛敎學研究』31-2, 1983

(1984) 「法藏の『梵網經菩薩戒本疏』について」,
『印度學佛敎學硏究』32-2, 1984

(1989) 「法藏『梵網經菩薩戒本疏』に見える生命觀」,
『日本佛敎學會年報』55, 1989

(1990) 「朝鮮佛敎における三論敎學」,『三論敎學の硏究』,
春秋社, 1990

(1996) 『華嚴思想の硏究』, 春秋社, 1996

(1997) 「無相戒の源流」,『駒澤大學禪硏究所年報』8, 1997

(2002) 「元曉の和諍思想の源流 -『楞伽經』との關連を中心とし
て-」,『印度學佛敎學硏究』51-1, 2002

清水海隆 (1985) 「『瑜伽論』の戒說について」,『大崎學報』139, 1985

(1997) 「『瑜伽師地論』における聲聞道と菩薩道」,
『印度學佛敎學硏究』45-2, 1997

佐藤達玄 (1986) 『中國における戒律の硏究』, 木耳社, 1986

小島岱山 (1987) 「『六祖壇經』を華嚴思想-敦煌本『六祖壇經』の無相戒と
華嚴の性起思想-」,『禪學硏究』68, 1987

森章司 (1988) 『大乘菩薩の世界』, 佼成出版社, 1988

(1993) 「戒律槪說」,『戒律の世界』, 渓水社, 1993

齊藤舜健 (1990) 「『菩薩地』戒品所說の三聚淨戒の構造」,
『佛敎大學大學院硏究紀要』18, 1990

福士慈稔 (1990) 「元曉著述に於ける天台の影響について」,
『印度學佛敎學硏究』39-1, 1990

(2004) 『新羅元曉硏究』, 大東出版社, 2004

(2004a) 「元曉の思想を和諍思想と捉えることに對して」，
『佛教學』第46号, 2004

吉津宜英 (1991) 『華嚴一乘思想の研究』, 大東出版社, 1991

池田魯参 (1993) 「菩薩戒思想の形成と展開」,『戒律の世界』,
渓水社, 1993

小澤憲珠 (1994) 「『瑜伽論』の三種戒」,『佛教文化研究』第39号, 1994

高堂晃壽 (1994) 「敦煌本「壇經」における戒の構造」,
『駒澤大學禪研究所年報』4, 1993

船山徹 (1995) 「六朝時代における菩薩戒の受容過程」,
『東方學報』67, 1995

(1996) 「疑經『梵網經』成立の諸問題」,
『佛教史學研究』39-1, 1996

(2014) 「『梵網經』の初期の形態をめぐって」,
『東アジア佛教研究』第12号, 2014

崔裕鎭 (1996) 「元曉の和諍について」,『南都佛教』73, 1996

高崎直道 (1997) 『佛性とは何か』, 法藏館, 1997

久下陞 (1997) 「天台智顗の三因佛性の構造とその現代的課題」,
『天台大師研究:天台大師千四百年御遠忌記念』,
天台學會, 1997

北塔光昇 (1997) 『優婆塞戒經の研究』, 永田文昌堂, 1997

(2002) 『天台菩薩戒義疏講讀』(上), 永田文昌堂, 2002

(2004) 『天台菩薩戒義疏講讀』(下), 永田文昌堂, 2004

(2008) 「『菩薩戒義疏』における戒體說について」,
『印度哲學佛教學』23, 2008

(2009) 「『菩薩戒義疏』における三重玄義について」,
『印度哲學佛教學』24, 2009

杉本卓洲 (1999) 『五戒の周邊』, 平樂寺書店, 1999

山部能宜 (2000) 「『梵網經』における好相行の研究」,
『北朝隋唐中國佛教思想史』, 法藏館, 2000

阿部宏貴 (2002) 「『菩薩善戒經』の成立に關する一考察」,
『大正大學大學院研究論集』26, 2002

栗山哲 (2005) 「元曉の和諍思想における非然・非不然の論理」,
『大谷大學大學院研究紀要』22, 2005

伊吹敦 (2006) 「元曉の著作の成立時期について」,
『東洋學論叢』31, 2006

大谷知弘 (2006) 「道宣の種子戒體說の檢討」,
『印度學佛教學研究』54-2, 2006

田村完爾 (2007) 「天台教學における佛性論の構造に關する一考察」,
『印度學佛教學研究』55-2, 2007

石吉岩 (2007) 「法藏教學の思想的展開と元曉の影響」,
『東アジア佛教研究』第5号, 2007

任京美 (2007) 「大乘戒と南山律宗-受戒儀式を中心に-」,
花園大學大學院 博士學位論文, 2007

村上明也 (2008) 「『摩訶止觀』の六即大乘說に對する疑義」,
『印度學佛教學研究』56-2, 2008

(2009) 「『菩薩戒義疏』の天台大師說を疑う」,
『印度學佛教學研究』57-2, 2009

(2011)　「『菩薩戒義疏』と『梵網經』との關連性」,
　　　　　『印度學佛敎學硏究』60-1, 2011

(2012)　「智顗と灌頂における『涅槃經』觀: 吉藏撰述書との比
　　　　　較を通して」,『佛敎學硏究』68, 2012

伊藤尚德　(2011)　「元曉の理と事の槪念に關する一考察」,
　　　　　『印度學佛敎學硏究』60-1, 2011

大久保良峻　(2014)　『天台學探尋』, 法藏館, 2014

法長　(2015)　「大乘菩薩戒思想の硏究 -新羅元曉の註釋書を中心と
　　　　　して-」,『京都·宗敎論叢』第9号, 2015

(2015a)　「智顗の『菩薩戒義疏』の戒體論について:「三因佛性」
　　　　　との關連で」,『禪學硏究』93, 2015

(2015b)　「太賢の大乘菩薩戒觀 -『梵網經古迹記』を中心として-」,
　　　　　『敎學硏究紀要』第13号, 2015

(2015c)　「太賢の『梵網經古迹記』に關する一考察 -元曉との關
　　　　　連を中心として-」,『印度學佛敎學硏究』64-1, 2015

(2016)　「智顗『菩薩戒義疏』と元曉『梵網經』註釋書の比較硏
　　　　　究」,『東アジア佛敎硏究』第14号, 2016

中西俊英　(2016)　「法藏における思想構造の總合的硏究」,
　　　　　東京大學大學院 博士學位論文, 2016

李四龙　(2011)　『天台宗與佛敎史硏究』, 宗敎文化出版社, 2011

현대사회 불자들의 삶 속에
새롭게 조명되는 계율의 의미

이 책 『범망경 보살계의 흐름』은 필자의 박사 논문으로 본 제목은 『『범망경』주석사 연구』이다. 2011년 3월 동일본 대지진이 일어난 시기에 초발심으로 세운 유학의 길에 올라 8년이라는 시간 동안 일본 하나조노대학원에서 석학 사사키 시즈카 교수님의 지도를 받으며 보살계에 관한 연구와 여러 학술대회에서 논문을 발표하며 각고의 수행과 노력 끝에 세상에 나올 수 있게 된 연구 논문이다. 이 책은 앞서 은정학술총서로 출판되었으나, 불교의 계율과 『범망경』을 연구하는 분들의 요청과 담앤북스의 감사한 제안에 의해 이번에 수정과 보완을 거쳐 재출판하게 되었다.

이 책에서는 한국을 비롯한 동아시아 불교의 보살계와 수계의 토대를 이루는 『범망경』의 내용과 그 변천을 천태지의 - 원효 - 현수법장 - 태현의 주석서를 통해 비교분석하여 그 영향관계를 증명하였다. 특히 4개의 주석서를 전후 관계에 입각해 철저히 해체하고, 각 주석서에 나타난 표현과 문장 등을 비교하여 그 관계성과 변천의 원인을 상세하게 분석하였다. 『범망경』의 보살계는 시대와

환경에 따라 변화하였다. 그러나 그 변화가 단순히 시대의 요청에 따른 것만이 아닌, 그 시대의 출가자와 불자들이 일상의 삶 속에서 불교의 수행과 가치관을 이어 갈 수 있도록 하기 위한 방편으로서 변화를 이끌어 낸 것이다. 특히 『범망경』 그 자체의 수정이 아닌, 그것의 해석인 주석서에서 계율에 대한 인식과 변화를 이끌어 낸 것은 탁월한 견해이다. 지금 우리의 시대도 많은 것들이 변화하고 새롭게 등장하고 있다. 우리가 이 시대의 일상 속에서 마주하는 AI, 인터넷, SNS를 비롯해 새롭게 생겨난 물건과 음식 등, 이 모든 것들은 계율의 대상이 될 수 있고 이 시대에 맞는 계율적 가치관으로 새롭게 고찰되어야 한다.

필자는 이 책 이후로 우리 시대의 언어와 다양한 인식을 통해 『범망경』을 현대적으로 주석할 계획이다. 현재 진행 중인 BTN불교TV의 '투계戒더'에서 계율에 대해 다루는 바와 같이, 현대를 살아가는 우리가 계율을 어떻게 인식하고 생활 속에서 실천할 수 있는지를 다루도록 하겠다. 그에 앞서 이 책은 그러한 현대적 주석의 방향성을 제시하기 위한 중요한 토대가 되어 주는 것이다.

이 책이 많은 독자와 불자들에게 다시금 전해질 수 있도록 감사한 제안을 해 주신 담앤북스의 오세룡 대표님을 비롯해, 난해한 『범망경』의 원문과 그 주석을 잘 정리해 주신 담앤북스의 직원 여러분께 깊은 감사의 합장을 올린다. 그리고 언제나 따뜻한 마음과 배려로 수행을 이어 갈 수 있게 해 주시는 화암사 주지 혜광 스님과 신도님들께 이루 말할 수 없는 감사를 드린다. 또한 부족한 상좌의 손을 잡아 주시고 좋은 수행의 인연을 이어 주신 은사 두산당 일면 대종사님과, 이 순간도 함께 정진해 주시는 불암사 주지 법정 스님과 신도님들께 따뜻한 마음과 감사를 전한다. 더불어 언제나 묵묵히 곁에서 신심과 배려로 성원을 보내 주시는 혜성 스님과 우리 해인사 도반 스님들, 그리고 보현행 보살님, 법경인 보살님, 극락화 보살님, 보현자 보살님, 자명월 보살님, 여래심 보살님, 자연심 보살님을 비롯한 모든 인연들께 감사의 마음을 담은 합장을 올린다.

많은 것들이 달라지고 빠르게 변화하는 이 시대에 인간의 존엄성과 가치관에 관한 확실한 중심을 가져야 한다. 그리고 불교인이라면 불교인이 될 수 있게 해 준 계율의 정신이 올바르게 서 있어야 한다. 한 명의 불자가 한 명의 부처이듯, 이 책을 통해 한 명이라도 불교에 대해 바르게 알고 불교적 삶을 계율의 실천으로 성취하실 수 있었으면 하는 발원을 담아 이 책을 다시금 세상에 전한다.

대전 도솔산방에서

법장 합장

범망경 보살계의 흐름

초판 1쇄 발행 2026년 4월 2일

◉

지은이　　　법장

펴낸이　　　오세룡
편집　　　　박성화 손미숙 윤예지 김윤미
기획　　　　곽은영 이수연
디자인　　　고혜정 김효선 최지혜
홍보·마케팅　정성진

◉

펴낸곳　　　담앤북스
　　　　　　서울특별시 종로구 새문안로3길 23
　　　　　　경희궁의 아침 4단지 805호
　　　　　　대표전화 02)765-1251(영업부) 02)765-1250(편집부)
　　　　　　전송 02)764-1251
　　　　　　전자우편 dhamenbooks@naver.com

◉

출판등록 제300-2011-115호

◉

ISBN 979-11-6201-576-6 (93220)
정가 24,000원

◉